国际生产分割模式下
企业价值链升级研究

A Research on the Upgrading of
Enterprises' Value Chains Under International Fragmentation

高 越 ◎ 著

人 民 出 版 社

策划编辑:郑海燕
封面设计:林芝玉
责任校对:吕 飞

图书在版编目(CIP)数据

国际生产分割模式下企业价值链升级研究/高 越 著. —北京:人民出版社,
　2019.6
ISBN 978－7－01－020799－5

Ⅰ.①国…　Ⅱ.①高…　Ⅲ.①企业管理-研究　Ⅳ.①F272

中国版本图书馆 CIP 数据核字(2019)第 086980 号

国际生产分割模式下企业价值链升级研究

GUOJI SHENGCHAN FENGE MOSHI XIA QIYE JIAZHILIAN SHENGJI YANJIU

高 越 著

人民出版社 出版发行
(100706 北京市东城区隆福寺街 99 号)

中煤(北京)印务有限公司印刷　新华书店经销

2019 年 6 月第 1 版　2019 年 6 月北京第 1 次印刷
开本:710 毫米×1000 毫米 1/16　印张:15.75
字数:204 千字

ISBN 978－7－01－020799－5　定价:65.00 元

邮购地址 100706　北京市东城区隆福寺街 99 号
人民东方图书销售中心　电话 (010)65250042　65289539

目　录

导　论

当前,我国出口产品附加值较低,产品质量不高,处于国际分工链条的低端。国内要素供给和国内外需求方面的变化使我国面临着价值链位置提升和产品质量提高的双重任务。参与全球范围内的生产分割是一个国家参与世界范围内劳动力分工的一种方式,也是一个国家实现价值链地位跃升的一个工具。本书在国际生产分割背景下,主要考察我国质量异质性企业的价值链升级问题。通过把国际生产分割融入到质量异质性企业理论的研究中,探讨发展中国家质量异质性企业的价值链升级影响因素,为推动我国价值链分工地位的升级提供理论和政策依据。

一、研究背景和意义

(一)研究背景

随着时间的推移,生产分割这种现象逐步变得越来越普遍,构成了国与国之间劳动分工的一种重要形式。在生产分割情况下,产品的生产不只有一个国家独立完成,不同国家或地区成为这种分工中的一分子,成为国际价值链分工体系中的一个组成部分。国际生产分割的深化与一系列有利条件有关,例如运输和通信价格的不断下降等,随着这些条件的改善,国家之间的价值链分工得到进一步深入发展,劳动力分工不再局限于行业分工,而是过渡到工序分工。在分工中,对于某一产品,其生产由多个链条组成,这些链条可以由分布在各个区域的不同主体完成,多个主体参与到其中,为产品的价值增值均作出了贡献(卢峰,2004;牛喜霞,2019)。

目前我国所处的价值链位置较低。在国际生产分割模式下,不同国家和地区居于不同的地位。若一个国家或地区在价值链分工中居于支配位置,说明在该分工体系中居于主导,具备配置各个价值链的能力,在利润分配中占据有利位置。如果一个国家或地区位于较低端分工位置,则不得不服从主导国的配置,居于从属位置。一般来说,一个国家或地区发展水平越高,越具有与其发展水平相般配的技术能力和要素禀赋,这使得他们具备承担高附加值价值链环节的能力。如果一个国家或地区的发展程度较低,不具备承担高附加值生产环节的能力,则可以承担一些附加值较低的环节。随着时间的推移,我国大多数行业的价值链分工地位获得了提高,但我国产业所处的价值链位置比较低。很多学者对中国与其他国家进行了比较研究,发现中国在全球制造业生产各阶段中提供的价值增值很低,在全球价值链中处于加工组装装配等价值增值较低的分工位置。

目前我国的产品质量较低。在全球分工体系中,各个经济主体努力提升出口产出的质量,按照比较优势分工学说,各分工参与国都会从分工中获得分工利益,分工是正和博弈,但许多新的研究表明生产质量较高的产出对一个国家很重要,能够得到更多的分工利益(牛喜霞,2019)。生产和出口高质量产品使得一个经济体能够与其他低质量产品生产者保持一定质量距离,减弱相互之间的竞争,并且在技术水平上得到更大提高,有利于经济快速地发展。例如根据豪斯曼、黄和罗德里克(Hausmann,Hwang 和 Rodrik,2007)的成果,出口质量较高的产品对于一个经济体减少与其他主体的竞争具有重要影响,也会更容易导致该经济体的技术进步和经济水平的提高。有的文献已对我国进行了考察,比如施炳展等(2013)的研究,他们使用匡特瓦尔(Khandelwal,2010)的测算方法,对中国的出口产品质量从各个角度进行了测算,根据他们的测算结果,与美国相比,我国出口产品质量趋于下降趋势。我们计算了2004年至2014年中国29个制造业行业的绝对产品质量和相对于美国产品的相对质量,在我们所考察的29个行业中,绝对产品质量和相对产品质量都上升的有12个,都下降的有2个,绝对增长但相对降低的有11个,我国这11个行业的绝对产品质量有所上升,但相对美国有所下降;有4个行业相对增长但绝对下降。这说明我国大多数行业的产品质量有待于进一步提高。

所以,我国当前既面临对价值链分工地位升级的任务,也面临产出质量提高的困境。很长时期以来,我国凭借着丰富的劳动力数量,利用廉价的劳动力资源,在全球价值链分工体系中居于加工组装等劳动密集型环节,分工地位不高,产品质量较低,增值能力较弱,在国际分工中居于被支配地位。近年来虽然我国对外贸易获得了快速发展,成为全球第一大出口国,但事实却是出口企业仅仅获取了极少的加工组装费。这种贸易发展速度、规模和贸易利益的错配是参与全球价值链分工给我国带来的巨大挑战,将影响着我国经济发展和对外贸易的发展质量。价值链分工地位的升级和产品质量的提高是经济发展的内在要求和当前迫切需要解决的问题。

我国面临的外部和内部经济环境正在发生变化。从外部环境看,全球外需疲软,世界主要经济体复苏乏力,经济增长速度放缓,新兴经济体增速回落,总体呈现出趋缓的发展态势。我国长期以来所依赖的嵌入价值链低端环节的弊端正日益显现出来。这种参与国际生产分工的方式容易使中国被锁定在价值链分工的低端,不利于增值能力、分工地位和分工利益的提高。在未来一段时间内,世界经济运行中的不利因素和不确定性因素仍然很多,世界经济继续低速运行的可能性较大,我国经济发展面临的外部环境仍然比较复杂。从内部因素看,中国正面临着越来越严峻的资源和环境约束以及劳动力成本约束(牛喜霞,2019)。越来越高的劳动力成本正削弱着中国在劳动密集型生产环节的比较优势,低生产成本的优势正在减弱,一些跨国公司已经开始将部分生产转移到劳动力成本更低的国家和地区。我国经济发展水平已经进入到中等国家层次,伴随国家整体经济增长,消费者人均收入得到提高,所以会扩大对高质量产品的需求,高质量产品面临的市场需求规模得到持续扩大。与我国经济进入中等收入层次相对应,中国的收入分配格局也在发生变化,中等收入阶层逐步扩大(牛喜霞,2019),这也对产品的质量提出了更大需求。

我国面临的外部和内部经济环境的变化意味着我国经济进入换挡期,经济发展动力结构变化是换挡期经济发展的必然要求。我国经济发展主要动力正由过去过分依赖于生产能力的扩张转向生产效率的提升。这要求我们摒弃以前的发展方式,以质量和效益为核心,以效率为目标,追求经济转型升级,使经济步入持续健康发展的新阶段。我国目前处于国际生产分割的环境下,我国作为最大发展中国家,已经参与到国际生产分割体系中来,在生产分割的全球分工体系中占据了一定位置,担任一定角色。参与生产分割为中国解决现实中的一些问题和矛盾发挥了重要作用。我国怎样才能在融入全球价值链中得到更多参与国际生产分工的福利?制约我国制造业价值链地位提升的主要因素是什么?如何提高我国的出口产品质量,获得更多的贸易利益?找到这些问题的答案对于促进我国制造业的发展具有重要的意义。

(二)研究意义

目前,我国很多出口产品附加值较低,处于国际分工链条的低端,我国面临着价值链位置提升和产品质量提高的任务。本书在全球生产分割背景下,考察发展中国家质量异质性公司的价值链提升,具有比较重要的理论价值和实践价值。

在理论方面,本书把国际生产分割融入到质量异质性企业的理论体系中,把东道国的产业链位置以及其产品质量水平进行内生化,对于发展中国家的质量异质性企业,从理论上揭示价值链位置提升的影响因素,并考察外生因素变化,例如东道国劳动力成本上升等,对东道国的产业链位置以及其产品质量水平产生的影响,以及二者之间的相互影响关系。

在实践方面,本书拟使用行业数据、细分的产品数据和企业数据进行经验分析,通过考察我国在行业、产品和企业层面的价值链位置和产品质量的变化情况以及影响因素,为我国实现价值链地位升级提供政策和企业决策方面的参考。我国很多行业存在价值链"低端锁定"现象,异质性企业可以发挥各自不同的优势提升价值链位置,走出价值链"低端锁定"的困境。

二、研究内容和研究思路

(一)研究内容

本书由以下几个部分组成,首先是生产分割背景下质量异质性企业的价值链位置提高的理论分析;然后,对全球价值链分工地位的影响因素进行了综合的经验分析;在此综合分析基础上,进一步分别针对技术进步、人民币汇率、劳动力成本这三个重要因素对价值链升级的影响进行经验分析;然后选取了参与国际生产分割程度较高的汽车行业,研究了生产分割条件下我国汽车行业的价值链升级问题;最后是结论和政策建议。

1. 国际生产分割条件下质量异质性企业的价值链升级模型

基于迪克斯特-斯蒂格利茨(Dixit-Stiglitz,DS)垄断竞争模型,本书在生产分割的背景条件下,把东道国的产业链位置以及其产品质量水平进行内生化。在国际生产分割的条件下,跨国公司从自己的利润最大化角度出发,把价值链各环节配置到各个最合适的国家和地区,同时确定中间产出和最终产出的质量,在作出这些决策时,需要综合考虑和权衡相对优势、运输价格等因素。另外,考察了外生因素的变化,例如东道国劳动力成本上升等,对二者产生的影响,以及产业链位置以及其产品质量之间的相互影响关系。

2. 全球价值链分工地位的影响因素

首先,基于世界投入产出数据库中 39 个国家 14 个制造业部门数据,我们使用世界投入产出表数据,计算出价值链地位指标,使用分位数回归方法对价值链地位的影响因素进行分析,并观察影响价值链地位的关键因素在不同分位数条件下如何变化。然后,基于我国的数据,使用最小二乘(Ordinary Least Square,OLS)、广义矩(Generalized Method of Moments,GMM)和固定效应估计等方法对影响各行业价值链地位的因素进行了实证分析。

3. 技术进步影响价值链升级的经验研究

首先测算了中国参与国际生产分割的状况,并对国际生产分割对生产率的影响、国际生产分割对价值链分工地位的影响、技术进步和价值链升级的互动影响进行了研究。

4. 人民币汇率与价值链地位的提升

基于我国工业企业数据库、海关数据库的公司层面数据,实证考察了人民币汇率变动与全球价值链嵌入度之间的关系。首先对企业层面的实际有效汇率指标和两种不同的全球价值链嵌入度的指标进行度量,然后从总体层面、变量分类别、质量差异等角度考察汇率对全球价值链嵌入的效应。

5. 劳动力成本与产品质量、价值链分工地位

这一部分研究了劳动力成本的变化对发展中国家产品质量的影响。公司需要在相对优势以及各种成本基础上进行综合考虑从而进行决策。使用中国 29 个制造业行业数据对劳动力成本变动产生的影响

进行了经验分析。劳动力价格变化会对发展中国家产品质量产生影响,这种影响与发展中国家在生产分割体系中的位置有关系。若在生产分割体系中居于低端位置,这种影响将导致产品质量降低;若处在高端位置,这种影响将导致产品质量提高。

6.生产分割条件下我国汽车行业的价值链升级

中国汽车产业的发展位于全球汽车产业的价值链和国际生产分割体系中,我们以汽车产业作为研究对象,探讨国际生产分割体系下汽车行业的价值链升级问题。

7.推动我国企业价值链升级的政策选择

最后一部分对上述研究进行了总结,并提出了政策方面的意义和建议。

（二）研究思路

本书的逻辑结构见图0-1。本书从大的方面讲,包括理论分析、经验分析和政策分析共三部分。理论分析部分对国际生产分割的价值链升级效应从理论上阐明了影响机制。经验分析部分首先从总体上考察了全球价值链分工地位的影响因素,然后从技术进步、人民币汇率和劳动力成本等细分的方面进行了考察,最后从行业层面选取汽车行业进行研究。基于本书的理论和经验分析,最后提出了价值链升级的政策建议。

三、研究方法、创新与主要研究结论

（一）研究方法

在研究方法上,本书采用了理论研究和实证分析相结合、定性研究和定量研究相结合等研究方法,具体研究方法如下:

利用经济学最优化数理模型,使用静态分析和比较静态分析方法,

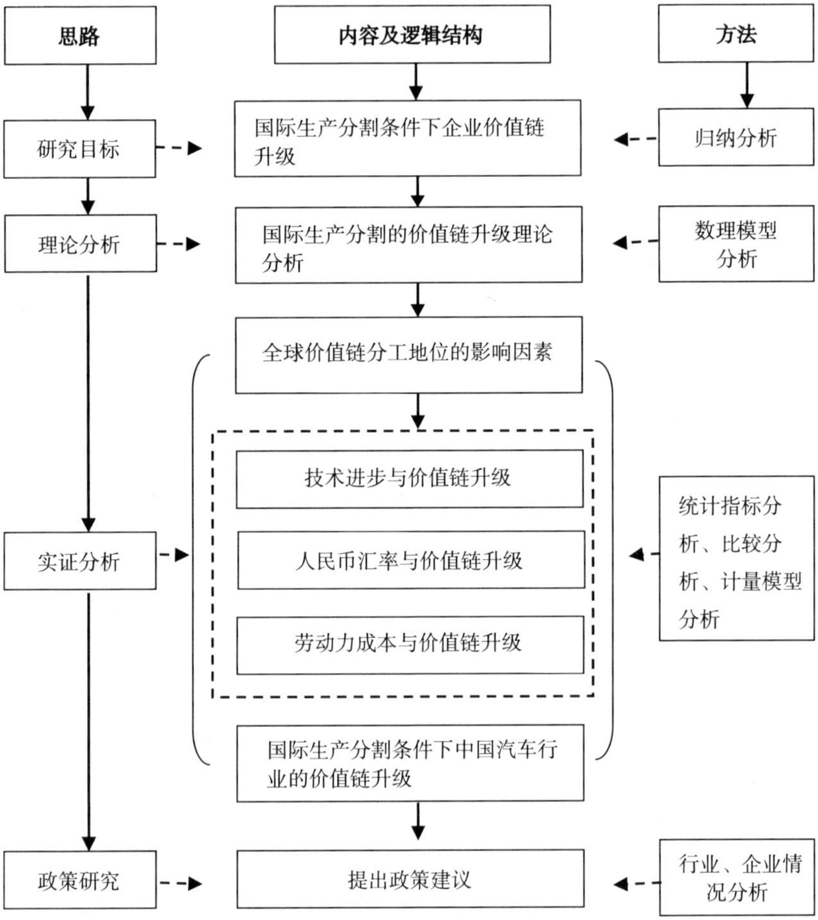

思路	内容及逻辑结构	方法
研究目标	国际生产分割条件下企业价值链升级	归纳分析
理论分析	国际生产分割的价值链升级理论分析	数理模型分析
	全球价值链分工地位的影响因素	
实证分析	技术进步与价值链升级 人民币汇率与价值链升级 劳动力成本与价值链升级	统计指标分析、比较分析、计量模型分析
	国际生产分割条件下中国汽车行业的价值链升级	
政策研究	提出政策建议	行业、企业情况分析

图 0-1 逻辑结构图

分析企业价值链位置的内生决定问题,以及外生变量变化对企业选择行为产生的影响,并揭示价值链位置升级和产品质量提升之间的相互影响关系。

理论分析和实证研究相结合。本书使用规范的经济学分析范式,首先对相关文献进行梳理,然后建立基于最优化的理论模型,之后建立计量经济学模型,使用计量经济分析方法,验证理论模型得出的结论,最后指出研究结论的政策意义。本书不仅从定性的角度进行分析,而且注重用现实中的相关数据进行定量研究。

使用多种统计指标计算价值链分工地位和产品质量指标,使用计量经济学方法、统计学方法和工具进行分析。

(二)创新之处

本书的特色与创新之处:

考虑到很多发展中国家企业使用国际生产分割方式,本书把国际生产分割这一生产分工方式融入到质量异质性企业理论的体系中,探讨价值链升级问题。企业的产品质量水平会影响其价值链位置,在一定条件下,企业参与价值链分工对质量提升能力存在反馈效应。基于国际生产分割体系对二者关系的研究是一个新的研究视角,并且从提高产品质量方面为价值链位置提升提出了一个思路。

本书是基于质量异质性企业的选择行为的研究。本书既有基于国家和行业层面的宏观研究,也有基于微观企业视角的研究,并且企业具有质量异质性。质量异质性企业基于最优化考虑选择价值链位置,这不同于传统的基于代表性企业的研究。因此,本书的研究更具微观性和针对性。

(三)主要结论

影响跨国公司生产分割的变量包括:运输成本高低、固定成本大小、产品需求情况、比较优势大小、生产效率高低、产品生产链条的分割性等。对跨国公司来讲,当跨国公司的国家间运输成本以及工厂层面固定成本越小时,当总部层面固定成本、商品需求弹性、生产效率越高时,以及当母国和东道国的比较优势相差较大时,跨国公司配置在国外的生产链条就越多。

价值链分工地位与产品质量水平二者的关系与东道国在生产分割体系中的位置有关。若东道国在生产分割体系中居于下游阶段,则价值链分工地位与产品质量水平二者相互促进;若当东道国在生产分割体系中处在高端位置,则二者之间相互阻碍发展。

技术进步和价值链优化之间存在互动关系。跨国公司在东道国安排生产链条的数量有很多影响因素,其中主要包括国家间生产效率的差距、国家间运输成本等,因此,这些因素影响了东道国的价值链水平;同时,参与国际生产分割又会通过技术外溢和"干中学"提高东道国的生产率水平,从而有利于跨国公司把更高端的生产环节安排在东道国生产。因此,在国际生产分割条件下研究技术进步和价值链优化的互动关系。

劳动力价格变化会对东道国产品质量产生影响,这种影响与东道国在生产分割体系中的位置有关系。若东道国在生产分割体系中居于低端位置,这种影响将导致产品质量降低,产生"锁定效应",而若当东道国在生产分割体系中处在高端位置,这种影响将导致产品质量提高,产生"挤入效应"。

人民币币值升值会影响公司的价值链嵌入程度,影响大小与公司的特点有关系。对融入程度已经较高的公司促进效应大于融入程度较低的公司;对外资公司的促进效应大于其他公司;促进了高生产率公司的融入,而降低了低生产率公司的融入;促进了高质量商品公司的融入,而对低质量产品公司的影响很小。

第一章 基于国际生产分割的
价值链升级理论分析

本章将建立四个有关联的理论模型。第一节在 DS 垄断竞争框架内,建立一个基本的生产分割分析框架,在产品生产链条可以在任何节点分割配置的条件下,探讨生产分割点的决定因素,考察了贸易成本、固定成本和产品间替代弹性等对价值链分工地位的影响;第二节在第一节模型基础上建立异质性生产率公司模型,考察具有不同生产率公司的差异对价值链分工地位的不同影响;第三节建立内生生产率的生产分割模型,既考虑了发展中国家劳动生产率对其在价值链分工中地位的影响,又探讨了参与价值链条分工对其生产率的影响,揭示了技术进步和价值链分工地位的互动关系;第四节在前面模型基础上进行比较静态分析,研究劳动力价格变化等外生变量对价值链分工地位的影响。

第一节 基本的生产分割模型

与本节模型相似的一个研究是卡平特(Carpenter,2005)的研究成果。他基于 DS 垄断竞争模型,考察了在两个相同国家和两产品情形下,生产分割的影响因素及其产生的影响。在卡平特(2005)的研究中,产品分割点是给定的,并且是固定的。这种假定忽略了跨国公司在国际生产分割中选择分割点的能力,因此不能考察跨国公司根据经营环境的变化对分割点进行改变和生产分割的深化。本模型是对卡平特(2005)的研究在产品的生产阶段可以任意分割情况下的扩展。

为了简化分析,本模型采用卡平特(2005)的假设,即产品生产只使用一种生产要素——劳动力。在产品生产链条可以在任何节点分割配置的条件下,跨国公司考虑产品各生产环节在国家间的配置,多少配置在母国,多少位于其他国家。在本书中,位于东道国的产品环节越多,则其参与生产分割的地位越能得到提高。跨国公司在其决策时,需要平衡考虑布雷纳德(Brainard,1993)所说的"临近"和"集中"优势。本节把产品价值链在国家间的配置进行内生化,是本书的一个贡献,与以前文献中的外生设定方式不同。本模型在产品生产链条可以在任何节点分割配置的条件下,探讨生产分割点的决定因素,包括贸易成本、产品间的替代弹性等,因此,这些因素也影响着东道国的价值链升级。

一、消费者行为

假设存在本国(h)和外国(f),二者在各方面都一样。二者劳动力存量均是$\bar{L}$。存在两个行业,分别是农产品(A)和工业品(M),二者均为最终产品。前者为竞争性程度高的同质行业部分,后者为带有垄断竞争性质的产品具有差别特点的行业部门。本国和外国的消费者在消费方面是完全一致的,具有完全一样的 CD 效用函数(即 Cobb-Douglas 效用函数):

$$U = C_M{}^{\mu} C_A{}^{1-\mu}, 0 < \mu < 1 \tag{1-1}$$

μ 和 $1-\mu$ 分别为花费在 M 和 A 上的消费比例,C_A 是对 A 的消费数量,C_M 是消费 M 产品的数量。C_M 为如下函数形式,该函数具有 σ 常数替代弹性。

$$C_M = \Big[\sum_{i=1}^{n+n^*} c_i^{(\sigma-1)/\sigma} \Big]^{\sigma/(\sigma-1)}, \sigma > 1 \tag{1-2}$$

c_i 表示对产品 i 的消费，n 表示 h 国产品的类型数量，n^* 为 f 国生产品的类型数量(不带星号的变量表示 h 国变量，带星号的变量表示 f 国变量)。在 DS 市场结构框架下，产品类型数量等于企业数。σ 是常数替代弹性，当 M 产品的种类很多时，σ 与需求弹性接近。

消费者效用最大化问题表示如下：

$$\max U = C_M{}^{\mu} C_A{}^{1-\mu} \tag{1-3}$$

$$s.t.\ P_A C_A + P_M C_M = E$$

在(1-3)式中，E 为可用于消费的总收入，P_A 表示 A 的价格，P_M 表示 C_M 的价格，P_M 可以表示为：

$$P_M = \Big[\sum_{i=1}^{n+n^*} p_i^{1-\sigma} \Big]^{1/(1-\sigma)} \tag{1-4}$$

在(1-4)中，p_i 为第 i 种差异化产品的价格。求解(1-3)式最优化问题，得：

$$C_A = (1 - \mu) E / P_A \tag{1-5}$$

$$C_M = \mu E / P_M \tag{1-6}$$

对第 i 种差异化产品的消费为：

$$c_i = \mu E (p_i{}^{-\sigma} / p_M{}^{1-\sigma}) \tag{1-7}$$

把(1-5)式和(1-6)式代入(1-1)式，得间接效用函数：

$$U = \mu^{\mu} (1 - \mu)^{1-\mu} (p_M)^{-\mu} (p_A)^{\mu-1} E \tag{1-8}$$

二、生产者行为

设定本国和外国生产 A 具有一样的效率，单位产量对劳动力的需求等于 a_A。设定 μ 是一个较小的数，所以本国和外国在 A 上的产量都不为 0。本国和外国在 A 上具有一样的价格，把该价格进行标准化，得到 a_A，农产品在模型中为计价物，则本国和外国工资 w、w^* 都等于 1。本国和外国总收入都是：

$$E = \bar{L} \tag{1-9}$$

　　设定 M 的生产都有无数链条,各链条具有不同的固定成本,根据各链条固定成本的高低,把这些链条由高到低均匀排列在$[0,1]$区间上①,靠近 0 点的生产环节属于高端生产环节,靠近 1 点的生产环节属于低端生产环节。设定 h 国在本国的消费产品为该国生产的;供给 f 国的产品是通过生产分割方式生产的,公司在$[0,1]$区间选择一个点 s 进行生产分割,前面的链条放在本国以得到中间产品②,然后将之运到 f 国,f 国继续生产之后的链条③,得到的最终产品在 f 国销售。

　　若选择 0 点进行生产分割,那么意味着全部环节都位于 f 国,若选择了 1 点,就都配置在 h 国。在表 1-1 中,企业供给供应 f 国有三种方式,一种是出口最终产品,生产完全由 h 国完成,第二种是国际生产分割方式,h 国和 f 国合作生产完成产品的生产,第三种是完全由 f 国完成。由此看出,第一种和第三种类型都是第二种类型的极端情况。

表 1-1　供应 f 国市场的方式

方式	s	供应 f 国 市场的方式	f 国生产	h 国出口	投资方式
1	$s=1$	出口最终产品	无	最终产品	无
2	$s\in(0,1)$	h 国生产 s 之前链条, f 国生产 s 之后链条	s 之后链条	中间产品	生产分割
3	$s=0$	完全在外国生产	所有链条	无	水平型

　　一个企业在不同方式下具有不同的边际、固定成本。在表 1-2 中,按照第一种情况,企业层面固定成本是 G ,一般包含 R&D 以及其他一些总部行为等带来的费用,企业层面的该项支出一般具有公用物

①　在考察外包(outsourcing)对工资影响的研究中,芬斯特拉和汉森(Feenstra 和 Hansen,1996a,1997)使用了类似方法,在他们的研究中,生产环节的排序是按照熟练劳动密集度由小到大排序的。

②　当 $s=1$ 时为最终产品;当 $s=0$ 时,没有中间产品。

③　假设公司生产的中间产品只能被本公司的子公司使用。

品特性,为整个企业带来经营的便利。我们假设在三种情况下,h 国用自己的产出满足自己的需求,可以假设 h 国工厂层面固定成本为 F,F 的性质类似于企业层面固定成本 G,但只对本工厂有益。在第一种情况时,f 国无经营活动,F 等于 0;h 国消费的边际成本为 a_M。设定运输成本为 τ,第一种情况的企业销售在 f 国产品的边际成本是 τa_M。第二种和第三种情况的公司与第一种有所不同,主要是在 f 国的工厂层面固定成本、供给 f 国的边际成本。因为越高端链条的 F 越大,越低端链条的 F 越小,可设定第二种情况企业在 f 国固定成本是 $(1-s)^2 F$①,第三种情况的企业在 f 国的工厂层面固定成本为 F。

设定在区间 $[0,1]$ 边际成本满足均匀分布,第二种情况的企业在 h 国制造分割点前端中间产品的边际成本是 sa_M,在 f 国制造分割点后端中间产品的边际成本达到 $(1-s)a_M$,在 f 国销售产品的边际成本一共达到 $(1-s)a_M + s\tau a_M$。第三种情况的企业在 f 国销售产品的边际成本总共为 a_M。

表 1-2　各类型公司的固定、边际成本

类型	企业固定成本	h 国工厂层面固定成本	f 国工厂层面固定成本	h 国边际成本	f 国边际成本
1	G	F	0	a_M	ta_M
2	G	F	$(1-s)^2 F$	a_M	$(1-s)a_M + s\tau a_M$
3	G	F	F	a_M	a_M

因为第一种和第三种情况的公司是第二种情况公司的极端例了,由此这里分析第二种情况公司的最优化。

---

① 该式中的 $(1-s)^2 = f(s)$ 也可以假设为满足下列条件的其他函数形式,而不影响本书的结论:$0 \leqslant f(s) \leqslant 1$;$f'(s) < 0$;$f''(s) < 0$;当 $\bar{L}$ 时,$U = C_M^\mu C_A^{1-\mu}$,当 $0 < \mu < 1$ 时,μ。在越靠近 0 点的生产环节,花费的工厂水平固定成本越高的假设下,$f'(s) < 0$ 和 $f''(s) < 0$ 必然会成立。

$$\max_{p_i^h, p_i^f, S} \prod = c_i^h p_i^h + c_i^f p_i^f - c_i^h m_i^h - c_i^f m_i^f - 固定成本 \qquad (1-10)$$

在(1-10)式,c_i^h 是企业 i 的产品在 h 国的销售,p_i^h 是价格,c_i^f、p_i^f 是企业 i 产品在 f 国的销售、价格。m_i^h、m_i^f 是在 h 国和 f 国销售的边际成本,m_i^h、m_i^f 表示如下:

$$m_i^h = a_M \qquad (1-11)$$

$$m_i^f = (1-s)a_M + s\tau a_M \qquad (1-12)$$

把(1-7)、(1-9)、(1-11)和(1-12)式代入(1-10)式,得:

$$\max_{p_i^h, p_i^f, S} \prod = \mu \bar{L}[(p_i^h)^{-\sigma} / (p_M^h)^{1-\sigma}](p_i^h - a_M) +$$

$$\mu \bar{L}[(p_i^f)^{-\sigma} / (p_M^f)^{1-\sigma}][p_i^f - a_M(1-s+st)] - F - F(1-s)^2 - G$$

$$(1-13)$$

由两国的对称性可得:

$$(p_M^h)^{1-\sigma} = (p_M^f)^{1-\sigma} = \Delta \qquad (1-14)$$

面临 DS 市场环境时,若公司的数量较大,可设定 Δ 一个恒定的数。由(1-13)式,得:

$$\max_{p_i^h, p_i^f, S} \prod = \frac{\mu \bar{L}}{\Delta} \{(p_i^h)^{-\sigma}(p_i^h - a_M) + (p_i^f)^{-\sigma}[p_i^f - a_M(1-s+st)]\}$$

$$- F - F(1-s)^2 - G \qquad (1-15)$$

求解生产者的最优化问题,分别对(1-15)式求关于 p_i^h、p_i^f 和 s 的偏导数,得:

$$p_i^h = \frac{a_M}{1 - 1/\sigma} \qquad (1-16)$$

$$p_i^f = \frac{a_M(1-s+s\tau)}{1 - 1/\sigma} \qquad (1-17)$$

$$s = 1 - \frac{\mu \bar{L}}{2F\Delta}(p_i^f)^{-\sigma} a_M(\tau - 1) \qquad (1-18)$$

由(1-16)和(1-17)式可知,公司采取边际成本加成定价。在(1-16)式中,a_M 是在本国销售的最终产品所花费的边际成本,$1/(1-1/\sigma)$ 是加成比率。在(1-17)式中,$a_M(1-s+s\tau)$ 是在外国销售的最终产品所花费的边际成本,$1/(1-1/\sigma)$ 是加成比率。不管产品在本国销售还是在外国销售,产品的需求弹性都是 σ ,因此加成比率都是一样的。

三、均衡

我们设定企业可以自由进出市场,由于这个原因,企业利润一定等于 0。由(1-15)式得:

$$\frac{\mu E}{\sigma \Delta}\left(\frac{a_M}{1-1/\sigma}\right)^{1-\sigma}[1+(1-s+s\tau)^{1-\sigma}]=F+(1-s)^2F+G$$

$$(1-19)$$

由于两个国家完全一样,达到均衡状态时 h 国企业数目 n 和 f 国企业数目 n^* 一样,则由(1-4)式和(1-14)式得:

$$\Delta=n[(p_i^h)^{1-\sigma}+(p_i^f)^{1-\sigma}]\qquad(1-20)$$

将(1-16)和(1-17)式代入(1-20)式,然后将结果代入(1-19)式,得:

$$n=\frac{\mu \bar{L}}{\sigma}\frac{1}{F+(1-s)^2F+G}\qquad(1-21)$$

从(1-21)式我们可以求解出模型达到均衡状态时 h 国企业数目。从(1-21)式可以看出,n、s 呈同方向变化,在 s 的数值不大的情况下,也就是说位于 f 国的价值链环节稍多的情况下,在 f 国的产品价格不高,企业的销售额度较多,企业数目 n 就较少,反之则较多。若分配在两种产品上的比例 μ 较大,或 $\bar{L}$ 较大,则企业数目 n 就较多;若 σ 较大,则企业数目 n 较小;若 F 或 G 较大,则 n 越小。

把(1-16)、(1-17)式代到(1-20)式,得到的计算结果代到(1-18)式,得:

$$\frac{\mu L}{n} \frac{1 - 1/\sigma}{1 - s + s\tau + (1 - s + s\tau)^\sigma}(1 - \tau) + 2(1 - s)F = 0 \quad (1-22)$$

把(1-21)式代入(1-22)式,得:

$$\frac{(\sigma - 1)(\tau - 1)[1 + (1 - s)^2 + G/F]}{2(1 - s)[1 - s + s\tau + (1 - s + s\tau)^\sigma]} = 1 \quad (1-23)$$

从(1-23)式我们能求解出 s, s 点反映出企业配置价值链的选择。(1-23)式难以求出 s 的显性解。我们采取以下方式,设定 s 位于区间 $[0,1]$, τ 位于区间 $(1,1.5)$, σ 也取大于1的一个通常的数值,因此,在下文中,通过数值模拟的方法考察 s 的决定因素。

四、分割点的决定因素

图1-1、图1-2和图1-3是对(1-23)式的模拟。图1-1中,三个坐标轴分别为 τ、G/F(用 g 表示)和 s;图1-2中,三个坐标轴分别为 τ、σ 和 s;图1-3中,三个坐标轴分别为 g、σ 和 s。

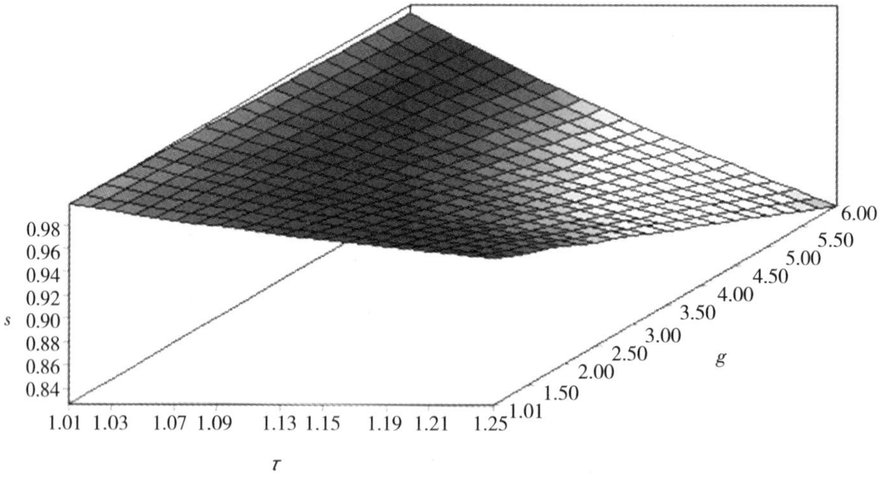

图1-1 当 τ 和 g 变化时, s 的变化

注:$\sigma = 1.5$;若 σ 取其他数值,结果不变。

图1-1、图1-2和图1-3显示,若控制其余变量,当 τ 变大时 s 会

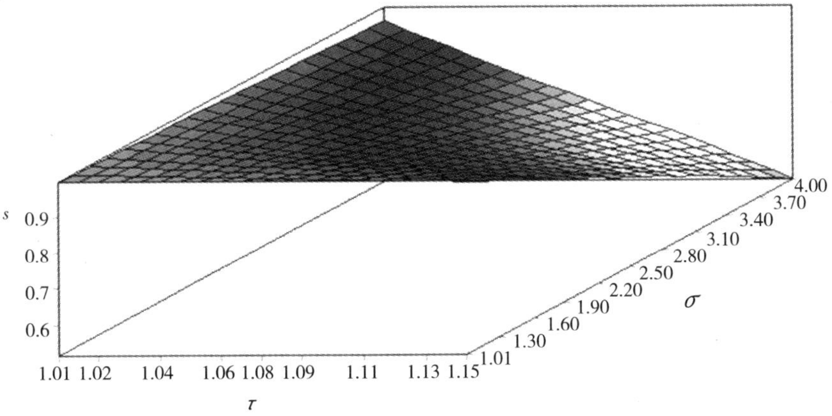

图 1-2 当 τ 和 σ 变化时, s 的变化

注: $g=5$; 若 g 取其他数值, 结果不变。

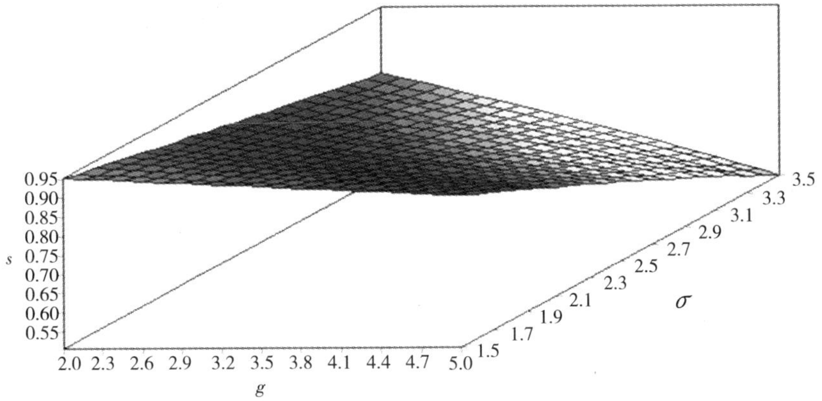

图 1-3 当 g 和 σ 变化时, s 的变化

注: $\tau=1.15$; 若 τ 取其他值, 结果不变。

变小, 究其原因, 是由于当 τ 变大时, 企业愿意在 f 国多生产以规避运输等成本; 当 G/F 变大时, s 会变小, 原因是当 G/F 提高时, 企业愿意在 f 国多生产, 以得到规模报酬的利益; 当 σ 变大时, s 会变小, 原因是若需求弹性变大, 企业愿意增加在 f 国的生产以扩大营业额。

五、贸易额与消费者福利

在这一部分, 本书要计算出在国际化分割条件下, 贸易有多少以及计算出消费者的福利有多大,当 s 变化时对贸易以及福利的影响,以及分割生产(s)的内生改变对它们的影响。

(一)贸易额、消费者福利

1. 贸易额

前面我们假设两国是完全一样的,f 国和 h 国在两种商品上生产、需求情况是相同的,所以,f 国和 h 国在农产品上没有进出口,但是在工业品上两个国家间进行贸易。

先求外国对本国代表性公司产品的需求数量。把(1-16)式、(1-17)式和(1-21)式代入(1-20)式中,得:

$$\Delta = (p_M^h)^{1-\sigma} = (p_M^f)^{1-\sigma} = \frac{\mu \bar{L}}{\sigma} \frac{(a_M)^{1-\sigma}}{(1-1/\sigma)^{1-\sigma}} \frac{1 + (1-s+s\tau)^{1-\sigma}}{F + (1-s)^2 F + G} \tag{1-24}$$

把(1-17)式和(1-24)式代入(1-7)式,得外国对本国代表性公司产品的需求数量:

$$c_i^f = \frac{(\sigma - 1)(1 - s + s\tau)^{-\sigma}[F + (1-s)^2 F + G]}{a_M[1 + (1 - s + s\tau)^{1-\sigma}]} \tag{1-25}$$

由(1-17)式和(1-25)式,得外国对本国代表性公司产品需求的价值为:

$$p_i^f c_i^f = \frac{\sigma[F + (1-s)^2 F + G]}{1 + (1 - s + s\tau)^{\sigma-1}} \tag{1-26}$$

单个公司出口的中间产品价值为①:

---

① 中间产品的定价属于公司内部定价。出于降低公司总税负、增强国际竞争力、应对外汇管制和汇率风险等原因,跨国公司内部交易经常采用内部转让价格,该价格不必等于实际成本,可能远远低于或高于实际成本。本书从实际成本角度考虑中间产品的价格问题,并且由于中间产品的出口需要花费贸易成本,所以本书假设中间产品的价格占最终产品价格的比例为 $s\tau/(1-s+s\tau)$。这种定价方法类似于在竞争性市场中企业之间交易的定价。实际上,本书虽然考察的是跨国公司的投资选择和内部贸易问题,本书的结论也适用于外包方式和公司间贸易。

$$\frac{s\tau}{1-s+s\tau}p_i^f c_i^f = \frac{\sigma[F+(1-s)^2 F+G]}{1+(1-s+s\tau)^{\sigma-1}}\frac{s\tau}{1-s+s\tau} \qquad (1-27)$$

由(1-21)式和(1-27)式,得本国所有公司的出口价值X:

$$X = \frac{s\tau\mu L}{1-s+s\tau+(1-s+s\tau)^\sigma} \qquad (1-28)$$

当其他因素保持在一定数值情况时,若s变大会对X产生影响:s变大会使p_i^f增加,减少对商品的需求,然后降低h国中间品的对外出口;根据公式(1-21),若s提高会使得h国企业数目变大;s变大使得出口链条的比例提高。对(1-28)式,分析s变化时对X变化产生的效应。

图1-4和图1-5是对(1-28)式的模拟。图1-4中,三个坐标轴分别为τ、s和X;图1-5中,三个坐标轴分别为σ、s和X。观察图1-4和图1-5,若另外因素恒定,s、X二者之间影响呈倒U形状,即当s从初始1的水平慢慢降低,一开始X先提高,升到最高位置之后,当s继续降低,X变得较小了。当s从初始1的水平慢慢降低,s降低使h国商品在f国更便宜了,因此f国需求提高,h国出口增加。当s继续降低,在f投资固定成本提高,根据(1-21)式,使得企业数目变少,链条出口比例也降低,当s位于一个水平上时,当s继续提高时,X转向降低。

总之,若另外的因素恒定但是只有s发生改变,贸易、投资具有初始互补然后替代的相互影响。根据图1-4和图1-5,伴随s发生改变,转变点s的大小与τ、σ有关,τ、σ越大时,那么转变点s就越低。

2. 消费者福利水平

根据公式(1-8),当μ、E和p_A保持恒定情况下,U只和p_M呈反向关系,当p_M越大时,U越小。所以,我们研究s发生改变时对$1/p_M$产生的效应来分析s发生变动时的福利效应。根据(1-24)式,我们得:

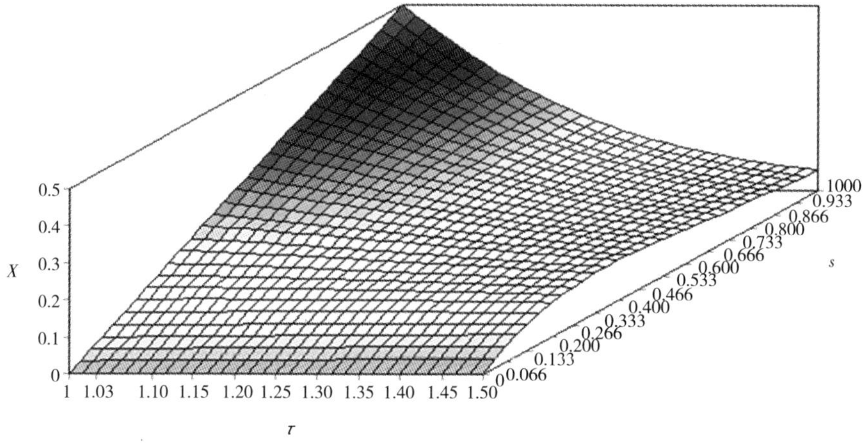

图 1-4　当 τ 取不同值时, s 变化对贸易额的影响

注: $\sigma=3$, σ 取其他值时该结论仍然成立; $\bar{\mu L}$ 取值不会改变各变量之间关系, 设 $\bar{\mu L}=1$。

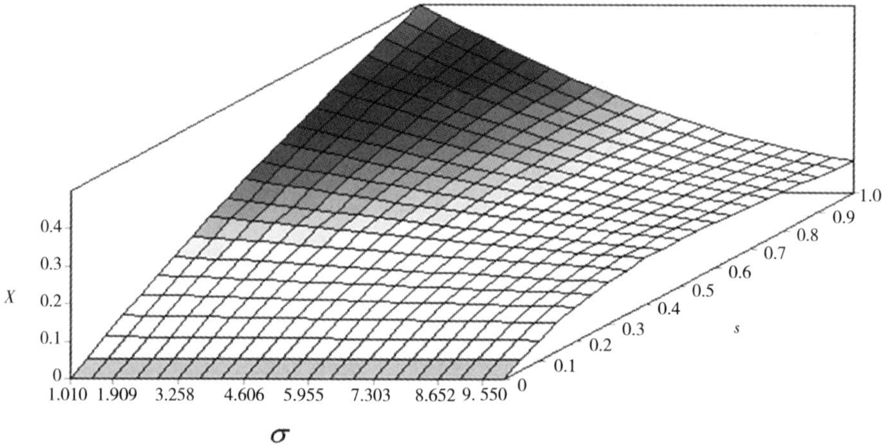

图 1-5　当 σ 取不同值时, s 变化对贸易额的影响

注: $\tau=1.2$, τ 取其他值时该结论仍然成立; $\bar{\mu L}$ 取值不会改变各变量之间关系, 设 $\bar{\mu L}=1$。

$$1/p_M = (\bar{\mu L})^{1/(\sigma-1)} \frac{(1-1/\sigma)}{a_M \sigma^{1/(\sigma-1)}} \left[\frac{1+(1-s+s\tau)^{1-\sigma}}{F+(1-s)^2 F+G}\right]^{1/(\sigma-1)}$$

$$(1-29)$$

图 1-6 和图 1-7 是对(1-29)式的数值模拟。图 1-6 中, 横轴、

纵轴和垂直轴分别为 τ、s 和 $1/p_M$（用 U 表示）；图 1-7 中，3 个坐标轴分别为 σ、s 和 $1/p_M$（用 U 代替）。当其他因素保持恒定时，s、U 之间不是简单的正向或反向关系，它们之间具有倒 U 形状的关系，也就是说，当 s 从 1 逐步降低时，一开始福利会提高，但至最大值之后，随着 s 的再减少，U 转向下降。当市场结构是 DS 市场结构时，一个个体获得的满足程度取决于两方面因素：一个是可供消费的商品类型数目，一个是商品数量。在图 1-6 和图 1-7 中，若 s 由 1 出发逐步减少，产品成本降低使得面临的购买量提高，从需求数量上来看，数量增加导致福利提高。当 s 慢慢降低的时候，FDI 需要支付的开支会变得逐步提高，消费个体从商品类型数目效应中的收益逐步变强，以至于变得起主导作用，个体获得福利会下降。因此，从上面的讨论中，我们发现，保持其他因素恒定，只有 s 发生改变，则 s、U 之间不具备单调效应。

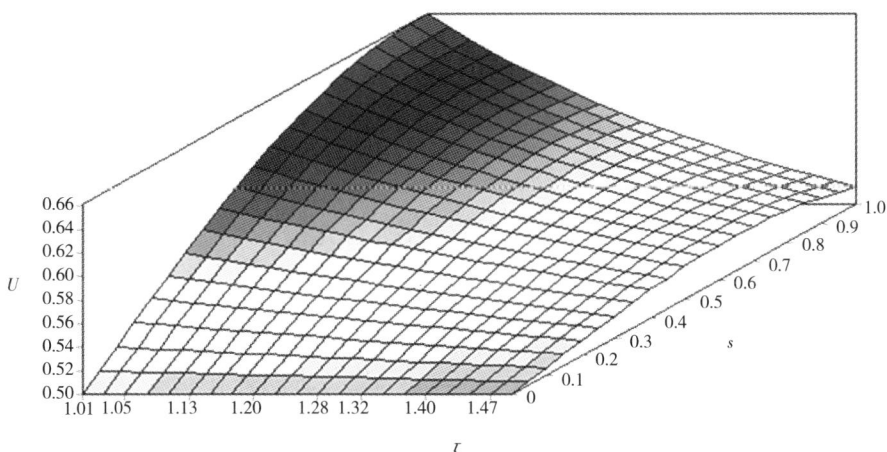

图 1-6　当 τ 取不同值时，s 对福利的影响

注：$\sigma = 2.5$，当 σ 取其他值时不影响结论；$\mu \bar{L}$、a_M、F 和 G 的值不影响结论的成立，图中令 $\mu \bar{L} = 1$，$a_M = 1$，$F = 1$，$G = 2$。

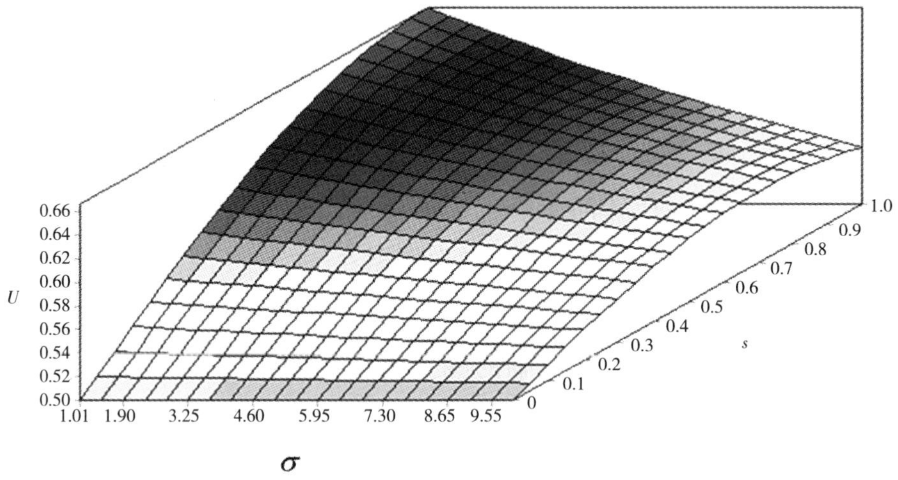

图1-7 当 σ 取不同值时, s 变化对福利的影响

注: $\tau = 1.3$,当 τ 取其他值时结论不变; $\bar{\mu L}$、 a_M、 F 和 G 的取值不影响各变量之间关系,令 $\bar{\mu L} = 1$, $a_M = 1$, $F = 1$, $G = 2$。

(二)贸易、投资成本改变对贸易额与福利的影响

当贸易成本(τ)和投资成本(F)①发生改变时,贸易额和消费者会受到一定程度的作用。若 τ 或 F 减小,产生影响的途径包括两个:一个是直接带来的效应,(1-28)式、(1-29)式能够直观地显示出这种影响;另一个是间接带来的效应,也就是说,首先对 s 产生改变效应,然后再对贸易和福利产生改变效应。

上文考察了 τ 、 F 对贸易、消费者福利间接效应。这里,本书准备把 τ 和 F 产生的直接效应纳入,最终得到 τ 、 F 的变化导致的总影响。

1. 贸易、投资成本对贸易额产生的效应

随着 τ 的减小,根据(1-28)式, τ 与 X 之间的关系不是简单的单调关系,图1-4显示,在控制别的因素的情况下,当 τ 减小时, X 变大和

---

① 投资成本是指工厂水平的固定成本。

变小都有可能性。因为 τ 下降使得 s 提高,在本书前述研究中,s 增加会使得 X 发生改变,因此 τ 减少对 X 的间接影响如下:当 s 的值不高时,导致 X 提高,当 s 的值较高时,导致 X 降低。在表 1-3 中,我们列出了贸易成本变小导致对贸易的效应。在该表中,直接、间接效应有可能具有不同的符号。由图 1-8,τ 变化对 X 的总效应为反向变化关系,该图还显示了 s、X 之间的关系,也就是说,投资、贸易之间具有相互替代的效应。

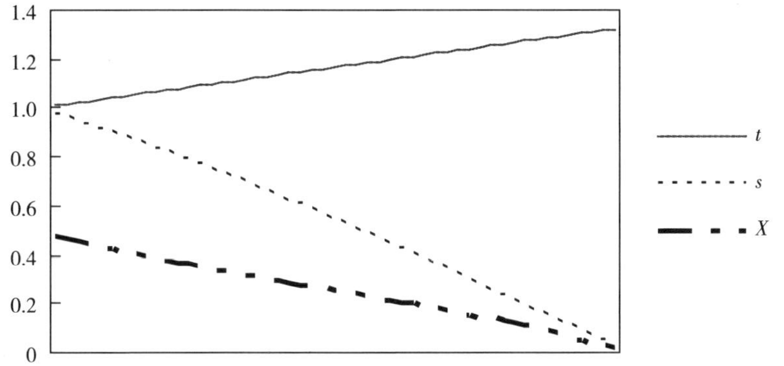

图 1-8　τ 对 X 的总影响

注:s 由(1-23)式得到,X 由(1-23)式得到的 s 代入(1-28)式得到;$\sigma = 3$,若 σ 取其他值结论不变。μL 取值不影响各变量之间关系,令 $\mu L = 1$。

若 F 变小,根据(1-28)式,F 数值变小难以对 X 产生直接影响。F 变小会对 s 会产生影响,使 s 变小,所以对 X 带来间接影响。根据上述研究,F 变小对 X 产生间接效应:当 s 数值不高时,X 降低,当 s 较高时,X 提高。表 1-4 描述了投资成本下降对贸易额产生的影响。若 s 数值不高时,F 减少使 X 也减少,所以导致 s 减小,贸易、投资之间是相互代替的关系;若 s 较高,F 下降使 X 增加,贸易、投资之间是相互互补的效应。总之,由 F 的变化引致的分割生产投资与贸易的关系不是单调的。

总之,贸易成本下降总会导致出口额的增加;投资成本减少对出口的效应与生产分割的情况有关,若 s 的数值较高,投资成本下降导致出口增加,若 s 的数值比较低,出口会降低。τ、F 的减少会影响 s,τ 减少会导致贸易和投资之间呈现相互代替的效应,F 的减少会导致贸易和投资之间关系依赖于 s 的大小,若 s 的数值比较高,二者之间是呈互补的相互促进效应,在 s 较小时二者之间具有相互代替效应。总之,F 的减少带来的投资、贸易之间的相互影响不是单调的,随着 F 的减少与投资提高,出口具有先升后降的趋势。

表 1-3 τ 下降对贸易额影响

	$\tau\downarrow$ 对 X 的直接影响	$\tau\downarrow$ 通过影响 s 对 X 的间接影响	对 X 的总影响	$\tau\downarrow$ 对 s 的影响
当 s 较小时	$X\uparrow$ 或 $X\downarrow$	$X\uparrow$	$X\uparrow$	$s\uparrow$
当 s 较大时		$X\downarrow$		

表 1-4 F 下降对贸易额影响

	$F\downarrow$ 对 X 的直接影响	$F\downarrow$ 通过影响 s 对 X 的间接影响	对 X 的总影响	$F\downarrow$ 对 s 的影响
当 s 较小时	无	$X\downarrow$	$X\downarrow$	$s\downarrow$
当 s 较大时		$X\uparrow$	$X\uparrow$	

2. τ、F 变化对福利的影响

若 τ 减少,根据(1-29)式,如果我们考虑其他因素恒定时,若 τ 减少,则带来的直接影响会使得 $1/p_M$ 提高,也就是说 U 提高。因为 τ 减少导致 s 增加,由以前的结论可知,s 变化会使得 U 发生改变。在表 1-5 中,若 s 位于不高的数值,τ 减少带来的两种效应是同方向的,也就是说,有利于消费者福利的增进。若 s 数值较高,两种效应不是一致的,抵消了部分消费者福利的增进。图 1-9 通过模拟方式进行了展现。由该图可知,若 s 数值较高,只是抵消了部分消费者福利的增进,τ 减少总的结果是促进了消费者福利改善。

表 1-5 τ 减少对福利的效应

	$\tau\downarrow$ 引起 U 变化的直接效应	$\tau\downarrow$ 引起 U 变化的间接效应	$\tau\downarrow$ 引起 U 变化的总效应
当 s 较小时	$U\uparrow$	$U\uparrow$	$U\uparrow$
当 s 较大时		$U\downarrow$	

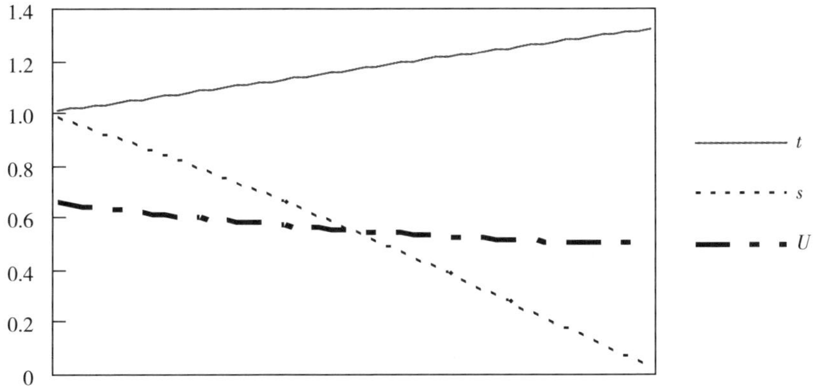

图 1-9 τ 对 U 的总影响

注:s 由公式(1-23)得到,U 由式(1-23)得到的 s 代入公式(1-29)得到;$\sigma=3$,若 σ 取他值,结论依然成立。$\mu\bar{L}$,F,G 的取值不影响结论,图中令 $\mu\bar{L}=1$,$F=1$,$G=2$。

若 F 数值变小,根据(1-29)式,F 变小时的直接效应导致 U 提高。F 变小导致 s 变小,所以会引起 U 的间接影响。表 1-6 显示,若 s 位于数值高的数值,F 变小带来的两种影响的方向是一致的,所以增进了消费者福利提高。若 s 数值不高,两种影响的方向不一致,二者孰高孰低决定了总的影响方向。图 1-10 告诉了我们结论,当 s 不高的条件下,F 降低带来的 U 的总效应为 U 随着 F 降低而提高。所以,在 s 不高的情况下,间接效应在一定程度上减弱了 F 降低带来的直接效应。

综上所述,当 τ 减少或 F 降低时,对福利总影响是促进的。当 τ 减少时,若 s 的数值较高,减弱了部分正向影响,当 s 的数值不高,增进了影响效果。F 降低时,若 s 的数值较低,减弱了部分正向影响,当 s 的数值较高,则增强了影响效果。

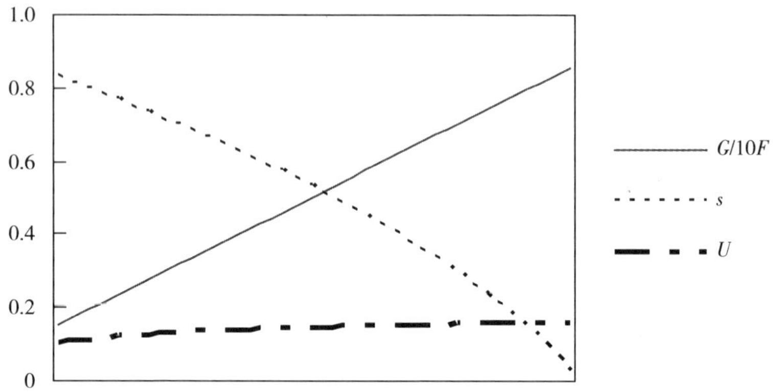

图 1-10 F 对 U 的总效应

注:s 由(1-23)式得到,U 由(1-23)式得到的 s 代入(1-29)式得到;τ = 1.25,当 τ 取他值时结论仍然
成立;μL, σ, G 取他值不影响结论,图中 μL = 1, σ = 2.5, G = 10。

表 1-6 F 下降对福利的效应

	F ↓ 引起 U 变化的 直接效应	F ↓ 引起 U 变化的 间接效应	F ↓ 引起 U 变化的 总效应
当 s 较小时	U ↑	U ↓	U ↑
当 s 较大时		U ↑	U ↑

六、模型结论

参与生产分割活动对一个国家的贸易、消费者福利会带来一定效应。我们通过上文的研究得到下面的结论:

基于 DS 竞争模型,本书在生产分割的背景条件下,把东道国的产业链位置以及其产品质量水平进行内生化。在国际生产分割的条件下,跨国公司从自己的利润最大化角度出发,把价值链各环节配置到各个最合适的国家和地区,同时确定中间产出和最终产出的质量,在作出这些决策时,需要综合考虑权衡相对优势、运输价格等因素。影响跨国公司生产分割的变量包括:运输成本高低、固定成本大小、产品需求情况、比较优势大小、生产效率高低、产品生产链条的分割性等。对跨国公司来讲,当跨国公司的国家间运输成本以及工厂层面固定成本越小时,当总部层面固定成本、商品需求弹性、生产效率越高时,以及当母国和东道国的比较优势相差较大时,跨国公司配置到国外的生产链条就越多。

投资与贸易的关系不是简单的单调关系,而是与引发投资的因素有关系,若投资的原因是由于运输价格变化导致的,二者之间是相互替代关系;若投资的原因是由于投资价格变化导致的,在参与价值链分工的初级阶段时,二者呈互补的相互影响,当参与价值链分工达到一定程度时,二者之间具有相互的替代影响。所以,二者之间具有非单调影响,伴随投资价格的逐渐减低,二者之间的关系是先互补后替代。

当运输价格和投资价格降低时,对消费者福利的总的影响是正的。但是,两个成本的降低引起的对福利的影响有所不同。若运输价格下降,则在参加价值链分工的初期,会抵消部分对福利的积极影响,但若是参与价值链分工已经到了一定程度,则起促进影响作用。若投资价格下降,则在参加价值链分工的初期,会增进对福利的积极影响,但若是参与价值链分工已经到了一定程度,则起部分抵消作用。这一点具有一定的政策意义,在不同的环境下可以采取不同的政策措施来促进消费者福利水平的改善。

第二节 异质性公司的生产分割模型

在这一节中,我们准备建立企业参与价值链分工的异质性企业模型,企业和企业之间具有不一样的生产效率,在价值链环节可以随意在国与国之间配置的条件下,研究企业生产率的不同对价值链分工地位的影响。

在关于直接投资和国际贸易的研究中,针对同质性公司的研究认为,在相同的行业,不同企业会作出相同的决策,因此,同质性公司在面临相同的经营环境下,选择相同的方式供应国外市场。但现实中发现却是每个行业中通过出口和通过FDI方式供应国外市场的公司是并存的。伊顿等(Eaton 等,2004)发现,在20世纪80年代,法国制造业中只有17.4%的公司通过出口供应国外市场,并且各行业中出口公司占的比例相差很大,有的行业出口公司占的比例较高,而有的行业较低。海德和里斯(Head 和 Ries,2003)发现,1989年,在1070个日本制造业公司中,82%的公司选择出口或FDI,其余公司只在国内销售产品。理论和实证分析表明公司的不同特点使公司选择了不同的经营模式。麦勒兹(Melitz,2003)基于DS市场结构,研究了由于企业不同的生产效率对企业选择营业方式的影响,麦勒兹的研究结论是生产效率的高低影响了企业的销售方式,效率足够高的企业会出口,效率其次的公司会选择在本国售卖产品,在出口企业中,效率越高的企业其产品销量越高。郝尔普曼等(Helpman 等,2004)基于麦勒兹的分析结果,又考虑了企业的水平FDI。他们的研究结果表明,效率最优秀的企业会使用水平FDI,效率其次的企业会使用出口方式供给国外市场,效率再次的企业不出口,效率处于最下端的企业会选择退出。郝尔普曼等(2004)、海德和里斯(2003)、格玛等(Girma 等,2005)分别使用美国、日本和英国的数据证明了这些结论。

随着经济全球化的发展,价值链在国际间的分工已经变得越来越重要,跨国公司已经开始把越来越多的价值链环节在各国间进行配置。例如,我们观察丰田公司、福特公司和本田公司在中国的投资生产情况。可以看出,在不同的时刻点上,一个企业配置在其他国家的链条会有所变化;在相同的时刻,同行业不同企业配置在国外的链条有所不一样。在这一部分,我们将基于郝尔普曼等(2004),研究具有不同效率的企业供给其他国家方式的不同。

一、消费者行为和生产者行为

假定一个多国模型,设 i 国的劳动力数量是 L^i,有 $H+1$ 种产业,H 个为差异部门,只有 1 个同质部门。消费者把 β_h 部分的收入用来购买 h,$1-\sum_h\beta_h$ 的比例用在购买同质行业。对 h 部门,购买者具有 CES 偏好[1],对 h 行业的消费表示为 $\left[\int_{v\in n_h}x_h(v)^{\rho_h}dv\right]^{1/\rho_h}$,$0<\rho_h<1$,$x_h(v)$ 对 v 类型的消费,n_h 是类型数,ρ_h 度量了多样化喜欢程度,ρ_h 越小表示喜欢程度越大,$\sigma_h=1/(1-\rho_h)>1$。

为了简便起见,我们假定,若所有国家生产同质部门的效率是一样的,假定同质部门在国与国之间运输时没有费用。$\sum_h\beta_h$ 较小所以所有国家都生产同质部门产品,并且成本相同。我们假设所有国家的劳动力工资 w^i 等于 1,每个国家的支出为 L^i。

本书首先分析一个 h 行业。我们假定 h 行业由无限个价值链条组成,这些链条根据固定成本,从大到小均匀分布在区间 $[0,1]$ 上。一个公司在该区间选取 s 点,s 以前的链条配置在该国,得到中间产品,中间产品运输至国外的部门;国外部门继续进行 s 以后的价值链条。若最优选择位于两个极端的 0 和 1 点,0 点表示不在本国生产,所有链条配置在外国,1 点意味着所有链条配置在本国生产。

在表 1-7 中,一个企业具有的潜在供给国外的模式有四个:第一种是仅仅在国内销售产品,第二种以出口方式供给国外,第三种以两国进行共同生产产品方式供给国外,第四种方式是完全在国外生产方式供给国外,这属于布雷纳德(1993)和马库森(1984)所说的水平型FDI。从表 1-7 可以看出,第二种和第四种形式是第三种形式的两种特殊形式。

---

① Constant Elasticity of Substitution,不变替代弹性。

表 1-7　公司供应外国市场的类型

类型	s	供给国外方式	国外生产	本国出口	投资
1	—	不供给国外	无	无	无
2	$s=1$	出口	无	最终消费品	无
3	$s \in (0,1)$	本国生产上游阶段,外国在此基础上进一步生产	下游	中间产品	生产分割投资
4	$s=0$	水平投资	所有阶段	无	水平投资

作为一个企业要想能够从事某一个差异行业,首先需要花费一个固定成本 F_E ,之后,在一个分布 $G(a)$ 得到劳动效率指标 a 。当获取 a 的信息之后,一个企业作出决策,是着手准备生产还是从该行业撤出。若它着手开始出产,那么它需要从上面的四种形式中选取 1 种。这几种形式的各类成本情况见表 1-8。我们假设按照麦勒兹(2003)、郝尔普曼等(2004)的设定,本国消费的商品是本国所产出的,因此,所有企业都有一个固定成本 F_D 。第二种、第三种和第四种形式的企业由于都在外国售出商品,所以我们假定会有一个 F_I 的固定成本,这项支出使得企业能够在外国进行销售。第四种形式的企业因在国外生产,所以固定成本再包括一个 F_D 。我们再假定第三种类型的企业再增加 $f(s)F_D$, $f(s)$ 符合如下情况: $0 < f(s) < 1$; $f'(s) < 0$;若 $s \to 0$, $f(s) \to 1$,若 $s \to 1$, $f(s) \to 0$ 。

一个企业销售给本国产品边际价格是 a 。假定存在冰山运输成本 τ ,第二种形式的企业销售在国外的边际价格是 τa 。第三种形式的企业销售在国外的边际价格是 $(1-s+s\tau)a$ 。第四种形式的企业销售在国外的边际价格是 a 。

表 1-8　不同生产形式的成本

类型	固定成本	销售在本国的边际价格	销售在外国的边际价格
1	F_D	a	不销售
2	$F_D + F_I$	a	$a\tau$

类型	固定成本	销售在本国的边际价格	销售在外国的边际价格
3	$F_D + F_I + f(s)F_D$	a	$(1 - s + s\tau)a$
4	$2F_D + F_I$	a	a

在一个不变替代弹性函数的情况下,企业采取加成法来制定价格, 比例是 $\sigma/(\sigma - 1) = 1/\rho$ (麦勒兹,2003)。对于第三种形式的企业,它 在本国市场的价格是 $p_D(a) = a/\rho$,在外国的价格是 $p_I(a) = [\tau sa + (1 - s)a]/\rho$, a 度量了劳动效率,其值越小表明劳动效率越 高。另外三种形式的企业在国内市场的价格与第三种形式的企业一 样,第二种和第四种企业销售在外国的价格是 $a\tau/\rho$ 、a/ρ 。

二、经营模式选择

对于 i 国的某一个企业,它知道反映劳动生产效率的 a 后,若它开 始制造产品,在本国销售的产品得到如下利润:

$$\pi_D^i = (a)^{1-\sigma}B^i - F_D \tag{1-30}$$

在(1-30)式中, $B^i = (1-\rho)A^i/\rho^{1-\sigma}$, $A^i = \beta L^i/\left[\int_0^{n^i} p^i(v)^{1-\sigma}dv\right]$, A^i 是企业的本国需求, A^i 对企业来讲属于外生变量[①]。若一个企业还在 国外销售产品,则第三种形式的企业从 j 国得到[②]:

$$\pi_I^{ij} = [\tau^{ij}sa + (1 - s)a]^{1-\sigma}B^j - F_I - f(s)F_D \tag{1-31}$$

如下,本书先分析只存在第一种、第二种和第四种形式可供选择情 况下企业的决策,这时价值链条不能在国家间分割。郝尔普曼等(2004)

---

① 郝尔普曼等(2004)得到 C_M 的计算公式。$\int_0^{n^i} p^i(v)^{1-\sigma}dv$ 为 h 行业产品组合 $\left[\int_0^{n^i} x_h(v)^{\sigma_s}dv\right]^{1/\sigma_s}$ 价格。

② 因为第二和第四形式只是第三种形式的极端例子,所以我们这里只列第三种形式。

对此事例进行过分析。之后，分析一种特殊情况，也就是说 s 为一个常数，这时产品的生产链条可以在国家之间进行分割，但是分割点是一个固定值。然后，我们分析若 s 有 2 个常数值可供选择时，以至于有任意多个数值可供选择时企业的决策。以此方式，本书把郝尔普曼等（2004）的分析加以扩充，延伸到价值链分工可以在国与国之间任意分割的条件下。

（一）无生产分割时

若无价值链在国家间拆分情况下，i 国企业能够选择的经营形式包括第一种、第二种和第四种形式。若决定了第二种形式，则 $s = 1$，一个企业在 j 国能够得到：

$$\pi_I^{ij}(s = 1) = (\tau^{ij}a)^{1-\sigma}B^j - F_I \tag{1-32}$$

若决定选第四种形式，则 $s = 0$，一个企业从 j 国得到：

$$\pi_I^{ij}(s = 0) = (a)^{1-\sigma}B^j - F_I - F_D \tag{1-33}$$

图 1-11 刻画出各种形式的企业从本国和外国能够得到的利润[①]。图中水平坐标是 $(a)^{1-\sigma}$，沿着水平轴向右，企业的效率就越有竞争力，垂直坐标是得到的利润，π_D^i 是在国内销售产品得到的部分，$\pi_I^{ij}(s = 1)$、$\pi_I^{ij}(s = 0)$ 二者分别是企业通过出口产品、FDI 在国外市场获得的部分，这三部分都随着 $(a)^{1-\sigma}$ 的增加而增加。如果 i、j 国需求一样，根据公式（1-30）和（1-33），$\pi_I^{ij}(s = 0)$、π_D^i 二者是平行关系，$\pi_I^{ij}(s = 1)$ 的倾斜度与 $\pi_I^{ij}(s = 0)$、π_D^i 相比要小一些。π_D^i、$\pi_I^{ij}(s = 1)$ 和水平轴的交点为 $(a_D^i)^{1-\sigma}$、$(a_X^i)^{1-\sigma}$，$\pi_I^{ij}(s = 0)$、$\pi_I^{ij}(s = 1)$ 二者相交于水平坐标 $(a_I^i)^{1-\sigma}$。按照郝尔普曼等（2004）使用的假定，本书做同样假定[②]：

$$F_I(\tau^{\sigma-1} - 1) < F_D < F_I\tau^{\sigma-1} \tag{1-34}$$

按照这个假设，（1-35）式满足，

[①] 此图与郝尔普曼等（2004）中的图相关，我们的有些假定和他们不一样，该图和他们的图有些差异。

[②] 图 1-11 中 $F_I > F_D$，而 $F_I \leq F_D$ 时结论也成立，条件是（1-34）式得到满足。

$$(a_D^i)^{1-\sigma} < (a_X^i)^{1-\sigma} < (a_I^i)^{1-\sigma} \qquad (1-35)$$

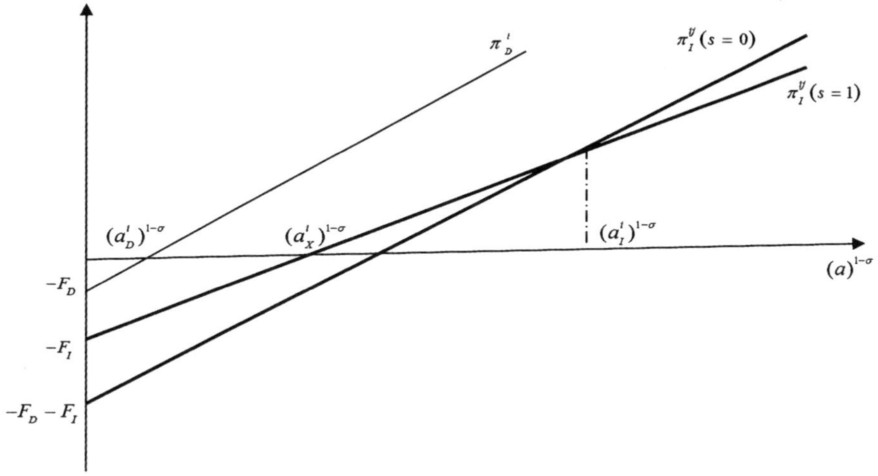

图 1-11 无生产分割时公司的选择

由此，一个企业根据自己生产效率的不同而有不同的决策。效率比 $(a_D^i)^{1-\sigma}$ 低的企业由于不能获得赢利而选择离开；比 $(a_D^i)^{1-\sigma}$ 大，但是比 $(a_X^i)^{1-\sigma}$ 小的企业只能选择在本国市场经营，因为他们供应国外市场的话会获得负利润；比 $(a_X^i)^{1-\sigma}$ 高，但是比 $(a_I^i)^{1-\sigma}$ 低的企业会使用出口方式在外国出售产品，他们能够获得正的利润；生产效率比 $(a_I^i)^{1-\sigma}$ 大的企业通过水平 FDI 在外国销售。

（二）只有一种价值链分割方式

我们分析只有一种价值链分割方式时企业的选择。图 1-12 分析了只有一种价值链分割方式时企业如何决策。企业在这种情况下可以以 $s = s_1$ 作为价值链分割点。在图 1-12 中，$-F_1$ 在 $s = 1$、$s = 0$ 与纵轴的交点之间，倾斜度也位于 $s = 1$ 和 $s = 0$ 的倾斜度之间①。$s = s_1$ 与 $s = 1$、$s = 0$ 分别相交于横坐标轴 $(a_{11}^i)^{1-\sigma}$ 和 $(a_{12}^i)^{1-\sigma}$，下面的不等式成立

---

① 由(1-31)、(1-32)、(1-33)式比较得到。

$$(a_X^i)^{1-\sigma} < (a_{11}^i)^{1-\sigma} < (a_I^i)^{1-\sigma} < (a_{12}^i)^{1-\sigma} \text{ ①}。$$

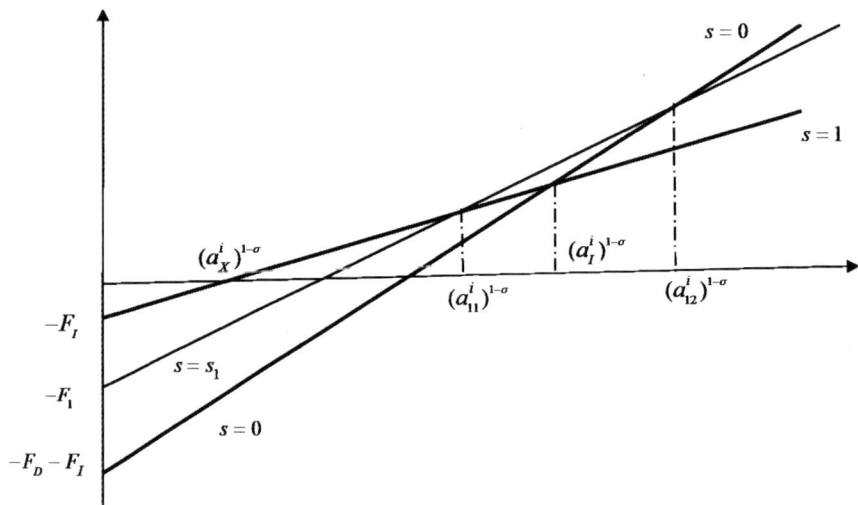

图 1-12　有一种价值链分割方式时

在考虑了一种价值链分割方式条件下,效率比 $(a_X^i)^{1-\sigma}$ 大并且比 $(a_{11}^i)^{1-\sigma}$ 小的企业仍通过出口产品供应外国;效率比 $(a_{11}^i)^{1-\sigma}$ 大并且比 $(a_{12}^i)^{1-\sigma}$ 小的企业改由价值链分工方式供给外国;效率比 $(a_{12}^i)^{1-\sigma}$ 大的企业仍使用水平 FDI。所以,当我们考虑了一种价值链分割方式时,部分以前用其他形式在国外销售产品的企业转变为使用价值链分工方式②。

(三)当有二种或无数价值链分割方式时

在图 1-13 中,我们给出了当有二种或无数价值链分割方式时企

---

① 其他可能性也会有,但不影响本书结论。

② 在 $(a_{11}^i)^{1-\sigma}$ 小于 $(a_X^i)^{1-\sigma}$ 的情况下,部分或全部只在国内销售产品的公司转变为以生产分割形式供应国外市场,所有选择出口的公司和部分选择水平投资的公司也转变为生产分割形式;在 $(a_{11}^i)^{1-\sigma}$ 大于 $(a_X^i)^{1-\sigma}$ 的情况下,不会对公司的选择产生影响。

业如何决策。企业用以使用的配置点是 $s=s_1$、$s=s_2$（$s_2<s_1$）。若 $s=s_2$，这种情况下的利润线与纵轴的交点在 $s=s_1$ 和 $s=0$ 之间，$s=s_2$ 的倾斜度比 $s=s_1$，大同时比 $s=0$ 小。$s=s_2$ 和 $s=s_1$、$s=0$ 相交的水平坐标为 $(a_{21}^i)^{1-\sigma}$、$(a_{22}^i)^{1-\sigma}$，所以不等式 $(a_{11}^i)^{1-\sigma}<(a_{21}^i)^{1-\sigma}<(a_{12}^i)^{1-\sigma}<(a_{22}^i)^{1-\sigma}$ 得到满足。

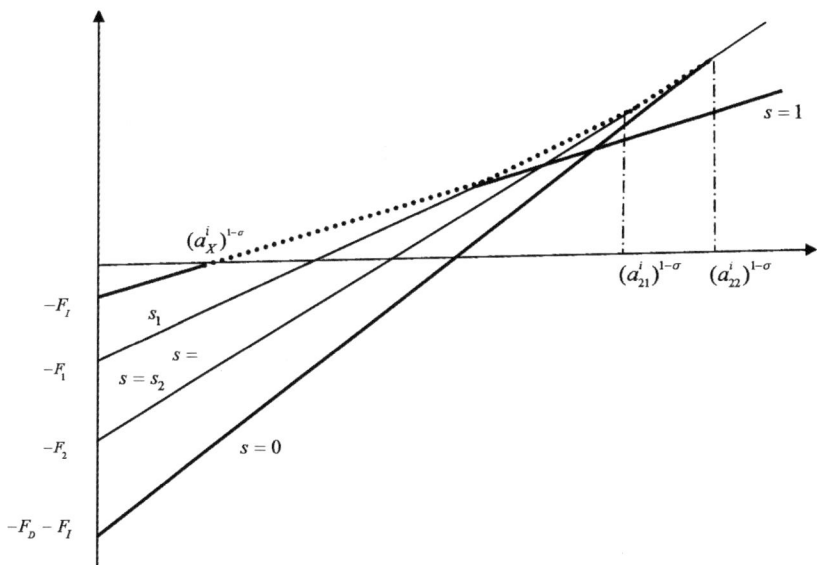

图 1-13　有二种价值链分割方式时

所以，若我们增添 $s=s_2$ 的分割点，效率大于 $(a_{11}^i)^{1-\sigma}$ 而小于 $(a_{21}^i)^{1-\sigma}$ 的企业依旧采取价值链分割方式 s_1 供给外国；效率高于 $(a_{21}^i)^{1-\sigma}$ 而低于 $(a_{22}^i)^{1-\sigma}$ 的企业也采取价值链分割方式，但采取 s_2 分割点；效率比 $(a_{22}^i)^{1-\sigma}$ 大的企业依旧选择水平 FDI。由此，在两个价值链分割条件下，从事价值链分工的企业的范围得到扩大①。

---

①　在 $(a_{21}^i)^{1-\sigma}$ 小于 $(a_{11}^i)^{1-\sigma}$ 的情况下，部分或全部原先选择出口的公司转变为选择 s_1 供应国外市场，原先所有选择 s_2 的公司和部分选择水平投资的公司转变为选择 P_M；在 C_M 大于 P_M 的情况下，不会对公司的选择产生影响。

现在我们考虑这样一种情况,一个企业可供选择的分割点有无数个,$s \in (0,1)$ 上的任一点都可以,如果这样的话,图1-13虚线成为平滑的线。从这条线可知,一个企业具有较高的效率就会得到较高的利润。效率较低企业通过出口,效率最高的通过水平FDI,较高的企业通过价值链分割,其中,企业效率越高选择的 s 越小,也就是说,安排在外国的链条越多。

三、均衡

当模型达到稳定状态,(1-36)式得到满足:

$$(a_D^i)^{1-\sigma} B^i - F_D = 0 \qquad (1-36)$$

其中 a_D^i 的含义是这个行业存留企业的效率最低点,效率水平比 a_D^i 低的企业将会离开这个行业,效率水平正好等于 a_D^i 的企业的利润等于0。

若 $j \neq i$,则(1-37)式得到满足:

$$(\tau^{ij})^{1-\sigma} (a_X^{ij})^{1-\sigma} B^j - F_I = 0 \qquad (1-37)$$

(1-37)式中的 a_X^i 表示 i 国中供给 j 国的企业效率的最低水平,效率水平比 a_X^i 高的企业的决策是供给外国产品,此时的企业从国外获得的利润等于0。

自由进出行业满足的等式:

$$\int_0^{a_D^i} (a^{1-\sigma} B^i - F_D) dG(a) + \sum_{j \neq i} \int_0^{a_X^{ij}} \{[\tau^{ij} sa + (1-s)a]^{1-\sigma} B^j -$$

$$F_I - f(s) F_D\} dG(a) = F_E \qquad (1-38)$$

(1-38)式的第一项的含义是效率高于 a_D^i 的企业在国内得到的净利益;第二项的含义是表示效率高于 a_X^{ij} 的企业在外国得到的净利益。(1-38)式意味着,一个企业在国内外得到的净利益之和等于 F_E,也就是说,对于一个潜在企业来说,它的期望利润等于0。

供给外国的公司通过决策一个 s 以得到最大利润,因此从(1-31)

式我们可以知道：

$$\partial \pi_I^{ij} / \partial s = a^{1-\sigma} B^j (1-\sigma)(\tau^{ij} - 1)[1 - s + \tau^{ij} s]^{-\sigma} - f'(s) F_D = 0$$

$$(1-39)$$

我们可以从(1-36)至(1-39)式得到 a_D^i、a_X^{ij}、B^i 和 B^j。

四、行业出口以及直接投资

我们看一下一个国家供给另一个国家产品时，采取两种方式，即出口和 FDI 方式的相对大小。

若价值链条可以无限随意地在国家间拆分，我们可以从图 1-13 得到，几乎大部分企业会使用 FDI 方式供给外国，使用出口的企业非常少。但是，在现实情况下，产品价值链条不可能在国家间任意拆分，可以用于拆分的点不是无限的。若可以拆分的点较多，使用 FDI 的就会相对更多。

影响出口、FDI 二者相对比重的原因有很多，可拆分点只是其中一个影响因素，还有一个是 $(a_{s1}^{ij})^{1-\sigma}$、$(a_X^{ij})^{1-\sigma}$ 的数值高低，以及 $(a_{s1}^{ij})^{1-\sigma}$、$(a_X^{ij})^{1-\sigma}$ 二者间距，若间距越小，则出口与 FDI 相比越低[①]。

我们从(1-31)式、(1-32)式可以得到：

$$(a_{s1}^{ij})^{1-\sigma} = \frac{f(s) F_D}{[(1 - s + \tau^{ij} s)^{1-\sigma} - (\tau^{ij})^{1-\sigma}] B^j}$$

$$(1-40)$$

从(1-40)式可以知道，当 τ^{ij}、B^j 数值越高时，或 F_D 数值越低时，那么 $(a_{s1}^{ij})^{1-\sigma}$ 的数值就越低。从(1-37)式我们可以知道：当 τ^{ij}、F_I 数值越高时，或者 B^j 数值越低时，$(a_X^{ij})^{1-\sigma}$ 的数值就越高。

若当 τ^{ij} 较高，那么 $(a_X^{ij})^{1-\sigma}$ 也较高，$(a_{s1}^{ij})^{1-\sigma}$ 的数值较低，所以 $(a_{s1}^{ij})^{1-\sigma}$、$(a_X^{ij})^{1-\sigma}$ 二者间隔一定较小，因此出口相对于 FDI 的相对数

---

① 如果 $P_M = \left[\sum_{i=1}^{n+n^*} p_i^{1-\sigma} \right]^{1/(1-\sigma)}$，则所有公司都选择直接投资方式供应国外市场，没有公司选择出口方式。本书假设 p_i，则部分公司选择出口，部分公司选择直接投资。

值就小。若 F_D 较低,那么 $(a_{s1}^{ij})^{1-\sigma}$ 较低,若 $(a_X^{ij})^{1-\sigma}$ 保持恒定,$(a_{s1}^{ij})^{1-\sigma}$、$(a_X^{ij})^{1-\sigma}$ 二者间隔较低,因此出口占 FDI 的相对比重较低。若 F_I 的数值较高,$(a_{s1}^{ij})^{1-\sigma}$ 的值越高。当 $(a_{s1}^{ij})^{1-\sigma}$ 保持恒定,$(a_{s1}^{ij})^{1-\sigma}$、$(a_X^{ij})^{1-\sigma}$ 二者间隔较短,因此出口与 FDI 相比的比例较小。$(a_{s1}^{ij})^{1-\sigma}$ 的大小也与 $f(s)$ 具有一定联系。根据(1-40)式,当 s 保持一个不变水平,若 $f(s)$ 数值较低,$(a_{s1}^{ij})^{1-\sigma}$ 的数值较低,出口占 FDI 的相对比重较低。当出口目的地的需求水平 B^j 较高,$(a_X^{ij})^{1-\sigma}$、$(a_{s1}^{ij})^{1-\sigma}$ 二者就较低。所以,出口占 FDI 的相对比重的变化不很确定。由此,本书把布雷纳德(1993)的"临近—集中"的结论增扩到行业层面和所有 FDI 层面。

出口相对于 FDI 的相对数值的影响因素也包含企业生产率异质性的水平。在郝尔普曼等(2004)的研究中,假设企业生产率满足帕累托分布,他们的研究表明若企业生产率分布越不集中,也就是说越发散,出口相对于 FDI 的相对数值就较小。这个结论的得出是假设产品生产不能分割条件下得到的,在本书研究的价值链条可配置在不同国家情况下,仍然能够得到该结论。所以,当我们把 FDI 加以扩大,包含进价值链分工投资之后,因此,在把直接投资扩展到包括生产分割投资在内时,企业生产率分布越不集中,也就是说越发散时,出口相对于 FDI 的相对数值仍然较小。

五、模型结论

价值链条的跨国分割在国际分工中的地位逐步占据了重要位置,企业的这种价值链分工行为对出口和 FDI 具有重大的效应。这一节我们基于 DS 分析模型,并基于郝尔普曼等(2004)的模型,把这项研究加以扩展,考察了价值链条在国家间允许随意分割的条件下,生产率异质性企业的选择情况。进而,本节研究了效率异质性对贸易和 FDI 的效应,本节的主要观点包括:

基于郝尔普曼等(2004)的研究,我们将关注价值链任意可拆分时企业的生产和销售产品情况。在没有退出的企业中,效率最低的企业不出口只内销,稍高点的企业会出口,效率较高的企业会通过价值链分工形式供给外国市场,效率越高的企业选择把更多的价值链安排在其他国家。因此,本节把布雷纳德(1993)的"临近—集中"模型和郝尔普曼等(2004)的研究扩展到包括价值链分工在内的FDI方式下。

我们把布雷纳德(1993)的"临近—集中"的结论增扩到行业层面和所有FDI层面。在郝尔普曼等(2004)的研究中,假设企业生产率满足帕累托分布,他们的研究表明若企业生产率分布越不集中,也就是说越发散,出口相对于FDI的相对数值就较小。这个结论的得出是假设产品生产不能分割条件下得到的,在本节研究的价值链条可配置在不同国家情况下,仍然能够得到该结论。所以,当我们把FDI加以扩大,包含进价值链分工投资之后,因此,在把直接投资扩展到包括生产分割投资在内时,企业生产率分布越发散时,出口相对于FDI的相对数值仍然较小。

第三节　内生生产率的生产分割模型

对发展中国家而言,生产效率水平是其承担价值链跨国分工的一个影响因素,所以会对该国在价值链分工中的地位产生效应;一个国家若进行跨国价值链分工活动也会对生产效率产生效应,那么,生产效率与生产分割地位二者之间有正向的影响效应。按照当前的关于价值链分工的相关分析,比如芬斯特拉和汉森的研究,价值链拆分点是一个外生变量,所以无法研究价值链分工的渐进变化,也无法研究价值链分工环境下分工位置和技术效率改进的相互促进关系。在关于价值链分工产生的影响研究中,对分工位置和技术效率改进的研究是分开进行的,无法研究它们之间的相互影响。当前,我国的技术效率和分工地位都需要进一步提高,在价值链分工体系下研究两者之间具有什么样的影响关系具有一定的理论和实践价值。

一、消费者行为

现在我们分析两个地区,分别是多国企业的母国(h)和东道国(f),二者初始劳动力存量是 L。我们分析两个消费品行业,包括:同质行业(A)、差异化行业(M),前者是竞争性强的行业,后者是 DS 垄断竞争行业。

假定两个地区的效用函数是一样的:

$$U = C_M{}^\mu C_A{}^{1-\mu} , 0 < \mu < 1 \tag{1-41}$$

在上式中,μ、$1-\mu$ 二者分别为差异化行业、同质行业的花销比例,C_A 为花费在同质行业的花销,C_M 为花费在差异化行业的花费。C_M 是常数替代弹性函数:

$$C_M = \Big[\sum_{i=1}^{n} c_i^{(\sigma-1)/\sigma} \Big]^{\sigma/(\sigma-1)}, \sigma > 1 \tag{1-42}$$

在上式中,c_i 消费者购买差异化商品的数量,n 是其种类数目。σ 是消费替代弹性,σ 约等于需求弹性。

消费者最优决策为:

$$\max U = C_M{}^\mu C_A{}^{1-\mu} \tag{1-43}$$

$$s.t.\ P_A C_A + P_M C_M = E$$

在(1-43)式,E 是人们的支出,P_A 是同质行业价格,P_M 为差异化行业 C_M 的价格,P_M 的计算如下:

$$P_M = \Big[\sum_{i=1}^{n} p_i^{1-\sigma} \Big]^{1/(1-\sigma)} \tag{1-44}$$

其中 p_i 为第 i 种差异化产品的价格。求解(1-43)式的最优化问题,得:

$$C_A = (1-\mu)E/P_A \tag{1-45}$$

$$C_M = \mu E / P_M \qquad\qquad (1-46)$$

对第 i 种差异化产品的消费为：

$$c_i = \mu E \left(p_i{}^{-\sigma} / P_M{}^{1-\sigma} \right) \qquad\qquad (1-47)$$

二、生产者行为

我们假定两个地区的劳动效率是一样的,同质行业劳动投入系数是 a_A 。同质行业的价格设定为 a_A ,两地区的工资率 w^h 、w^f 都是 1。两地区支出水平：

$$E^h = E^f = \bar{L} \qquad\qquad (1-48)$$

差异化行业由无限价值链条组成,根据两地区在各价值链条上的相抵优势大小,把这些链条分布 $[0,1]$ 区间上,对于最左端的价值链条,母国拥有最大的相对优势。

企业在价值链条的分布区间上选一点 s ,以 s 当作界线,s 前面的价值链配置在企业的母国,其生产得到的半成品运输到东道国;东道国的分支机构再着手生产 s 以后的价值链环节。最终生产出的消费品一部分在东道国消费,其他返销至母国。

我们假定差异化行业企业层面的固定成本是 G,G 主要指的是总部活动产生的费用,总部活动对整个企业的经营产生影响。为了简化分析,假设总部活动只能在母国。

假定母国 1 单位差异化行业需要 a_M^h 劳动力,s 之前阶段需要 sa_M^h ,s 之后阶段需要 $(1-s)a_M^h$ 。假定东道国 1 单位差异化行业需要 a_M^f 劳动力,下式成立：

$$a_M^f = a_M^h + k ,(k > 0) \qquad\qquad (1-49)$$

根据上面的假设,母国生产差异化行业具有相对优势。k 度量了相对优势的差距程度,若 k 的数值越高,母国的相对优势就越高。

若这两个地区通过价值链分工共同生产一个产品,假定东道国从中能够得到技术进步的益处,借助于阿罗(Arrow,1962)提出的"干中学"(Learning by Doing)影响得到生产效率的优化。所以,我们假定 $k(s)$ 随着 s 的增加而提高。

假定东道国 s 之后阶段需要劳动力 $(1-s)a_M^h + f(s)k$,s 之前阶段需要 $sa_M^h + [1-f(s)]k$。关于 $f(s)$,下面的条件成立:$0 \leqslant f(s) \leqslant 1$,当 $s \to 0$ 时,$f(s) \to 1$,当 $s \to 1$ 时,$f(s) \to 0$。因为我们假定对于靠近 0 点越近的价值链环节,母国具有更高的相对优势,所以下列不等式成立 $f'(s) < 0$ 和 $f''(s) > 0$[①]。

我们假定国际贸易有冰山运输成本 τ($\tau > 1$),所以最终产品在东道国销售的边际成本:

$$m_i^f = \tau s a_M^h + (1-s)a_M^h + f(s)k \tag{1-50}$$

在母国销售部分的边际成本:

$$m_i^h = \tau[\tau s a_M^h + (1-s)a_M^h + f(s)k] \tag{1-51}$$

企业的最优化为:

$$\max_{p_i^h, p_i^f, S} \prod = c_i^h p_i^h + c_i^f p_i^f - c_i^h m_i^h - c_i^f m_i^f - G \tag{1-52}$$

在(1-52)式,c_i^h 是跨国企业的本国对商品的消费需求,p_i^h 是价格,c_i^f、p_i^f 是企业的东道国的消费和价格。将(1-47)、(1-50)和(1-51)式代入(1-52)式,我们得:

$$\max_{p_i^h, p_i^f, S} \prod = \frac{\mu \bar{L}}{(p_M^h)^{1-\sigma}} (\ )^{-\sigma} [p_i^h - \tau^2 s a_M^h - \tau(1-s)a_M^h - \tau f(s)k] +$$

$$\frac{\mu \bar{L}}{(p_M^f)^{1-\sigma}} (\ )^{-\sigma} [p_i^f - \tau s a_M^h - (1-s)a_M^h - f(s)k] - G$$

$$\tag{1-53}$$

---

① $f(s)$ 之所以不采用线性函数的原因是,在线性函数假设下,分割点只会在 0 点或 1 点,而不会在开区间 $(0,1)$ 上。

当市场结构是 DS 市场结构时,若企业数量较多,p_M^h、p_M^f 近似于不变的数值。对于(1-53)式,我们求 p_i^h、p_i^f 和 s 的 3 个一阶条件,结果如下:

$$p_i^h = a_M^h \frac{\tau^2 s + \tau(1-s) + \tau f(s)k/a_M^h}{1 - 1/\sigma} \tag{1-54}$$

$$p_i^f = a_M^h \frac{\tau s + (1-s) + f(s)k/a_M^h}{1 - 1/\sigma} \tag{1-55}$$

$$kf'(s) = a_M^h(1-\tau) \tag{1-56}$$

由(1-54)和(1-55)式可知,公司采取边际成本加成定价,加成比例和需求弹性有关。对(1-56)式求全微分,我们得:

$$ds/dk = -\frac{f'(s)}{kf''(s)} \tag{1-57}$$

根据(1-57)式,因为 $f'(s) < 0$,$f''(s) > 0$,$k > 0$,我们能得到 $ds/dk > 0$。如果我们控制别的变量恒定,若 k 数值变小,s 的数值也会降低,原因是这时企业愿意把更多价值链条放在东道国。所以 k、s 二者之间具备相互的正向影响。所以,在价值链分工的背景中,一个地区的技术效率、分工地位提高之间具有相互正向影响。

我们使用类似的办法,从(1-57)式可以推出 $ds/d\tau < 0$。所以,如果我们控制其他变量恒定,s 的数值会随 τ 的提高而降低,原因是当运输费用揭高时,从规避运输费用的角度出发,企业更愿意增加在东道国地区的生产。

三、均衡

假定企业可以自由进入和退出一个差异化行业,因此,一个代表性企业的利润等于 0。由(1-53)式可以得到:

$$\frac{\mu \bar{L}}{(p_M^h)^{1-\sigma}}(p_i^h)^{-\sigma}[p_i^h - \tau^2 s a_M^h - \tau(1-s)a_M^h - \tau f(s)k] + \frac{\mu \bar{L}}{(p_M^f)^{1-\sigma}}$$

$$(p_i^f)^{-\sigma} [p_i^f - \tau s a_M^h - (1-s) a_M^h - f(s)k] = F + G \qquad (1\text{-}58)$$

假设生产差异化行业的企业是一样的,从(1-38)式得:

$$(p_M^h)^{1-\sigma} = n \, (p_i^h)^{1-\sigma} \qquad (1\text{-}59)$$

$$(p_M^f)^{1-\sigma} = n \, (p_i^f)^{1-\sigma} \qquad (1\text{-}60)$$

把(1-59)、(1-60)、(1-54)和(1-55)式代进(1-58)式,得:

$$n = \frac{2\mu \bar{L}}{\sigma G} \qquad (1\text{-}61)$$

从(1-61)式,我们能够计算出均衡时企业数目。如果我们保持其他因素恒定为常数,若 μ 的数值较高,或 $\bar{L}$ 较高,能够留存的企业数目就较多;若 σ 较高,则 n 的数值就较低,企业数目于是较少;若 G 较高,那么成立一个企业需要花的成本就较高,所以 n 会较少。

四、模型结论

我们在 DS 市场环境下,在产品价值链条无限随意拆分情况下,把价值链分工加以内生化,考虑了分工位置和技术效率改进的相互促进关系。本节模型分析了两个国家或地区,分别是多国企业母国和多国企业的东道国;存在两种最终消费品:同质和差异化商品,后者在两国之间可以进行价值链分割。关于差异化商品,企业需要在决定各价值链如何在两国或地区间进行配置。在这一节,本书内生化了价值链分工,证明了当价值链条可以随意在国家间配置时,价值链分工与国家间效率间距、运输成本大小等相关,所以上述这些原因影响了东道国分工地位;并且,价值链分工的实践会有利于东道国生产效率的改善,因此会改善东道国的生产分割位置。总之,我们的分析结论得出了东道国生产技术效率的提高与价值链分工地位改善二者之间的相互效应。

第四节 生产分割比较静态分析模型

在这一部分,我们在 DS 模型内,考虑价值链条在各国间的配置,考察了价值链条的配置和产出质量的影响因素,并研究了某些外来影响带来的变化,例如劳动力价格等因素对价值链位置、产出质量的影响,以及两者之间的互动效应。

一些文献发现,一个国家如果能够产出质量较高的商品,并能出口这些商品,就会得到一些特别的好处。产出质量刻画的是各种类商品的异质性,这些商品间具有垂直的异质性。在最近的一些研究中,一些文献分析了我国出口商品的质量,例如,施炳展等(2013)使用坎德瓦尔(Khandelwal,2010)的方法计算了我国的情况,发现我国和美国相比,相对的产出质量有走低的迹象。李坤望(2014)的研究也进行了相似的计算,不过他们使用了价格作为度量质量的工具,他们的研究也发现了类似结果,我国与整个世界相比,出口商品质量具有降低的走势。

现在,我国面临着很多问题,一方面包括产出质量提高,一方面包括价值链地位提高,这两方面问题对我国构成了比较严重的制约。研究产出质量提高和价值链地位提高两者的影响条件,还有两者之间是否有相互的互动效应对我们来讲有着比较重要的价值。当前,对产出质量提高和价值链地位提高两者的分析还未在统一的框架内系统地进行研究。

一、理论背景

和本节研究有关联的文献包括国际价值链分工研究、产出质量等相关研究。由于价值链分工的迅速发展,出现了许多文献对国际价值链环节可以在不同国家和地区之间配置情况下的产业升级进行研究。

赫尔普曼(Helpman,1984)对垂直一体化直接投资进行了最初的分析,在他的论文中,多国企业按照如下方式配置价值链各环节,多国企业的总部服务等价值链条安排在资本丰裕地区,组装转配等链条安排在劳动力丰裕地区。在赫尔普曼的研究中,各国或各地区间要素禀赋的不同影响了各环节在区域间的安排。马库森和维纳布尔斯(Markusen 和 Venables,2007)的研究在赫尔普曼研究的基础上,突出了运输成本的作用。卡平特(2005)在迪克斯特-斯蒂格利茨的分析模型下研究了多国企业在价值链环节分配上的问题,在赫尔普曼、马库森和维纳布尔斯的研究基础上,卡平特着重突出了布雷纳德(1993)的"临近"和"集中"因素在多国企业配置价值链条时的作用。其他学者,例如格罗斯曼等(Grossman 等,2006)着重考察了企业异质性的作用,根据格罗斯曼等的研究结论,企业生产率的异质性使得处于企业的决策不同。

根据前人的文献,在价值链环节分工中价值链条的分割以及各环节的特征是外生和固定的,所以无法研究价值链环节分工的演变,也无法研究参与价值链分工的公司的分工地位升级情况。高越和李荣林(2008)的文献把价值链条的跨国配置加以内生,他们的研究结论是一个国家或地区的分工地位与运输价格、替代弹性等相关。高越(2008)的研究对生产效率的效应进行了研究,他的研究结论是如果东道国或地区的生产效率较高,则它的分工地位就越改善。格罗斯曼和罗斯-汉斯伯格(Grossman 和 Rossi-Hansberg,2012)从价值链配置的成本、不同地区的市场容量等因素的角度分析了价值链分工地位的影响因素,他们的分析有利于我们从内生角度去考察价值链分工地位的升级。

以上的文献还没有涉及公司在产出质量方面的不同特点,麦勒兹(2003)对质量异质性公司进行了开拓性分析,经济学家又有了新的认识,根据他们的观点,企业产出质量也构成贸易方式的影响原因,所以关于质量理论与公司异质性相结合的研究进入了人们的研究视野,该项研究内生化了公司的质量决策。

学者们各自的研究关注的层面不完全一致。鲍德温和哈里根(Baldwin 和 Harrigan,2011)在麦勒兹的研究基础上,研究了距离较远、价格较高的现象,他们的结论是公司的强弱与经过质量平衡后的成本有关,从而给"距离越远价格越高"的现象提供了答案。国际交易会对发展中国家或地区的收入分配产生影响,沃乎根(Verhoogen,2008)建立一个分析框架发现一种影响效应,也就是质量提升效应,参与的公司会提高产出质量水平,进而扩大收入差异程度。法伊盖尔鲍姆、格罗斯曼和赫尔普曼(Fajgelbaum,Grossman,Helpman,2011)、芬斯特拉和罗摩里斯(Feenstra,Romalis,2012)考虑了一个国家或地区的经济发展情况与该国的进口产品质量的关系,发现一个国家或地区的发展程度越高的话,越可能成为高质量商品净出口国,也越可能成为低质量商品净进口国。以上文献中的常数加成率的设定并不符合实际情况,德洛克尔和瓦英思科(De Loecker 和 Warzynski,2012)认为企业之间的加成系数不完全一样,所以安东尼德斯(Antoniades,2015)在他文献中改变了常数加成率的情况,研究了加成率变化情况,在麦勒兹和奥塔维那(Melitz 和 Ottaviano,2008)的分析框架下考虑质量内生,在他的研究中,竞争越激烈,则生产效率越高的公司会选择提高产出质量,生产效率越低的公司会选择低产出产量,甚至选择离开该行业。

有的研究对公司异质性和价值链跨国配置内生化进行了关联,例如,高越和李荣林(2009)考察了具有不同生产效率的企业的价值链环节分配问题,他们的观点认为一个企业的生产效率较高的话,该企业分配在该国的生产环节就较多。他们的这项研究虽然探讨了价值链分工情况下的公司的决策,然而公司之间只具有生产效率异质性,而不具有产出品质的异质性,所以这项研究不能探究公司产品的质量不同对公司分工地位的效应。

库格勒和沃乎根(Kugler 和 Verhoogen,2011)对价值链条分工和产品质量差异公司进行了探究,基于麦勒兹(2003)的分析框架,库格勒和沃乎根考虑了中间产品,他们的结论认为,生产效率较高的企业会使用质量较好中间品,得到质量较好的最终产品,并且按照较高价格出售。在库格勒和沃乎根的文献中,价值链条的跨国分配是外生给定的,因此他们的研究没有能够分析价值链条的升级。

有些文献对我国进行了研究,特别是有些文献研究了价值链跨国分工对我国参与价值链分工升级的影响。例如金芳(2007),张少军、刘志彪(2013)的文献均考虑通过参加跨国的价值链分工体系来提升我国的分工地位升级。针对我国产出质量的文献有两方面,首先是测算我国产出质量的水平,李坤望等(2014)、张杰等(2014)、高、沃利和任(Gao,Whalley 和 Ren,2014)做了此类测算;还有一项研究是探究与产出质量相关的效应因素,比如,邹俊毅、周星(2011)研究了实际有效汇率对产出质量的影响效应,殷德生(2011)研究了贸易价格、国家或地区市场大小等对产出质量的影响效应。

根据上文所述的研究,已有的一些文献考虑了质量内生问题,然而还没有把它和发展中国家或地区的链条分工地位的提高结合起来。参与全球价值链分工是中国公司参加世界分工体系的重要内容,也是其获得分工地位提高的一种有利方法。对很多发展中国家或地区来说,面临着很多问题,一方面包括产出质量的提高,一方面包括价值链地位的提高,研究产出质量提高和价值链地位提高两者的影响条件,还有两者之间是否有互动效应有着比较重要的价值。

二、消费者行为

在这一节,基于 DS 模型,将构造一个差异化商品的分析框架,一个企业需要在相对优势、贸易成本等方面权衡取舍,决定在各个国家或地区的价值链的分配以及产出的质量等。

我们假定有两个国家或地区,分别是多国企业的母国(h)和东道国(f)。二者拥有的劳动力数量都是$\bar{L}$。有两个产品部门,同质产品(A)和差异化产品(M),二者依次是竞争性较强的行业和迪克西特-斯蒂格利茨行业。

我们假定消费者具有 CD 效用函数,μ、$1-\mu$ 分别表示消费者对 A 和 M 行业的消费支出比例,C_A 是对 A 的购买,C_M 是对 M 的购买。C_M 为常数替代弹性:

$$C_M = \left[\sum_{i=1}^{n} (q_i c_i)^{\frac{\sigma-1}{\sigma}} \right]^{\frac{\sigma}{\sigma-1}}, \sigma > 1 \qquad (1-62)$$

在(1-62)式,c_i 为对第 i 种 M 行业产品的消费数量,q_i 是其质量水平,$q_i > 0$,q_i 与 c_i 二者的交互项出现在(1-62)式中,意味着质量水平的提高可以促进消费者效用改善。n 是 M 行业商品的类型数。σ 为 M 行业的消费弹性。

对消费者来说,他追求效用最大化:

$$\max U = C_M{}^{\mu} C_A{}^{1-\mu} \qquad (1-63)$$

$$s.t. \ P_A C_A + P_M C_M = E$$

在(1-63)式中,E 为消费额度,P_A 是 A 的价格,P_M 是 M 行业商品组合 C_M 的价格,P_M 可以表示如下:

$$P_M = \left[\sum_{i=1}^{n} \left(\frac{p_i}{q_i} \right)^{1-\sigma} \right]^{1/(1-\sigma)} \qquad (1-64)$$

在(1-64)式中,p_i 第 i 种 M 行业产品的价格,求解(1-63)式的问题,我们可以得到:

$$C_A = \frac{(1-\mu)E}{P_A} \qquad (1-65)$$

$$C_M = \frac{\mu E}{P_M} \qquad (1-66)$$

对第 i 种 M 行业产品的需求如下:

$$c_i = \frac{\mu E (q_i)^{\sigma-1} (p_i)^{-\sigma}}{(p_M)^{1-\sigma}} \tag{1-67}$$

三、生产者行为

我们假定两个地区的劳动效率是一样的,同质行业劳动投入系数是 a_A。同质行业的价格设定为 a_A,两地区的工资率 w^h、w^f 都是1。两地区支出水平:

$$E^h = E^f = \bar{L} \tag{1-68}$$

设定 M 的生产都有无数链条,按照母国和东道国劳动生产率的比较优势差距,把这些链条由高到低均匀排列在 $[0,1]$ 区间上,靠近0点的生产环节属于东道国相对优势大的环节,靠近1点的生产环节属于母国相对优势大的环节。企业在价值链条的分布区间上选一点 s,以 s 当作界线,s 前面的价值链配置在企业的母国,其生产得到的半成品运输到东道国;东道国的分支机构再着手生产 s 以后的价值链环节。最终生产出的消费品返销至母国。s 越小,说明越多上游环节在东道国生产,所以意味着更多上游阶段在该国生产,说明产业链位置得以提高。

我们假定差异化行业的企业层面固定成本是 G,G 主要指的是总部活动产生的费用,总部活动对整个企业的经营产生影响。为了简化分析,假设总部活动只能在母国进行。

假定母国1单位差异化行业需要 a_M^h 劳动力,s 之前阶段需要 sa_M^h,s 之后阶段需要 $(1-s)a_M^h$。假定东道国1单位差异化行业需要 a_M^f 劳动力,下式成立:

$$a_M^f = (1-s)a_M^h - f(s) \tag{1-69}$$

在(1-69)式中,$f(s) \geq 0$。与母国需要投入 $(1-s)\alpha_M^h$ 相比较,东道国下游环节需要较少劳动投入。前文,本书假定东道国在靠近1点的价值链条具备更大的相对优势,我们进而设定 $f'(s) \geq 0$、$f''(s) \geq 0$。

最终消费品的 q_i 为:

$$q_i = q_{1i} q_{2i} \qquad (1-70)$$

在(1-70)式中,q_{1i} 是前段环节产品的质量,q_{1i} 较大的数值说明具有较高质量。生产一定质量的产品需要花费质量成本,假定母国生产 q_{1i} 水平质量的前段环节需要的支出 ω_{1i}:

$$\omega_{1i} = s q_{1i} \theta_1 \qquad (1-71)$$

在(1-71)式中,s 数值越高,则表明母国生产的价值链条越长,质量生产需要的支出越大。θ_1 表示母国对产出质量进行提供的能力,θ_1 越小,表明质量提供能力越强,其生产一定质量时花费的成本就越少。

对东道国来讲,与母国相类似的质量生产成本的公式见(1-71)式,与母国生产 q_{1i} 水平质量的前段环节需要的支出 ω_{1i} 类似,东道国生产质量为 q_{2i} 的代价 ω_{2i} 是:

$$\omega_{2i} = (1-s) q_{2i} \theta_2 \qquad (1-72)$$

与(1-71)式相似,在(1-72)式中,$1-s$ 较高,则该国从事的价值链条就较多,ω_{2i} 越大。θ_2 表示东道国对产出质量进行提供的能力,θ_2 越小,表明质量提供能力越强,其生产一定质量时花费的代价较低。

从(1-69)式、(1-71)式、(1-72)式 3 个式子,我们可以得到公司供给本国的边际价格:

$$m_i^h = \tau \{ \tau s a_M^h + (1-s) a_M^h - f(s) + \tau s q_{1i} \theta_1 + (1-s) q_{2i} \theta_2 \} \qquad (1-73)$$

在(1-73)式,该式中的 τ 是两国间商品的运输价格。

企业考虑如下利润最大化:

$$\max_{p_i^h, S, q_{1i}, q_{2i}} \prod = c_i^h p_i^h - c_i^h m_i^h \qquad (1-74)$$

在(1-74)式中,c_i^h 是企业获得的来自本国的消费需求,p_i^h 是价

格。把(1-67)至(1-73)式代入(1-74)式,得到下式:

$$\max_{p_i^h, S, q_{1i}, q_{2i}} \prod = \frac{\mu \bar{L} (q_i)^{\sigma-1} (p_i^h)^{-\sigma}}{(p_M^h)^{1-\sigma}} \left\{ \begin{array}{l} p_i^h - \tau^2 s a_M^h - \tau(1-s) a_M^h + \\ \tau f(s) - \tau^2 s q_{1i} \theta_1 - \tau(1-s) q_{2i} \theta_2 \end{array} \right\}$$

$$(1-75)$$

下面对(1-75)式求企业的最优化,求关于p_i^h、s、q_{1i}、q_{2i}的一阶条件:

$$p_i^h = \frac{m_i^h}{1 - 1/\sigma} \qquad (1-76)$$

$$a_M^h(1-\tau) + f'(s) - \tau q_{1i}\theta_i + q_{2i}\theta_2 = 0 \qquad (1-77)$$

$$(\sigma - 1)(p_i^h - m_i^h) = \tau^2 s \theta_1 q_{1i} \qquad (1-78)$$

$$(\sigma - 1)(p_i^h - m_i^h) = \tau(1 - s)\theta_2 q_{2i} \qquad (1-79)$$

根据(1-76)式,企业定价使用在边际成本基础上加上一个比率的方式,该比例和需求弹性具有一定联系。

根据(1-78)、(1-79)得到:

$$\frac{d(q_{2i}/q_{1i})}{d(\theta_2/\theta_1)} > 0 \qquad (1-80)$$

根据(1-80)式,我们可以知道,当东道国与母国相比的质量成本减少时,东道国与母国相比,他的产出质量增加。

从(1-77)、(1-78)、(1-79)式共3个公式,可知:

$$\frac{ds}{dq_{2i}} = \frac{\theta_2(1-2s)}{sf''(s)} \qquad (1-81)$$

因为$f''(s) \geq 0$,在(1-81)式,ds/dq_{2i}的符号与s有关,包括两种可能的情形:

情形1:若$s \geq \dfrac{1}{2}$,$ds/dq_{2i} \leq 0$。

在这种情况下,一个国家或地区的分工地位提高与产出质量改善产生了互动促进关系。一个企业出于利润最大化决策,综合考虑运输费用、相对优势、质量提供能力等因素，从而确定对其最好的 s 和 q_{2i}。若 $s \geq \dfrac{1}{2}$，该不等式成立说明该国在价值链分工体系中居于末端，当一个企业位于这种状况时，若 s 的数值减少，则运输费用会减少，但是由于该国从事的价值链长度变大，所以提供高质量产品的成本会提高，而且更多相对劣势价值链条改为在该国从事经营，所以会使得该国提高产出品质从而扩大消费者需求，通过这种方法来抵消消极效应，在本书中，称其为"需求变化机制"。若 q_{2i} 变大，对产品的购买需求会增强，然而质量成本会提高，所以企业会尽量选择较小的 s，目的是使运输费用减少，这种方式我们把它命名为"成本变化机制"。因此，在这种情况下，一个企业出于利润最大化决策，综合考虑运输费用、相对优势、质量提供能力等因素，一个国家或地区的分工地位提高与产出质量改善产生了互动促进关系。

情形 2：当 $s \leq \dfrac{1}{2}$，$ds/dq_{2i} \geq 0$。

在情形 2，价值链分割的位置位于靠近 0 点的地方，若 q_{2i} 增加，市场需求扩大，但是会带来东道国质量生产成本的提高，会促使企业减少本国价值链长度以减少运输费用，这种情况下随着 s 减小，东道国承担了较多的相对劣势价值链条，s 数值越低相对劣势越大，所以会降低价值链转移的动力，此时若增加 s，也就是降低产业链条转移从而减少质量成本就会变为最优的途径，即成本变化机制。因此，当 s 数值越低时，也就是说分割位置在价值链条上端时，一个企业出于利润最大化决策，综合考虑运输费用、相对优势、质量提供能力等因素，一个国家或地区的分工地位提高与产出质量改善产生了负向的相互影响关系。

在（1-81）式，该式的符号与 s 数值的大小有关，在（1-81）式和（1-82）式中，$s = \dfrac{1}{2}$ 是分界点，该结果与（1-69）式、（1-72）式的形式有关,我们设定了二者特定形式。当然,若我们假设使用别的设定形式,临界点会不同,然后上面的主要结果仍一致。

现在,考虑外生因素发生改变的情况,比如说,若东道国劳动力价格发生变化时对该国质量的效应。在(1-69)式,东道国的经营活动需要的劳动 a_M^f 设定如下:

$$a_M^f = (1-s)a_M^h - f(s) + (1-s)k \tag{1-69'}$$

同时我们设定本国或本地区需要的劳动保持恒定。在(1-69')式,k 是比 0 大的数值。如果 k 的数值变大,那么说明东道国的经营需要耗费更多的劳动。

与此对应,(1-73)可变化如下:

$$m_i^h = \tau\{\tau s a_M^h + (1-s)(a_M^h + k) - f(s) + \tau s q_{1i}\theta_1 + (1-s)q_{2i}\theta_2\} \tag{1-73'}$$

企业的利润最大化问题也变化如下:

$$\max_{p_i^h, S, q_{1i}, q_{2i}} \prod = \frac{\mu \bar{L}(q_i)^{\sigma-1}(p_i^h)^{-\sigma}}{(p_M^h)^{1-\sigma}} \left\{ \begin{array}{l} p_i^h - \tau^2 s a_M^h - \tau(1-s)(a_M^h + k) + \\ \tau f(s) - \tau^2 s q_{1i}\theta_1 - \tau(1-s)q_{2i}\theta_2 \end{array} \right\} \tag{1-75'}$$

求解关于 s 的偏导数,得:

$$a_M^h(1-\tau) + k + f'(s) - \tau q_{1i}\theta_1 + q_{2i}\theta_2 = 0 \tag{1-77'}$$

我们从(1-77')、(1-78)、(1-79)式 3 个公式得到:

$$\frac{dq_{2i}}{dk} = \frac{s}{\theta_2(1-2s)} \tag{1-82}$$

若 $s \geq \dfrac{1}{2}$,则 $\dfrac{dq_{2i}}{dk} \leq 0$,这时 k 增加产出品质变低。若劳动力价格提高,东道国的生产方面的代价提高,然后因为该国参与到价值链分工的位置较低,其在产品生产的相对优势较大,此时,企业若适当调降产出质量是企业利润最大化的做法。由此,劳动力价格提高导致该国进入产出质量下降的境地,本书把这种现象称作"锁定效应"。

若 $s \leqslant \dfrac{1}{2}$，则 $\dfrac{dq_{2i}}{dk} \geqslant 0$，若 k 的数值变大那么会使得产出品质增加。

劳动力价格的提高导致企业的经营代价提高，因为东道国在价值链分工中的地位处于较高位置，其相对优势不强，所以在这种情况下改善产出品质从而增加市场需求是企业最好的措施。由此，劳动力价格的提高带来该国产出品质的提高，本书把这种现象称作"挤入效应"。

因为我们假设该行业是竞争性行业，企业通过自由进入和退出市场，达到零利润水平。我们从（1-15）式，可以得到：

$$\frac{\mu \bar{L}(q_i)^{\sigma-1}(p_i^h)^{-\sigma}}{(p_M^h)^{1-\sigma}}\{p_i^h - \tau^2 s a_M^h - \tau(1-s)(a_M^h + k) +$$

$$\tau f(s) - \tau^2 s q_{1i}\theta_1 - \tau(1-s)q_{2i}\theta_2\} = G \qquad (1-83)$$

我们假定企业是一样的，因此，从（1-64）我们可知：

$$(p_M^h)^{1-\sigma} = n\left(\frac{p_i^h}{q_i}\right)^{1-\sigma} \qquad (1-84)$$

通过将（1-84）、（1-76）式融入（1-83）式，我们可以得到：

$$n = \frac{\mu \bar{L}}{\sigma G} \qquad (1-85)$$

从（1-85）式，可以求出差异化企业的数目。在我们保持别的因素恒定情况下，若 μ 较高，或者市场容量 $\bar{L}$ 较大，需求大小所能容纳的差异化企业的数目较多；若 σ 较高，则差异化产品相互间取代的可能性较大，因此，容纳的企业的数目较少；还有，若 G 较高，这是建立一个新企业需要花较多成本，所以成立一个公司花费的资源就越多，因此容纳的差异化企业的数目较少。

四、模型结论

我们在 DS 模型内，在价值链条能够跨国配置的情况下，把东道国差异化产品生产的产业链位置及其产品质量水平进行了内生化，考察了二者之间的相互影响关系以及东道国劳动力成本上升对二者产生的影响。在研究中,假定存在两个地区,分别是多国企业的总部所在地——母国、多国企业的东道国,这两个地区分别设定为发达地区和发展中地区;假定有两种消费品:同质和异质性产品。后者的生产可以把其生产环节配置在不同地区,从而确定了价值链环节在不同地区的配置和各地区的分工地位,并且产出质量也被同时决定。多国企业在决定决策时,从最大化其利润出发,综合考虑各种因素,包括相对优势、运输价格、质量成本等因素,决定东道国的分工地位、产出质量。

我们的研究提出了如下观点:分工位置、产出质量二者的影响关系和东道国的分工地位有关系,若东道国的分工地位较低,则两者之间会产生相互促进效应,若东道国的分工地位较高,则两者之间会产生相互抑制的效应;若劳动力价格提高,对东道国产出质量的影响也和分工地位有关系,若东道国的分工地位较低,则劳动力价格提高会带来质量降低,若东道国的分工地位较高,则劳动力价格提高会带来产品质量提高;另外,若两国的质量成本有变化,东道国的相对成本降低,那么东道国的产品相对质量上升。

我们的研究具有以下创新:一是本节建立了一个内生化分析框架,在这个框架中,分工地位、产出质量不再是外生变量;第二,在产品的价值链环节可以随意拆分,并在不同地区配置的情况下,一个国家的分工地位、产出质量取决于很多因素,例如相对优势、贸易成本等;另外,我国的一些产业发展陷入困境,处于较低分工地位,产出质量不高,发展缓慢,发展压力大,本节的研究对此从新的视角进行了阐释。

现在,中国的一些产业分工地位不高,我国有些产业在国际价值链分工体系中位于低端(牛喜霞,2019),我们面临着劳动力价格上升的压力,但是产出的质量不高,并且改善的步伐不快。伴随劳动力价格的增长,公司从其利益最大化出发,会选择生产较低质量产出,以应对高成本的挑战,并且又因为位于价值链分工的末梢,分工位置和产出质量具有负向的影响关系,所以易陷入"锁定"陷阱。对此类产业,我们可以大力提高企业质量提供能力,以此使得分工地位和产出质量具有正向的相互促进关系。

中国在一些产业上具有较高的产出质量,这些产业在全球分工体系中也位于较好地位。对这些产业来说,当劳动力价格提高时,从公司的利益最大化出发,公司会改善产出质量。因为在这些产业的分工地位已经较好,分工地位进一步的改善受到相对优势的影响,所以这些产业的质量提供能力和相对生产优势的改善有利于价值链升级和产出质量的提高。

第二章　全球价值链分工地位的影响因素

第一节　价值链分工地位指标的构建

在这一节,我们构建了几个指标,衡量价值链分工地位并对我国的情况进行了测度,以了解我国的价值链分工地位。

一、指标构建

(一)价值链分工地位指标构建

在王岚(2015)的研究中,她在安特拉斯(Antràs,2012)使用的指标基础上,设计了一个新的指标,该指标既考虑了"增值能力"也考虑了"嵌入位置",我们称之为"价值链分工地位指数"(GVC-Status Index,GS 指数)。"增值能力"指标度量了一个国家的一个产业在分工体系中获得利益的能力,"嵌入位置"指标是指一个国家在一个产业中从事的价值链位置与最终的产品之间的间距,该指标度量了该国在该产业的价值链条上的靠前位置还是靠后位置,因此度量了"空间"上的距离。

$$GS_{i,k} = va_{i,k} + \sum_{i,j=1}^{G} \sum_{k,l=1}^{N} \frac{d_{ik,jl}Y_{j,l}}{Y_{i,k}} GS_{j,l} \qquad (2-1)$$

我们假定存在 G 数量的国家或地区、N 个产业,从(2-1)式,我们能够看出该国或者地区的价值链分工地位指数,$GS_{i,k}$ 的含义是国家或地区 i 在产业 k 的价值链地位指数。$va_{i,k}$ 的含义是国家或地区 i 的 k 产业的直接增值系数。$Y_{j,l}$ 为国家或地区 j 的产业 l 的总产值,$Y_{i,k}$ 为国家或地区 i 的 k 产业的总产值,$d_{ik,jl}$ 为国家或地区 j 的 l 行业对国家或地区 i 的产业 k 的中间产品直接的消耗系数。我们把(2-1)式变化成矩阵的形式,见(2-2)式:

$$GS_{i,k} = [1 - \triangle]^{-1}[va] \tag{2-2}$$

在(2-2)式中,矩阵 $\triangle$ 为一个 GN×GN 的方阵,该矩阵中的元素为 $\dfrac{d_{ik,jl}Y_{j,l}}{Y_{i,k}}$,其中的方阵 I 为对角线元素等于 1 的 GN×GN 矩阵,$[va]$ 为 GN×1 的直接价值增值系数向量。

在(2-1)式中,$va_{i,k}$ 含义为 i 国或者地区在产业 k 的 VA 指标;另一项的含义是 i 国或者地区产业 k 的 OU。由(2-2)式我们发现,GS 的数值越大表明 i 国或者地区在产业 k 的价值增加能力较大;也表明 i 国或者地区在产业 k 的产品在价值链位置中比较靠前。

(二)指标的深化

考虑到使用更加精细的度量方法,我们进而构建"增值能力指标（VC)"和"价值链获利能力指标（GP)"。VC 指标的计算方法是用某一产业的 GS 数值除以这个产业 GS 来得到,如果这个结果比 1 大的话,说明这个国家的这个行业具有相对优势,比世界平均水平要高;但是如果这个数值比 1 低的话,那就意味着这个国家的这个行业不具备相对优势,比世界平均水平要低。

GP 的计算方法是某一产业的 VA 与 GS 的比例,如果这个值较大,就意味着这个行业在价值链条的增值过程中位于增值链条的较高地位。

VC 主要侧重于显示一个国家或地区在某一产业和国际上竞争对手之间的对比关系;GP 主要侧重于显示一个国家或地区的某一产业与其他国家或地区的产业合作过程中的价值增值。

若某一产业 VC 数值变大,但是它的 GP 数值变小,这种变化意味着该国该产业和国际上的竞争性行业比较,它的价值增值力变大,但是它的相对优势减小。出现该种状况的原因是因为该产业融进价值链分工体系的地位得到改善,所以中间产品的增值比例获得增加。

如果某个产业 VC、GP 的值都变小,由此可知这个产业在分工体系中遇到较强的竞争,它的价值增值力不能得到提高,反而下降,所以这个产业能够获得较高效益的能力被别的产业侵占。

(三)数据说明

受我国投入产出表的限制,我们无法获得不间断时序的数据,前人的文献通常用往年的数据表示近年的,这种方法不能完全地表示实际状况。

在本书中,我们采用世界投入产出表(WIOD)来进行研究,WIOD 具有 40 多个国家或地区的投入产出数据,WIOD 的特点是能够为我们带来持续的数据。

由于数据的约束,本书使用了 5 个产业进行实证研究,分别是:食品饮料烟草加工;纺织服装;皮革毛皮羽绒;木材和木材产品;纸张纸产品加工印刷。它们是我国融入全球分工的产业,也属于劳动密集程度比较高的产业,我们考察它们参与国际生产分割及其分工地位对我们有启示作用。

根据中国的产业归类情况,中国与 WIOD 的归类方法不完全一样,关于 WIOD 的归类方法的 5 个产业与我国的产业数据对应关系参见高越和徐邦栋(2016)。

二、我国价值链分工地位的测度

（一）基于 GS 指标的测度

我们观察图 2-1、图 2-2 和图 2-3，这 3 个图形分别画出 GS、OU、VA 由 1995 年到 2014 年的发展特点。从这 3 张图我们可以得到这 5 个产业在这三个指标上的变化特点非常相似。

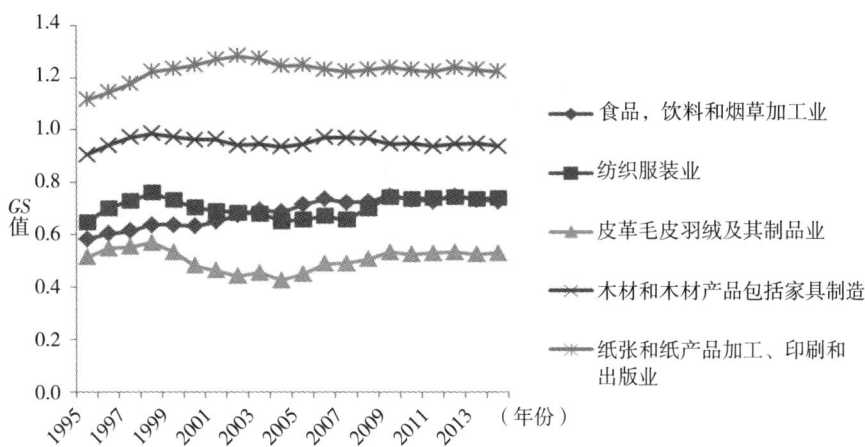

图 2-1　各产业的 GS 值

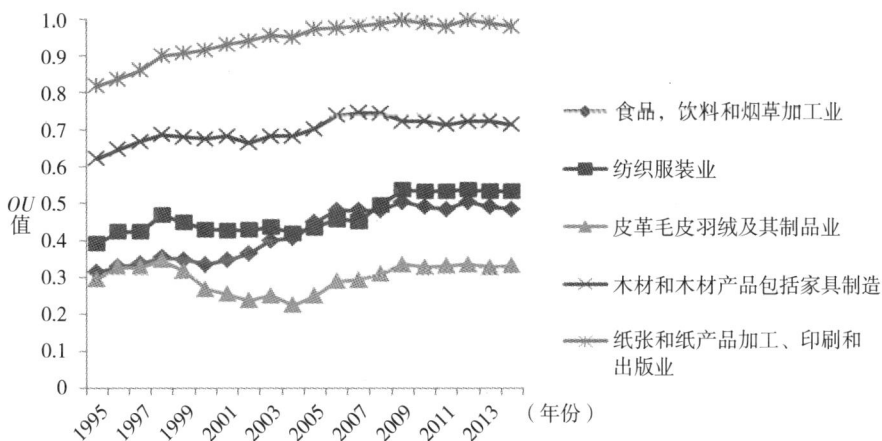

图 2-2　各产业的 OU 值

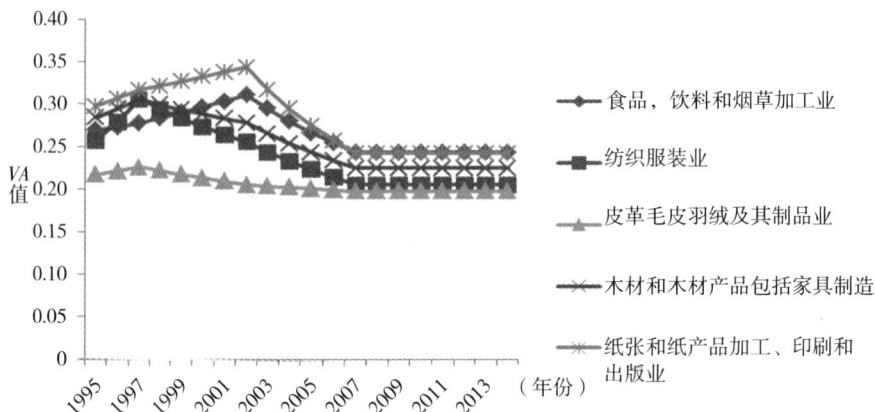

图 2-3 各产业的 *VA* 值

2000 年之前,5 个产业的 *GS* 值具有增加特征,但在 2000 年前后有一个暂时的降低,在这以后 *GS* 值变化不大。

总体看来,5 个产业的 *OU* 值总体具有升高特征,但是在 2000 年至 2005 年之间具有一些减低特征,在这以后又具有增加的特征。

对于 *VA* 来说,在 2000 年以前,5 个产业均具有提高的特征,但是 2000 年之后,*VA* 具有快速降低的特征,2009 年之后至今,这种降低特征不明显,*VA* 值比较平稳。

2001 年,随着我国加入世界贸易组织,伴随着我国贸易自由化程度的提高,我国按照加入世界贸易组织时的许诺逐步下调关税税率,平均税率从 2001 年的 15.6% 下调到 2005 年的 9.7%,同时对非关税壁垒也加大力度进行调整。

但是,我国面临着各种同类产品的激烈竞争,导致我国在价值链位置和价值链条增值能力方面会降低一些,随着我国逐步加入到全球分工体系中,我国的对外贸易获得了长足的发展,我国的经济也获得巨大进步。随着我国技术水平的提高以及需求方面的变化,我国在价值链位置上有了一定改善;并且,我国参与全球分工逐渐深化,我国由于低廉的劳动价格,所以在国际价值链分工体系中处于不利地位,集中于劳动密集型生产链条,增值比率不高。根据上文的计算结果,总体来看,我国这些年在生产分割体系中的分工地位没有获得显著改善,GS 值在2000 年至 2005 年这几年区域下降,而别的时间段内变化不大。

基于细致分析我国生产分割地位的考虑,本书设计了图 2-4。在图 2-4 中,该图的水平轴左、右两个边线度量了各个国家或地区 OU 值的最小、最大数值,该图的垂直轴的上、下两个边线度量了各个国家或地区 VA 值的最大、最小数值。通过进行计算,我们得到了 1995 年至2014 年,各个国家或地区 OU 值和 VA 值的均值是 0.44、0.32,$x = 0.44$、$y = 0.32$ 两条线把图 2-4 拆分成四部分,1995 年至 2014 年,中国各个产业的 OU 值和 VA 值的组合很大程度上位于第三、四象限,特别是第 3象限的比例更多一些。位于这两个象限的产业很大比例为资源型产业和消费型产业,这些产业的附加值都不够高,中国的各产业和其他国家及地区的产业相比较,位于较低的价值链位置,并且附加值不高。

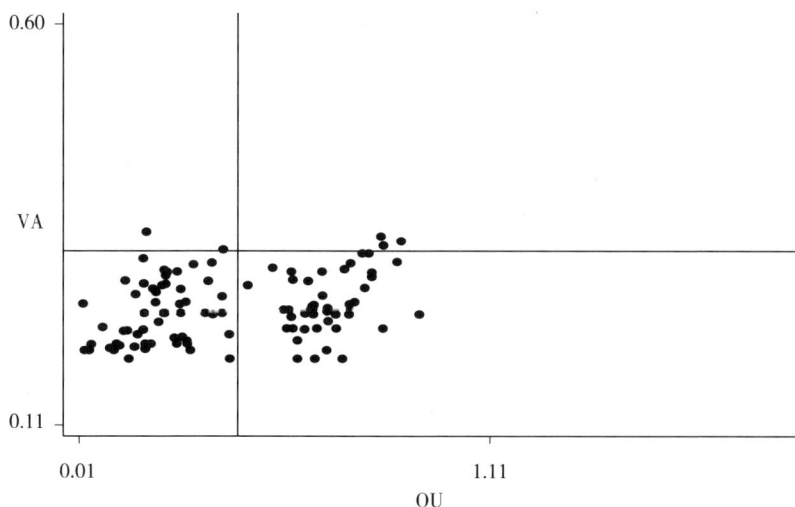

图 2-4　各产业融入价值链的特点

GS 指数的组成包括两个部分:一个是 OU,另一个是 VA 指数。这里把 1995 年至 2014 年拆分成三个阶段,分别是 1995 年至 2001

年、2002 年至 2007 年、2008 年至 2014 年。下面我们分析这几个产业的 OU 值和 VA 值的变化情况,得到生产分割地位的进化趋势。在该图 2-5 中,图形 1、2、3、4、5 表示食品饮料烟草加工、纺织服装、皮革毛皮羽绒、木材和木材产品、纸张纸产品加工。在图 2-5 中,A、B 和 C 图分别表示 1995 年至 2001 年、2002 年至 2007 年、2008 年至 2014 年。

通过分析图 2-5,本书得到如下结论,在 1995 年至 2001 年,各个产业 OU 值和 VA 值都出现提高趋势,这个特点意味着大部分产业的分工地位出现了改善,而皮革毛皮羽绒及其制品业的分工地位正相反,未出现改善,反而有所恶化。

在 2002 年至 2007 年,我国各产业价值链地位的特点是 OU 值和 VA 值的减少趋势。在这期间,我国的廉价劳动力成本以及吸引 FDI 的政策吸引了大量 FDI 到我国来投资,但是我国参与价值链分工只是处于附加值较低的环节,长期形成的这一参与国际分工的方式容易导致惯性依赖。

从 2008 年至 2014 年,我国各产业的价值增值能力的降低趋于减缓,这意味着我国廉价劳动力成本带来的红利正趋于降低,低附加值带来的问题促使企业追求价值链位置更高的环节。企业在竞争中获得了一定的进步,但是总体还位于生产分割环节的低增值环节。

(二)基于 VC、GP 的测度

我们下面更加细致地研究各个产业在生产分割体系中的地位,在这一部分我们基于 VC 和 GP 这两个方法进行研究,这两个指标分别基于不同的视角度量各产业在价值链分工体系中的地位。

在图 2-6 和图 2-7 中,分别刻画了各产业 GP 和 VC 的变化,VC 的数值总体上具有增高趋势,但是 2000 年前后出现了暂时的降低阶段。VC 的数值基本上比 1 大,由此可见,我国在劳动力方面的成本优势导

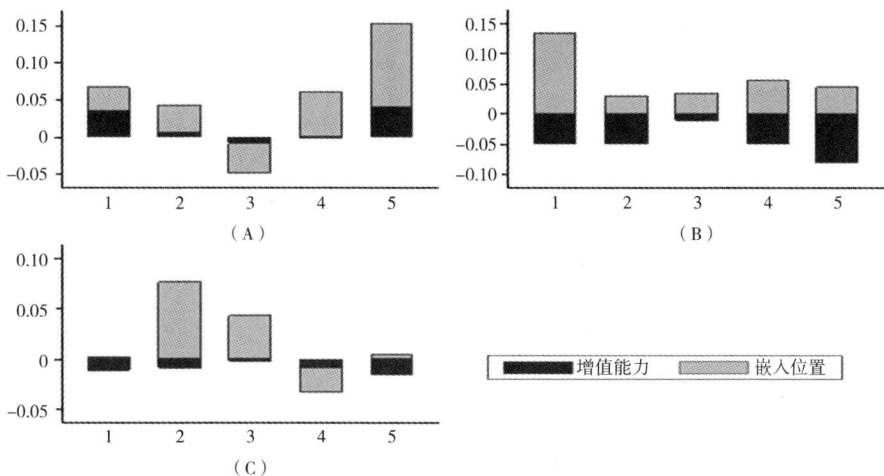

图 2-5　各产业融入价值链的动态变化

致我国在一些劳动密集度较高的产业上有相对优势。在这些产业上，我国拥有比外国更大的份额。

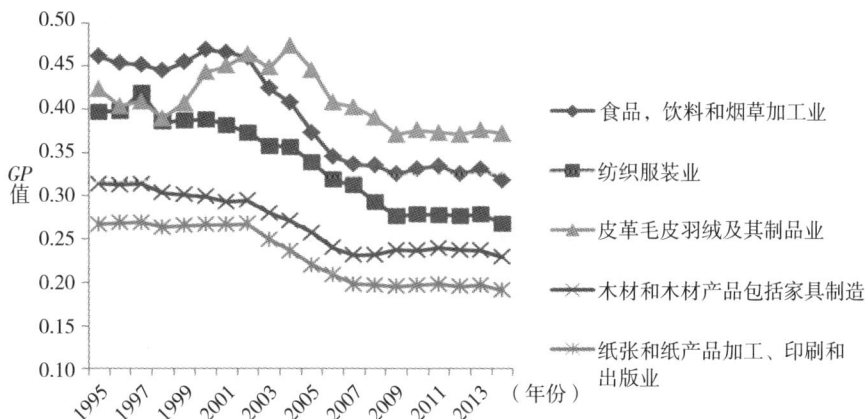

图 2-6　各产业 GP 的变化

对于 GP 的情况，其数值比 0.5 要低，并且 GP 的数值大部分比 0.5 低，而且还出现递减的趋势。上述现象意味着对中国来讲，许多产业的比较优势与 OU 较大有关，在很大程度上与我国相对低廉的劳动力成本优势有关。在各产业的生产分割过程中,我国在价值增值链条中获得的附加值较低,并且具有降低趋势。

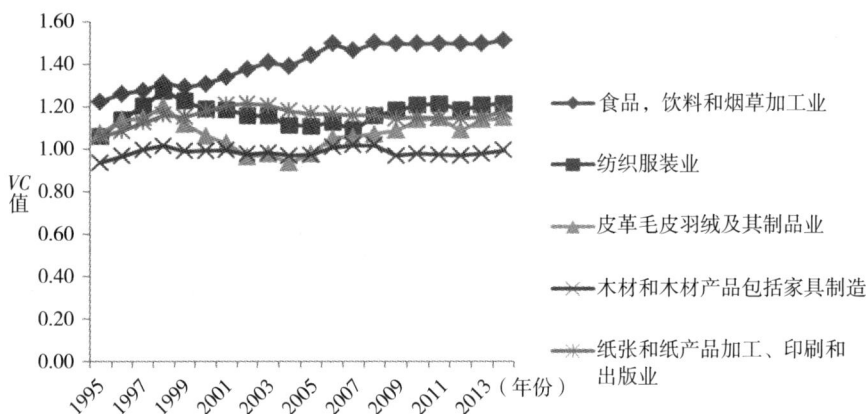

图 2-7　各产业 VC 的变化

第二节　价值链分工地位相关研究情况

伴随着价值链分工体系的建立和逐步发展,学者们对全球价值链分工及其影响变量进行了许多研究。邱斌等人(2012)的研究考察了生产分割产生的影响,他们的研究证实参与生产分割有利于技术水平的提高和分工地位的改善。唐海燕等(2009)研究了参与生产分割产生有利影响的条件,他们的结论是有利的影响与参与高质量分工有关,而且具备一定的人力资本水平、服务设施水平和优良的制度等。赵增耀等(2014)、李静等(2015)的研究考察了参与全球生产分割对中国分工地位的效应,这两项研究得到了基本一致的结论,他们发现我国参与生产分割体系的分工与价值链分工地位之间具有一定的关联,即具有"倒 U 型"的影响效应,当参与生产分割的深度上升时,分工地位出现先改善后恶化的特点,赵增耀等(2014)还发现最初人力资本水平如果提升了会使分工地位得到改善。胡昭玲等(2015)的研究考察了一个国家或地区的制度对其生产分割位置的影响,他们发现如果制度改善则会有利于该国分工位置的提高。他们进一步的检验发现,对于制度不够完善的国家或地区,制度改善所起的效果更大。杨珍增(2015)的论文对知识产权的作用进行了分析,他的研究表明东道国承接水平较高的生产分割活动有利于其分工地位的改善,对东道国来讲是否能够吸引到高水平投资和他对知识产权进行保护的程度有关系,保护越好,越有利于吸引到高水平的投资。陈爱珍等人(2015)对制造业分工位置的决定变量进行了分析,他们的研究表明,我国制造业分工位置不利的主要原因是因为制造业的分工地位不高,导致了恶性循环。

一些文献还研究了其他的一些变量,例如研发投入、FDI、收入、技术水平等对我国参与价值链分工地位的效应,例如李强(2013)、张慧明等人(2015)、朱敏(2016),这些研究的分析结论包括:研发投入对价值链分工地位的提高具有较大激励作用,FDI通过技术外溢等途径提高了我国价值链分工的地位。由于这一系列文献使用不一样的度量分工地位的指标,使用的数据也不尽一致,所以他们得出的最终结果也不尽相同。

这些研究对我国参与生产分割所处位置的影响变量做了研究,取得了许多进展,然而也存在一些可以改进的地方。第一,这些研究没有关注在差异化分工地位上的影响变量的差别,前人对分工地位影响变量的分析在方法上基本上归类为均值回归,所以这些研究的结论可能会失去有些信息。第二,在关于分工地位影响变量的分析中,很多使用产业层面的信息,这样做存在的一个问题是,由于差异国家使用差异化的产业归类方法,并且产业数据的得到方法也有所不同,所以在使用多国数据的研究中,我们不容易得到满足同一技术水准的产业数据和信息,由此很多研究倾向于基于宏观地区的信息和数据指标,但是这样存在的一个问题是我们计算生产分割的分工地位时大多使用产业水平的信息,所以使用的数据的不一致性导致最后结论缺乏说服力。还有些研究基于中国的产业水平信息,由于样本数量不大,不容易得到较好的实证结论。第三,很多前人的研究在计算分工地位时,还使用以前不精确的方法,导致计算结果不理想,例如有的研究不能解决中间产品导致的误差问题。

因为前述的文献有一些不足之处,本书在下面的分析中,考虑到前人文献的不足,将从两个方面进行实证分析。在第一项实证研究中,基于 WIOD,经过计算得到刻画分工地位的数值,在这之后,采用分位数的回归来研究分工地位的影响变量。我们这项研究和别的研究相比,包括了下面两个优点:一个是我们基于分位数回归去研究分工地位的影响变量,这种方法使得我们能够研究当各个产业位于各个差异化的分工地位情况下,各个变量是怎样对分工地位产生效应的;另一个是本书的数据是基于 WIOD 数据库,我们使用了包含 39 个经济体 14 个制造业部门的数据,数据时间跨度为 1995—2014 年。该数据库使用一致的规定采集了各个国家或地区的投入产出表和产业水平的数据信息。本书通过这个方法得到了一个大样本容量的数据,为后面的实证分析建立了良好的数据基础。

在第二项实证研究中,本书基于 WIOD,采用 OU 和 VA 两个指标度量了中国一些重要产业在产业链分工体系中的分工地位,并且把 VC 和 GP 分别视为被解释变量,以此来研究二者的影响变量,通过这项研究,以期为各产业生产分割分工地位的改善提出建议。本书和前人的测算分工地位的指标相比较,好处是能同时测算"嵌入位置"和"增值能力";另外,本书基于世界投入产出表,分析了出口产品总额中包括的进口中间产品,对于我国以加工贸易为重要贸易方式的国家,有利于识别我国在价值链分工中真正的地位。

第三节 基于各国数据的经验研究

本节将基于世界投入产出数据库中 39 个经济体 14 个制造业部门数据,使用分位数回归方法对价值链地位影响因素进行分析,并观察在不同分位数条件下影响价值链地位的关键因素的作用如何变化。

一、影响价值链地位的变量

对于某个国家来讲,一个产业的分工位置与很多变量有关系,既与其在产业分工中的经历有关,也与其目前采取的一些政策相关。本书对前人在该领域的文献进行了梳理,特别是梳理了一些关于影响变量的文献,我们得到了以下影响变量:R&D 投入、FDI、规模报酬、固定投入、参与产业链分工的程度。

(一)R&D 投入

一个国家的技术状况是影响其生产分割分工地位的重要影响变量,技术水平提高的一种主要方式是增加 R&D 投入。R&D 投入以及研究发展活动为我们创造了新的知识和技术,有利于创新研究,为企业产品质量的提高和工艺的改进等做好了知识和技术上的准备,也为宏观经济的健康稳定发展打下了坚实的基础。并且,作为经济体本身,要实现链条环节的位置提高,需要在 R&D 投入上有所提高,努力提高技术水平。姚博等人(2012)的研究对 R&D 投入与生产分割地位之间的关系进行了研究,他们的研究结论认为 R&D 投入提高有利于分工地位的改善。R&D 投入密集度较高的产业一般是在价值链分工地位中具有支配作用,通过研发投入提高技术能力也是一个国家或地区获得产品竞争能力的一个重要工具和手段。

（二）FDI

近几十年来,全球 FDI 迅速发展起来。伴随着发展中国家放松了对外资的约束政策,由发达国家流向发展中国家和地区的 FDI 增加迅速。许多发展中国家和地区认识到吸收 FDI 有利于扩大就业,带来技术外溢,提高经济增长,从而对本国经济的长期稳定发展带来益处。全球有很多国家和地区通过吸收 FDI 融入到国际分工中,并且带动了经济水平的提高,特别是一些发展水平较低、技术研究能力较低的国家和地区,许多文献的研究结论发现 FDI 对一些新兴经济体的 GDP 增加具有激励效应,当然也有人有不同的看法,按照他们的观点,一个分工地位较低的地区通过引进 FDI 发展经济和提高技术的做法在该国或地区经济发展的早期比较有效(朱敏,2016)。在本书中,把 FDI 强度考虑到计量分析模型中,通过这种做法,我们看一下在差异化的分位数水平上,FDI 发挥的作用有没有显著的差别。

（三）规模报酬

新贸易理论强调了规模经济和产品差异化是国际贸易的重要影响变量。产品差异化从消费方面刻画了消费者的需求。规模报酬是指随着产出规模的增长,产品的平均成本会出现降低的倾向。规模报酬使得国家间分工即使在相似产品上也成为可能,通过分工,扩大了生产规模,使得各个生产环节的生产效率得到提高,使得各个国家或地区在其从事的价值链环节上具有充分的竞争力。并且,由于产出数量的增加导致的“干中学”影响也有益于生产效率的提高。陈仲常等人(2012)对生产规模与生产分割的地位之间的关系进行了研究,他们的分析结果表明规模报酬递增明显有利于生产分割分工地位的改善。

（四）固定投入

在全球价值链分工的条件下，国家或地区之间分工与其要素密集度有关系，若一个国家或地区在资本要素方面相对丰裕，那么这个国家或地区在资本密集的价值链环节上具有相对优势，同理，若一个国家或地区在劳动要素方面相对丰裕，那么这个国家或地区在劳动密集的价值链环节上具有相对优势。由于资本密集度较高的商品通常具有较高附加值，所以一个资本相对丰裕的国家或地区通常位于较高的分工地位。一个国家或地区的资本环境较好的话就能够有利于设备仪器的配备以及高技术水平工人的成长，对其分工地位的改善具有很大益处。赵增耀等人（2014）对固定投入与分工地位的改善二者之间的关系进行了研究，他们的分析结论支持二者之间具有正向关系的结论，固定投入的提高对分工地位的改善具有促进作用，固定资本相对丰裕的国家或地区在产业链条分工中拥有一定优势。

（五）参与产业链分工的程度

加入产业链条分工的深度会对一个国家或地区的分工地位产生两个效应。第一个效应为产业链条分工会产生技术上的溢出，这种溢出会带来生产效率上的益处，产业链条分工还会促进与其他国家和地区的分工合作，从而获得技术外溢，所以对分工地位的提高有帮助，这方面的例子最典型的是亚洲"四小龙"，它们成功的一个主要经验就是通过加入全球生产分割体系来实现分工地位的提高。第二个效应是一个相反的机制，一个经济体如果过于依靠产业链体系的话，容易导致分工固定化趋势，从而会对分工地位的提高产生不利影响。有不少文献已经证实存在这种现象。例如，洛尔、韦斯和张（Lall、Weiss 和 Zhang，2005）的文献得出如下结论：巴基斯坦、孟加拉等国因为很大程度上依靠出口一些低附加值产品，所以很难得到分工地位的改善，长期被"锁定"在全球产业链条的低端位置。

二、实证分析

为了得到影响产业链条分工位置的因素,本节把上面总结的变量作为解释变量,下面我们将使用分位数计量模型,分析影响分工地位的各个解释变量的作用,并且考察在各个分位数位置时,各个解释变量产生了什么影响。

(一)计量模型

为了分析影响产业链条分工位置的各个因素,本书构造(2-3)式的计量分析模型:

$$GVC\_Position_i = \beta_0 + \beta_1 Rd_i + \beta_2 Fdi_i + \beta_3 Capital_i +$$
$$\beta_4 Scale_i + \beta_5 Division_i + \varepsilon_i \qquad (2-3)$$

在(2-3)式,被解释变量为 $GVC\_Position$,其含义表示在产业链中的分工地位, Rd 表示 R&D 投入强度, Fdi 表示 FDI 投资变量, $Capital$ 表示物质资本投入, $Scale$ 度量了规模报酬程度, $Division$ 表示生产分割的融入程度, β_0 表示常数项, β_1 至 β_5 分别表示 Rd、Fdi、$Capital$、$Scale$、$Division$ 解释变量的回归系数。

对于被解释变量的度量,为了能够合理测算被解释变量指标,库普曼等(Koopman 等,2010)的方法为 $\ln(1 + IV_{ir}/E_{ir}) - \ln(1 + FV_{ir}/E_{ir})$,其中, E_{ir} 的含义是 i 经济体 r 产业部门的总出口金额, IV_{ir} 表示 i 经济体 r 产业部门的间接增值的价值,也就是说,把半成品和中间产品运送到外国,之后由外国的公司在其基础上进一步加工后运送至第三国,在这个过程中增加的价值。 FV_{ir} 表示 i 经济体 r 产业部门的出口金额中,属于别的经济体的增值部分,也就是国外价值增值。

这个度量方法主要考虑的是:如果一个经济体的某个产业部门在产业链条分工中的地位较高,它在分工中将以向其他经济体出口半成品和中间产品为主要参与分工方式,而比较少地进口并利用别的经济体生产的半成品和中间产品,因此,对于这样的经济体,它的出口金额中包含的进口中间投入较少,在其出口金额中来自外国的增值比率就很低;相反,如果一个经济体的某个产业部门在产业链条分工中的地位较低,它在分工中将较多地进口并利用别的经济体生产的半成品和中间产品,因此,对于这样的经济体,它的出口金额中包含的进口中间投入较多,在其出口金额中来自外国的增值比率就较高。这项指标越高,意味着该经济体的这个产业位于产业链条分工的较好位置;若这项度量指标的数值较小,意味着该经济体的这个产业位于产业链条分工的较低端位置。其中一个经济体某一产业的出口的分解方式参照王直等(2015)使用的方法,本节使用的投入产出表数据来源于 WIOD。

Rd 的度量使用各经济体的 R&D 投入占其 GDP 的比重,使用的数据来自世界银行。Fdi 的度量使用各经济体的 FDI 吸收的存量取自然对数,使用的数据也来自世界银行。$Scale$ 的度量使用该产业的产值与当年制造业总产值的比率,使用的数据源于 WIOD。$Capital$ 的度量使用固定投入金额和该产业产值的比率,使用的数据也源于 WIOD。$Division$ 的度量使用库普曼(2010)的方法,我们也使用该方法测算得到了 $Division$,这个数值越大表示经济体 i 的产业 r 参与全球生产分割的深度越深。

在本节,我们从 WIOD 投入产出数据库的 35 个产业部门中选择了 14 个进行实证分析[①]。因为在世界银行数据库中,缺失中国台湾的部分数据,所以不能和 WIOD 中的数据一一对应,因此在我们的样本中不使用中国台湾作为研究对象。根据数据的可得性,本节将基于 39 个经济体 14 个制造业的数据进行计量分析,样本的时间跨度为 2002 年至 2014

---

① 14 个制造业部门包括:采矿和采石;食品,饮料和烟草;纺织产品;皮革皮鞋类;木材和软木制品;焦炭,精炼石油和核燃料;其他非金属矿物;纸浆,纸张,印刷和出版;化学品及化学制品;橡胶和塑料;基本金属和金属制备;机械,NEC;电气和光学设备;运输设备。

年。在表2-1中,我们给出了各变量的相关系数情况,由表2-1,可以发现各变量之间的相关系数较低,不存在严重的多重共线问题。

表2-1 变量间相关系数

变量	GVC_Position	Rd	Fdi	Capital	Scale	Division
GVC_Position	1.0000	—	—	—	—	—
Rd	0.0922	1.0000	—	—	—	—
Fdi	−0.0527	0.3569	1.0000	—	—	—
Capital	0.0183	−0.1158	−0.1262	1.0000	—	—
Scale	−0.0088	−0.0728	0.0620	−0.0073	1.0000	—
Division	−0.6776	−0.0590	0.0254	−0.0386	0.0446	1.0000

在计量回归方法上,本节将首先使用OLS方法进行回归。考虑到固定效应模型可以控制面板数据中不随时间改变的个体效应,然后本书再使用固定效应模型进行稳健性检验。考虑到价值链地位变化的惯性,某一时间的分工地位往往受到该期以前的影响,本书再使用系统矩方法估计模型,加入分工地位滞后一期作为一个解释变量,把动态面板模型的特点融入进来。对于滞后一期加入可能引致的内生性问题,本书把其滞后项作为工具变量,从而减缓了内生性问题。最后,本书使用分位数回归,考察各个分位数水平,各个解释变量对产业链条分工地位的差异化影响。

(二)计量结果

下面对计量模型的结果进行分析。在表2-2中,3个模型分别报告了最小二乘法、系统矩估计法、固定效应模型的回归结果。由表2-2可知,Rd的系数估计值都为正值,在OLS和FE回归中在1%水平上显著,在GMM回归模型中在10%水平上显著,所以研发投入的提高能够促进分工地位的改善。*Fdi* 的回归系数是负值,并且在 OLS 和 FE 回归中在 1% 水平上显著,在 GMM 回归模型中不显著,由此可见,我国吸收的 FDI 虽然带来了就业能力的提高,但是未能有效带来我国参与价值链分工地位的改善,甚至会产生一些负面影响,不利于分工地位的提高。*Capital* 的回归系数在 3 个模型中都显著大于 0,都在 1% 水平上显著,回归结果表明固定投入的增加有利于生产分割地位的改善。规模报酬 *Scale* 的回归系数为正值,并且在 3 个模型中都在 1% 水平上显著,这个结果表明由于生产规模增加带来的规模报酬递增收益,有利于我国产业链条分工地位的提高。参与产业链分工的程度 *Division* 的回归系数为负,并且在 3 个模型中都在 1% 水平上显著,总体来看,参与国际分工带来的"价值链低端锁定"效应比正的外溢效应要大,更多参与国际分工不一定有利于价值链分工地位的改善。

表 2-2 价值链分工地位影响因素

变量	(1) OLS	(2) GMM	(3) FE
Rd	0.012***	0.004*	0.011***
	(9.46)	(1.65)	(19.78)
Fdi	−0.017***	−0.005	−0.023***
	(−5.24)	(1.09)	(−7.11)
Capital	0.005***	0.002**	0.002***
	(5.00)	(1.74)	(3.99)
Scale	0.147***	0.085***	0.130***
	(5.58)	(1.27)	(3.73)
Division	−0.979***	−0.178***	−0.477***
	(−32.52)	(−4.63)	(−23.63)
L.GVC_Position	—	0.875***	—
		(54.77)	

续表

变量	(1) OLS	(2) GMM	(3) FE
cons	0.596***	0.106***	0.222***
	(18.45)	(3.30)	(6.12)
Ar2-p	—	0.6217	—
Sargan-p	—	0.8639	—

注:括号内为 t 值,*** 、** 和 * 分别表示在 1%、5% 和 10% 水平下显著。

　　下面我们通过分位数回归,分析在不同分工地位层面各个解释变量的作用有何不同。在图 2-8 中,生产分割的融入程度 *Division* 变量的回归系数在条件分布低端部分大于 0,系数较大并且在较高水平上显著。在表 2-3,对应着 10%、25%、50%、75% 和 90% 分位水平的回归系数分别是 0.339、0.023、-1.031、-1.403 和 -1.228。这个结论意味着,如果位于分工地位较低位置时,参与国际生产分割有利于分工地位的升级,而如果分工地位较高时,参与国际生产分割不利于分工地位的改善。前人的涉及生产分割地位改善的文献大多数是基于发展中国家或地区的,这是由于分工地位改善是很多发展中国家或地区面临的重要任务,而比较少的研究去关注发达国家或地区的分工地位升级问题。

　　FDI 对分工地位具有显著的影响,特别是对生产分割地位较低的情况具有正向的促进作用。在表 2-3 中,在 10% 分位数水平上 FDI 的回归系数是 0.018,并且在 1% 水平上显著。但是在稍高点的分位数水平上,FDI 的回归系数变为负数且不断减少,在 50%、75% 和 90% 分位水平的回归系数分别是 -0.014、-0.024 和 -0.035 并且在 1% 水平上显著。因此,当生产分割地位较低时,FDI 对东道国的分工地位提升起到了促进作用,但是当分工地位达到一定水平时,这时 FDI 对东道国的分工地位反而起抑制作用。其中一个原因可能是:当一个产业部门位于产业链条低端时,FDI 的技术含量与该产业部门相比更高一些,技术溢

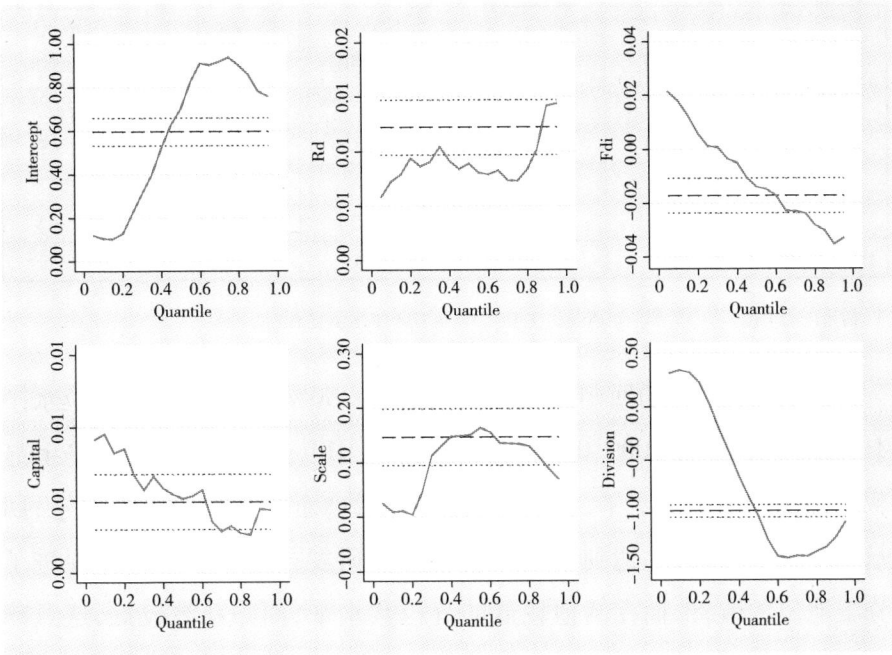

图 2-8　分位数回归

出效果更加明显,而当一个产业部门位于产业链条的高端时,外资的技术差距与东道国该产业部门的差异较小,产生的技术溢出较少,所以此时 FDI 的进入对东道国的分工地位升级起不到促进作用。

表 2-3　分位数回归计量结果

变量	（1）Quant10	（2）Quant25	（3）Quant50	（4）Quant75	（5）Quant90
Rd	0. 007 ***	0. 009 ***	0. 009 ***	0. 007 ***	0. 014 ***
	（5. 97）	（6. 11）	（6. 39）	（6. 16）	（7. 07）
Fdi	0. 018 ***	0. 001	−0. 014 ***	−0. 024 ***	−0. 035 ***
	（5. 91）	（0. 34）	（−3. 94）	（−8. 70）	（−8. 95）
Capital	0. 010 ***	0. 007 ***	0. 005 ***	0. 003 ***	0. 004 ***
	（9. 06）	（6. 24）	（4. 86）	（3. 83）	（4. 19）
Scale	0. 009	0. 046	0. 151 ***	0. 133 ***	0. 089 ***
	（0. 30）	（1. 38）	（5. 33）	（6. 86）	（3. 43）

续表

变量	（1）Quant10	（2）Quant25	（3）Quant50	（4）Quant75	（5）Quant90
Division	0.339*** (10.50)	0.023 (0.77)	−1.031*** (−31.81)	−1.403*** (−42.07)	−1.228*** (−20.35)
cons	0.106*** (3.30)	0.222*** (6.12)	0.700*** (20.12)	0.937*** (33.25)	0.783*** (16.20)
Pseudo R^2	0.1237	0.0918	0.1403	0.2715	0.3806

注:括号内为 t 值,***、**和*分别表示在1%、5%和10%水平下显著。

　　研发强度 *Rd* 的回归系数在10%、25%、50%、75%和90%分位水平上分别为0.007、0.009、0.009、0.007和0.014,并且都在1%水平上显著。在不同分位数水平,回归系数基本一致,而在90%分位数水平,回归系数有较大提升,达到0.014,这意味着研发投入水平的提高促进了分工地位的改善,而在其他较低的分位数水平,回归系数较低,这意味着与其他低分位相比较,位于较高分工地位时的研发效率更高一些,这个发现与艾洛(Aiello,2015)的分析结论有相通之处,在他的研究中,他发现一个经营较好的企业通常具有更强的研究能力,具有较高的研发效应,能够负担较高的研发成本。

　　资本投入 *Capital* 的回归系数在10%、25%、50%、75%和90%分位水平上分别为0.01、0.007、0.005、0.003和0.004,并且都在1%水平上显著。因此,对应着不同分位数水平,回归系数随着分位数水平的提高逐步下降,这说明分工地位较高时,资本投入所发挥的促进效应变得较小,对于位于产业链条较高端的产业部门,资本投入发挥的效应逐步变小,其他要素,例如技术投入等先进要素的作用变得更加重要。

　　规模报酬 *Scale* 的回归系数在10%、25%、50%、75%和90%分位水平上分别为0.009、0.046、0.151、0.133和0.089,在10%、25%分位数回归中没有通过显著性检验,在50%、75%、90%分位数水平上都在1%水平上显著。规模报酬虽然能够通过规模经济效应使得产品生产成本降低,但是并不必然会促进分工地位的改善,只有当位于条件分布的较高位置时,规模经济才能够引致产业链分工地位的升级。

第四节　基于我国数据的经验研究

在这一节,我们将使用中国的数据,使用最小二乘法、广义矩估计方法和固定效应估计等计量分析方法分析产业链分工地位的影响因素,以期寻找价值链地位提升的机制,为我国参与国际生产分割地位的提高提供依据。

一、计量模型

在本节中,我们分别把 VC、GP 两个变量视为度量产业链条分工地位的两种方法,并在计量分析中分别作为被解释变量。VC 方法的特点是便于把不同经济体之间的同一个产业的比较优势进行比对,GP 方法的特点是便于反映出一个经济体在某一个特定产业上整个产业链条中的位置。这两个变量是从不同角度和不同维度考察了一个经济体在全球生产分割体系中的位置,先后分析二者使我们的认识更加全面,便于我们完整把握影响价值链分工地位的因素。

我们按照 VC、GP 两个变量的不同意义,设立(2-4)式和(2-5)式两个计量模型。由于 VC 变量主要用来比较不同经济体同一产业的竞争力,所以在以 VC 变量为被解释变量的(2-4)式中,解释变量主要是行业层面变量。由于 GP 变量主要反映了一个经济体在某一个特定产业上整个产业链条中的位置,所以在以 GP 变量为被解释变量的(2-5)式中,解释变量既包括国家层面也包括行业层面的变量。

$$VC_{it} = a_0 + a_1 edu_t + a_2 scale_{it} + a_3 vss_{it} + a_4 rd_{it} + a_5 fdi_{it} + a_6 VC_{it-1} + \varepsilon_{it}$$

$$(2-4)$$

$$GP_{it} = \beta_0 + \beta_1 edu_t + \beta_2 scale_{it} + \beta_3 vss_{it} + \beta_4 road_t + \beta_5 GP_{it-1} + \varepsilon_{it}$$

$$(2-5)$$

在(2-4)式和(2-5)式中,i 表示产业,t 表示时间。本书在 WIOD 数据库中选取了以下 5 个代表性的产业,分别是:食品饮料烟草加工;纺织服装;皮革毛皮羽绒;木材和木材产品;纸张纸产品加工。我们在计量模型中选取的样本时间为 1995 年至 2014 年,所用数据为产业—时间面板数据。(2-4)式和(2-5)式中的解释变量包括以下变量:

教育投资强度(edu)。教育投资对于提升人力资本具有重要作用,以发展中国家和地区要想提高分工地位,需要一定的人力资本水平作为保障,而教育投资是必不可少的手段。教育投资水平的提高有利于产业链分工地位的改善。教育投资强度的度量方法用教育经费投入取对数来表示,单位是万元。

产业规模($scale$)。行业发展程度大小对其分工地位提升具有促进作用,产业规模越大能够产生越大的规模经济效应,规模经济效应有利于生产成本的降低,有利于产业链分工地位的提高。我们使用一个产业的产值除以所有产业总产值来表示。

国际分工参与程度(vss)。发展中国家或地区融入全球分工体系,通过参与国际分工,以此作为提高分工地位的方式。本书采用休谟尔(Hummels,2001)使用的垂直专业化指标来度量我国国际分工的融入程度。为了计算 vss,我们先计算 VS 值,该值为(进口中间投入/总产出)×出口额,在这里,出口额指的是细分行业的出口金额。k 国 i 行业的 VS 比例 vss 为 $VS_{ki} / \sum_i X_{ki}$。

本书在计算中使用的投入产出表数据均来源于 WIOD,各产业的国际贸易数据来源于 COMTRADE。

研发强度(rd)。研发投入水平的提高能够提高技术能力,技术能力和技术水平提高一方面有降低生产成本,另一方面有利于分工地位的改善。我们使用各行业大中型企业科研经费内部支出占行业产值的比例来度量研发投入强度,使用的数据来源于《中国科技统计年鉴》。

外商直接投资(fdi)。FDI 对发展中国家和地区的经济发展具有重要影响,大多数发展中国家和地区极力吸引 FDI。FDI 的增多使发展中经济体的资本存量得到提高,并且有利于获得销售渠道和先进的生产技术,从而有助于产业链条分工地位的改善。本书使用各产业外资企业产出占该行业总产出的比例来衡量 FDI 投资强度,使用的数据来源于《中国工业经济统计年鉴》,由于部分年度的数据不完整,对于所缺的数据我们使用移动平均方法或者前后两期数据的平均值来得到。

基础设施($road$)。基础设施对一个国家或地区的经济发展来讲具有重要的作用,就国际生产分割来讲,一个经济体要参与到国际生产分割链条中,承担起附加值较高的生产环节,需要具有一定的基础设施水平,具备必要的基础设施投入。否则,很难实现价值链条的升级。我们使用我国的公路里程数取自然对数来度量基础设施水平,所需数据来源于《中国统计年鉴》,度量单位为万公里。

VC_{it-1}、GP_{it-1} 分别是两个被解释变量滞后一期得到的变量。根据异质性企业理论,公司的行为具有一定稳定性和惯性。一个经济体在国际生产分割体系中的分工地位与其生产技术、要素结构、产业集聚情况等相关,而这些因素在较短时期内不容易发生变化,一个经济体的产业链分工地位和它的前期分工地位有关联。因此,我们把因变量的滞后项纳入自变量中。

伴随着我国各个产业在国际生产分割体系中的产业链分工地位的提高,我国消费者的产品需求会增加,需求增加会导致产出增加和产业规模的提高。我国在国际生产分割体系中的产业链分工地位的提高会影响 vss、fdi 等变量,所以,很可能会导致内生性问题。但是,为了解决内生性问题,往往很难找到合适的工具变量,所以本书使用动态面板广义矩回归方法,这在一定程度上缓解内生性。

动态面板方法有差分广义矩、系统广义矩估计方法。与差分广义矩估计方法只使用水平值滞后项作为差分方程工具变量不同,阿雷拉诺和博沃(Arellano 和 Bover,1995)认为,系统广义矩估计方法使用差分变量滞后项作为工具变量,这种方法既使得工具变量的数量增加,又使用了水平以及差分方程,所以估计结论的效果更好。本书首先使用系统广义矩方法以减弱模型的内生性。另外,虽然固定效应、混合 OLS 回归结论没有消除内生性,然而一阶滞后项回归系数是广义矩一阶滞后项系数的下限和上限,所以也使用这两种方法进行回归以进行对比和比较。

二、实证分析

在表 2-4 中,本书分别采用 OLS、GMM 和固定效应 3 种估计方法,实证分析了 VC 变量的影响变量。在计量模型结果中,VC 的一阶滞后项的系数估计值为 0.8146,并且在 1% 水平上显著,这证实了我们前面所说的 VC 变量具有一定持续性和惯性。模型的估计结果通过了二阶自相关检验以及 Sargan 检验,所以我们知道该计量模型的设定具有有效性。我们对计量模型的以下分析主要基于系统 GMM 估计结果。

在表 2-4 中,教育投资强度(edu)的回归系数都未通过 10% 水平显著性检验,原因可能与我们选择的产业类型有关,这些产业的劳动密集度较高,其生产使用大量的非熟练劳动力,因此主要由教育水平不高的劳动力参与这些产业的生产,教育投入不易在短期内对这些产业的产业链分工地位产生较大影响。

在 GMM 估计结果中,产业规模(scale)的回归系数为 0.148,且在 1% 水平上显著。这意味着产业提高规模能够促进生产分割地位的提高。随着一个产业生产数量的规模提高,这个产业面临的生产费用会下降,所以单位产量的生产成本会减少。在这些产业上,我国技术相对不高,生产的主体主要是小企业,规模效应难以达到,这些企业通常缺乏发展资金,难以实现分工地位的提高。

表2-4 计量模型(2-4)回归结果 被解释变量:*VC*

变量	(1) OLS	(2) GMM	(3) FE
edu	−0.0599	−0.0940	−0.055
	(−1.37)	(−1.53)	(−1.43)
scale	0.1466**	0.148***	−0.1420***
	(2.39)	(2.79)	(−3.25)
vss	−0.1491	−0.1820*	0.2552
	(−1.62)	(−1.85)	(0.61)
rd	0.0072*	0.0811**	0.0922
	(1.78)	(2.56)	(1.09)
fdi	0.0456	0.0354	−0.2144
	(0.81)	(0.76)	(−1.43)
$VC_{i\,t-1}$	—	0.8146***	—
		(18.66)	
cons	0.1773	0.1624*	0.3574**
	(1.21)	(1.78)	(2.41)
N	100	100	100
ar2p	—	0.7255	—
Sargan-p		0.6878	

注:括号内为 t 统计量,***、** 和 * 分别代表在1%、5% 和10% 水平下显著。

在 GMM 估计结果中,国际分工参与程度(*vss*)系数为−0.1820,只在10%水平上显著,这意味着当一个经济体融入全球分工体系中时,随着参与国际分工的程度更加深入,参与国际分工并没有显著影响其分工地位,参与国际分工甚至对一个经济体的分工地位起一个反向作用,即阻碍了分工地位的改善。特别是对于一个发展中经济体,长期位于产业链条的低端环节,不利于其分工地位的提高。

研发强度(*rd*)的回归系数是一个正值0.0810,在1%水平上显著。

这意味着研发投入提高能够对分工地位的改善有所影响。但是回归系数数值比较低,说明研发投入虽然对产业链分工地位带来了正的影响,但是影响较小。由于计量模型选取的产业大部分为劳动密集度较高的产业,研发投入对这些产业发挥的作用相对较小。

外资进入强度系数(fdi)的回归系数是正值,但是不具有统计显著性。由于FDI对发展中经济体的经济发展具有重要影响,所以吸收FDI成为大多数经济体的偏好。FDI企业使得发展中经济体的资本存量增加,并且有助于就业的改善。但是根据学者们的研究,大多数FDI企业并没有产生重要的技术溢出,国内企业因此从技术溢出方面获得的技术提升效果不明显。FDI甚至使得一些国内企业被锁定在产业链条的低端,难以实现产业链分工地位的改善。

在表2-5中,我们研究了GP指标的影响变量。根据GMM估计结果,教育投资强度(edu)的回归系数不具有统计显著性,因此,教育投资并没有对GP指标产生重要影响。根据GMM估计结果,产业规模($scale$)的回归系数为0.1245,为正值,并且在1%水平上显著。由此可见,以GP指标作为被解释变量,回归模型的结果在上述变量上保持了稳定性。

表2-5 计量模型(2-5)回归结果 被解释变量:GP

变量	(1) OLS	(2) GMM	(3) FE
edu	0.0034	0.0211	0.00371
	(0.23)	(0.29)	(0.19)
$scale$	0.0781***	0.1245***	0.0254**
	(3.78)	(5.53)	(2.61)
$road$	0.0117***	0.1815***	0.1241***
	(3.26)	(3.76)	(11.78)
vss	0.0534	0.0121	0.0556**
	(1.12)	(0.60)	(2.78)

续表

变量	(1) OLS	(2) GMM	(3) FE
$GP_{i\,t-1}$	—	0.7142 *** (10.23)	—
cons	0.2811 (0.99)	1.1742 (1.23)	1.9035 *** (3.74)
N	100	100	100
ar2p	—	0.8714	—
Sargan-p	—	0.7721	—

注:括号内为 t 统计量, ***、** 和 * 分别代表在 1%、5% 和 10% 水平下显著。

在表 2-5 中,基础设施变量(road)的回归系数大于 0,并且在 1% 水平上显著。这说明基础设施改善有利于一个经济体参与国际分工的地位的改善。这与前人的许多研究,例如唐海燕等(2009)的研究,具有一致的结果。一个国家或地区如果具有了较好的交通、通信和其他设施等良好条件,就能够为承担附加值高、技术水平高的价值链环节提供良好的基础,有利于高技术外资企业把价值链地位高的生产环节放在该国,有利于价值链分工地位的提高。

在表 2-5 中的 GMM 估计结果中,国际分工参与程度(vss)的回归系数虽然为正值,但不具有统计显著性。这意味着我国融入国际分工体系对于在价值链上的获利能力无显著效应。我国在加入国际价值链分工体系前后都位于附加值比较低、增值比例不高的境况。vss 对 GP 指标的影响不显著,这与前文中 vss 对 VC 指标的影响为负并没有产生不一致情况。vss 对 VC 指标影响为负,这意味着与别的经济体的相同产业对比,我国融入全球产业链分工的战略和做法并没有取得很大收益,而且由于与其他经济体的同产业存在竞争关系,陷于弱势的分工位置。然而在产业链条上的分工并没有对我国的低附加值地位带来有效改善,产业链条上的获利能力未能获得有效提高。

　　在这一章中,本书运用度量产业链地位的指标对我国一些产业在生产分割体系中的地位进行了计算,并且研究了 1995—2014 年分工地位随时间变化的状况。这些产业在产业链条中的地位在过去一段时间具有向好的迹象,但是前景并不是很明确。总的来看,国内增值能力指标(VA)整体不高,而价值链获利能力指标(GP)具有走低态势。这些结论意味着我国在从原材料到中间产品再到最终产品的产业链条中,各产业的增值比率呈降低趋势。有些产业的嵌入位置(OU)在最近阶段出现提高趋势,主要可能是因为这些产业的技术进步导致了承担的价值链延长。基于我们计算得到的 VC 指标,我国长期以来由于具有劳动力成本优势,有些产业在国际竞争中具有较高的价格优势,但是考虑到 GP 指标的变化情况,我们发现价格优势主要来自较高嵌入位置(OU),而我们在价值链上的获利能力比较低,并且还具有随时减少的态势。总之,中国在价值增值能力方面相对不高,从事的价值链环节附加值不高,主要以劳动力价格优势从事劳动密集的价值链环节,但是我国劳动力价格会逐步提高,如果不能实现价值链升级和提高分工地位,随着我国比较优势的变化,这些产业未来的发展会面临很大约束。

　　在本书的分位数回归模型中,我们得出的结论包括:研发活动对我国的产业链分工地位提升具有正向影响,位于不同位置的部门,研发活动的促进作用有所不同,对位于较高位置的部门的促进作用更大,对位于较低位置的部门的促进作用较小;FDI 对产业链分工地位的影响也与该部门的产业链分工地位有关系,如果一个产业部门的产业链分工地位不高,那么 FDI 会对产业链分工地位产生有利影响,而对于产业链分工地位较高的产业部门,FDI 则对产业链分工地位产生不利影响,当一个产业部门位于产业链条低端时,FDI 的技术含量与该产业部门相比更高一些,技术溢出效果更加明显,而当一个产业部门位于产业链条的高端时,外资的技术差距与东道国该产业部门的差异较小,产生的技术溢出较少。

对于资本要素积累的作用,随着产业链地位上升,资本要素起到的促进作用有所减小,对应着不同分位数水平,回归系数随着分位数水平的提高逐步下降,这说明分工地位较高时,资本投入所发挥的促进效应变得较小,对于位于产业链条较高端的产业部门,资本投入发挥的效应逐步变小;规模报酬虽然能够通过规模经济效应使得产品生产成本减低,但是并不必然会促进分工地位的改善,只有当位于条件分布的较高位置时,规模经济才能够引致产业链分工地位的升级;如果位于分工地位较低位置时,参与国际生产分割有利于分工地位的升级,而如果分工地位较高时,参与国际生产分割不利于分工地位的改善。

在基于行业层面数据的实证分析中,我们得到以下结论:产业提高规模能够促进生产分割地位的提高。随着一个产业生产数量的规模提高,该产业的各项成本会降低,产品的平均成本会下降,分工地位会改善;研发投入提高能够对分工地位的改善有正的影响,但是回归系数数值比较低,这说明研发投入虽然对产业链分工地位带来了正的影响,但是影响较小;基础设施改善有利于一个经济体参与国际分工地位的改善。

第三章　技术进步与价值链升级的经验研究

第一节　中国参与国际生产分割的状况

中国已经积极参与到全球生产分割体系中来,这里我们对中国和中国各地区参与生产分割的状况进行了度量。

我们使用的垂直一体化指数主要是基于迪恩等(Dean 等,2008)的研究,而他们的方法是对休谟尔等人(2001)使用的度量方式做了修改,因此,本书将先对休谟尔等人使用的方法进行说明,其次,再对我们使用的方法进行说明。

休谟尔等的计算 VSS 的方法为 VS/x , VSS 的含义为一个经济体的垂直一体化指标, VS 的含义为一个经济体的垂直一体化贸易额, x 的含义为一个经济体的总出口额。 VS 的值为 $\mu A^M (I - A^D)^{-1} X$ 。 μ 为 1× n 向量 $(1,1,\cdots,1)$ 。 A^M 为 n×n 进口投入系数矩阵, A^M 中的投入产出系数 a_{ij} 的含义为生产 1 单位部门 j 的产品需要来自部门 i 的进口投入。 I 是单位矩阵。 A^D 是 n×n 国内消耗系数矩阵, $(I - A^D)^{-1}$ 为里昂惕夫逆矩阵,测度进口投入品在国内行业之间流转然后进入到出口产品中的情况。 X 为 n×1 出口向量。若某国用进口中间品生产的产品全部出口,则 VS 等于进口中间品金额;若无出口,则 VS 等于 0;若没有使用进口投入品,只使用了国内要素,那么 VS 也是 0。上面的计算方法是度量一个经济体总体垂直一体化指标的方法,我们使用上面的计算方法,把各产业的垂直一体化贸易额除以该产业的出口额,也就得到了各产业的垂直一体化指标。

为了计算 A^M,休谟尔等做了一些假设,例如中间产品中进口与国产的比率,与最终产品中进口与国产的比率一样。如果用 C_i^M、C_i^D 分别代表 i 产业的最终产品中进口与国内生产的数量;以 I_i^M、I_i^D 分别代表 i 产业的中间产品中进口与国内生产的数量,该假定即认为 C_i^M/C_i^D 与 I_i^M/I_i^D 相等。

对我国来说,我国鼓励加工贸易,对于加工贸易进口实施保税或免税政策,所以我国使用的进口中间产品的比例受到贸易措施的影响。加工贸易在我国的对外贸易中占的比例很高,很多年份在一半以上。由于加工贸易进口产品都是中间投入,而一般贸易进口产品除了包含中间产品外,也包含最终产品,所以,C_i^M/C_i^D 比 I_i^M/I_i^D 要小。由于上面存在的这个问题,迪恩等(Dean 等,2007)对计算方法进行了修改,一方面迪恩等先把全部加工贸易进口视为投入,同时也把一般贸易方式进口进行分类处理,按照联合国 BEC 的分类方法,把一般贸易进口的商品分为进口投入品和非进口投入品,然后使用休谟尔等的方法,得到了我国各行业和分贸易国别的 VSS。迪恩等(2007)等在计算方式上做的改进具有重要意义,他们把 A^M 拆分成 A^{MD}、A^{MP},两者的含义是非加工贸易方式进口、加工贸易方式进口的进口投入系数矩阵。

他们的方法也有不足之处,其中之一是在迪恩等(2007)人的方式中,不论最终产品用于出口还是内销,其使用的进口投入比例都是相同的。我们知道,一种产品用于出口或内销,使用的进口投入比例会有所差异。由于加工贸易出口中包含的进口产品比重会高于一般贸易出口产品,因此迪恩等(2007)的度量结果会有偏差。进一步,迪恩等(2008)进行了修改,使用库普曼等(Koopman 等,2008)拆分的投入产出表,迪恩等把 VS 定义为 $\mu A^{MD}(I-A^{DD})^{-1}X^N$ 与 $\mu[A^{MD}(I-A^{DD})^{-1}A^{DP}+A^{MP}]X^P$

之和。

在迪恩的定义中，D 表示国内销售额，N 表示一般贸易出口额，P 表示加工贸易出口额。下面几个符号 μ、I、A^{MD} 和 A^{MP} 表示的内容同上面的相同符合。变量 X 分解为 2 个向量，X^N 与 X^P，二者的含义分别为：一般贸易出口额、加工贸易出口额。库普曼等把 A^D 进行了分解，得到 A^{DD}、A^{DP}，二者分别表示内销和一般贸易出口的国内消耗系数矩阵、加工贸易出口的国内消耗系数矩阵。在上面公式中等号的右边，前面部分测算了一般贸易出口包含的进口中间投入，后面部分测算了加工贸易出口包含的进口中间投入，后者再进一步拆分为两个更小的部分：非加工贸易进口的中间投入、以加工贸易形式直接进口的中间投入。迪恩等（2008）使用上面的计算方法计算了中国加总层面、分行业和分贸易伙伴的 VSS。

下面，把 VS 式两端除以 x，就得到第一种方法来度量生产分割，即 VSS_0。指标 VSS_0 测算了总出口中中间投入品占的比重。之后，再把该式分解为 $\mu A^{MD}(I - A^{DD})^{-1}X^N + \mu A^{MD}(I - A^{DD})^{-1}A^{DP}X^P$ 与 $\mu A^{MP}X^P$ 两部分。第 1 项的含义为：除了总出口中含有的以非加工贸易形式进口的中间产品，第 2 项的含义是：以加工贸易形式直接进口的中间产品。把这 2 项分别除以总出口，分别得到 VSS_1 和 VSS_2。

VSS_1 度量了总出口中以非加工贸易方式进口的中间投入比重，VSS_2 度量了总出口中以加工贸易方式直接进口的中间投入比重。

我们通过上面的方法度量了我国 35 个工业行业的生产分割情况。关于行业分类，我们使用徐毅和张二震（2008）使用的 35 个行业分类，我们把这 35 个行业基于盛斌、马涛（2008）的研究，按照技术密集程度等因素，归类为 3 类，分别是初级和劳动资源密集类、中低技术类、高技术类，这几类部门对应的行业分类情况见刘庆林、高越和韩军伟等（2010）。

在计算生产分割程度时，我们使用库普曼等（2008）在中国投入产出表基础上拆分出的投入产出表。因为贸易统计数据的分类与行业分类不一样,盛斌(2002)在这方面做了尝试,他把国际贸易标准分类与我国的行业分类进行了协调和对照,我们采用他的方法,用这个方法得到分行业贸易数据。根据上述公式,得到我国分行业类别和生产分割对象的生产分割指标。

通过上述的测算,自从 1997 年以来,我国所有行业加总的 VSS_0 的数值总体具有提高特征。特别是 1998 年至 2000 年期间,这个阶段属于较快提高时期。自从 2001 年之后,一直到近几年,VSS_0 走入了相对平稳期,总体平稳,变化不大。从 1997 年到 2006 年,VSS_2 具有总体降低的特征,但是 VSS_1 具有总体上提高的特征。VSS_1 从 1998 年到 2001 年,具有较快提高的特点。在 2005 年之后一直到近年,VSS_1 又呈现较快提高趋势,而同期 VSS_2 呈现降低特征,VSS_1 和 VSS_2 两者相加的结果使得 VSS_0 小幅度提高。

我们看一下分行业的计算结果,对于 VSS_0、VSS_2 的发展情况,高技术部门在这两个测度上的水平最高,在初级和劳动资源密集产业上的水平最低,居中的是中低技术部门。而对于 VSS_1,该指标最高的部门为中低技术部门,居中的为高技术部门,最低的也为初级产品和劳动资源密集部门。

我们看一下不同的生产分割对象的情况,如果从不同生产分割对象看,我国从 OECD 国家承接的价值链分割,和从非 OECD 国家承接的价值链分割相比较,从 OECD 国家承接的 VSS_0 和 VSS_2 都小于后者,但是 VSS_1 大于后者。

第二节　国际生产分割对生产率的影响

在关于国际生产分割产生的影响方面的研究中,很多人认为国际生产分割可能会使得发达国家或地区的非熟练劳动力就业降低,也可能会使得发达国家或地区的工资率降低。由于发达经济体对这些问题很关心,因此很多文献对生产分割产生的影响方面,包括对发达经济体要素价格和就业的影响方面进行了广泛的研究。

最近,一些文献研究了从事生产分割对参与国生产率的影响,例如阿米提和魏(Amiti 和 Wei,2006)对美国,格玛和高戈(Girma 和 Gorg,2004)对英国的实证分析。这些相关的实证分析着重考察了发达经济体将非熟练劳动环节,外包给发展中经济体对发达经济体生产率的效应,很多已有研究结论认为参与价值链条分割对发达经济体生产率的改善拥有正向的效应。

在关于生产分割的研究中,关于生产分割对发展中经济体生产效率影响的文献很少。在全球产业链条分割体系中,发达经济体与发展中经济体二者位于不同分工位置,发达经济体在技术、资本密集型链条上占据主导,发展中经济体则在劳动、资源密集型链条上占据重要地位。所以,研究参与生产分割对发展中经济体生产效率的影响成为一个具有研究价值的选题。有少数文献已经做了一些研究,例如研究我国承接外包对生产效率的效应。徐毅、张二震(2008)等人的研究使用工业行业的研究样本,刘绍坚(2008)的研究运用软件外包公司层面的研究样本,这些研究基本上都认为承接外包有利于我国生产效率的提高。本书在这些文献的研究基础上,对我国参与国际生产分割对行业生产效率的影响进行了实证研究。本书与以上相关文献的不同包括:第一,因为我国是发展中经济体,我国既与发达经济体同时也与发展中经济体从事国际生产分割分工,因此本书研究了二者对我国行业的生产效率的影响是否一样;第二,奥尔森(Olsen,2006)的研究告诉我们,参与国际生产分割对行业生产率的影响效应与行业特征有关系,所以,本节研究了3类部门从全球价值链条分割中得到的效应是否一样;第三,本书在计量回归分析中运用了个体固定和双因素固定效应,使用了多种自变量作为控制变量,用以估计国际生产分割对生产效率的影响。

一、影响机制

在这一部分,我们首先总结文献中价值链条分工影响生产率的机制和途径,之后回顾部分经验分析文献,最后揭示本节的研究视角。

(一)生产分割影响生产率的机制

参与国际生产分割会通过多种方式对生产率产生效应。阿米提和魏(Amiti 和 Wei,2006)的观点是参与国际生产分割会通过以下4种方式对生产率产生影响:首先是静态的效率收益,当一个企业参与到国际生产分割体系中,例如把企业的部分工序和生产环节外包给其他国家的企业,这时相对效率更低的生产环节转由其他国家生产,这种活动产生的结构效应能带来生产效率的改善;另一个效应是重组效应,部分生产环节的对外转移使得生产技术前沿外移,使得企业的整体生产效率水平得到提高;另一个效应是学习的外部性,也就是说企业通过参与国际生产分割活动的学习效应,改进工作方式提高工作效率;最后一个是多样化效应,通过参与国际生产分割,能够使用到多样化的中间投入品,从而有利于生产效率的改善。

戈尔格和汉利(Gorg 和 Hanley,2005)区分了从事国际生产分割活动对生产效率产生的短期效应和长期效应。在短期内,通过参与国际生产分割活动,一个公司可以通过得到物美价廉的中间投入品,从而提高它的生产效率,短期效应与阿米提和魏提出的"静态的效率收益""多样化效应"相一致;在长期内,参与国际生产分割活动会对要素间的替代程度产生影响,从而会对生产函数带来改变效应,进一步会影响生产效率,这个长期效应与阿米提和魏所说的"重组效应""学习外部性"等效应相一致。

在上述对生产率产生影响效应的方式中,大家通常没有重视行业之间的溢出以及行业之间的反馈产生的效应。依格和依格（Egger 和 Egger，2005）的观点认为，行业和行业之间具有投入产出关系，同时劳动力也会在行业之间转入转出，如果不考虑这些关系，就可能不能正确地度量生产分割对生产效率的影响效应。若参与国际生产分割改善了一个产业的生产效率，然后通过行业之间的联系促进了其他产业生产效率的提高，而其他产业生产效率的改善和产出的提高反馈回来又会促进该产业生产率和产出的提高，此类产业之间的互动效应是一般均衡模型国际生产分割产生效应的一种机制。

根据前人的文献，参与生产分割不一定促进生产效率的改善。纳戈维和奥塔维那（Naghavi 和 Ottaviano，2006）的研究得出的结论是，参与生产分割有可能降低创新激励从而不利于技术水平的提高。比如这种情况，若发达经济体的公司把价值链条的一些环节外包给发展中经济体的公司，一般来说技能密集度较低的价值链条会被外包出去，技能密集度高的会留在发达经济体。按照这种分工模式，以下的两个因素会引致创新降低，首先是若公司通过生产分割使得成本下降时，公司有可能会由于成本下降带来的收益而减弱公司的创新意愿；另一个原因是生产分割带来各部门的空间分离，研发机构与生产机构和消费者产生空间上的距离，导致公司创新能力减弱。

上述文献研究了发达经济体从参与国际生产分割中得到的对生产效率的影响机制。对发展中经济体，这些影响机制应该是一样的。除了这些机制以外，徐毅、张二震（2008）的研究结论表明，外包会促进发展中经济体的产业结构优化升级，所以，参与国际生产分割是促进产业结构优化的一个机制。胡昭玲（2007）的研究结果表明，从事外包活动使得一个经济体能够得到规模收益，一个产品的生产过程可以分为不同的阶段，不同的阶段具有不同的效率规模，当我们把不同的阶段安置在不同的地点生产，以使得各个环节都能充分达到规模经济。除此以外，胡昭玲考虑了产业链条的集聚，一些相似的生产环节虽然不属于同一行业或产品,但是由于他们具有相似性,所以可能会产生一定地理范围上的集聚,通过集聚产生外部规模收益。

综上所述,对于发展中经济体,他们主要通过参与劳动密集型环节来参与价值链分工,对他们来讲,参与生产分割对生产效率的效应主要包括:相对优势扩大、产业结构优化、规模报酬、产业集聚、技术扩散和溢出等方面的影响机制。另外,对发展中经济体,因为中间进口品除了物质产品外,还具有内在的技术含量和研发内容,这些因素综合在一起导致产品生产效率的改善,参与价值链分工还能由技术溢出机制带来生产效率的提高(朱敏,2016)。另外,发展中经济体的产品若能够出口到发达经济体,对出口产品具有一定的要求,例如产出质量需要满足一定的要求,对发展中经济体来说,为了达到要求,发展中经济体需要提升技术能力,增强技术创新潜力,提高高质量产品生产能力。对于中国来说,外商直接投资企业是从事加工贸易活动的主体,当多国企业进行技术转让和技术溢出时,参与价值链分工获得的影响更加显著。

(二)相关经验研究

在已有的实证研究中,大多数研究没有对价值链分工影响生产效率的影响机制进行识别,只是研究了是否产生积极的效应或者产生消极的效应。

有些文献研究了不同的生产分割方式对生产效率的差异化影响。例如阿米提和魏(2006)使用美国的数据研究了生产分割方式对其劳动生产率的影响,他们的研究发现生产分割对劳动生产率的提高具有积极的影响,在生产分割的组成部分中,服务外包和原材料外包分别承担了10%左右和5%左右的劳动生产率的提高。格玛和汉利(2005)的研究使用了爱尔兰的公司数据,他们对原材料中间投入和服务中间投入的不同效应进行了定量研究,他们的研究结论表明前者对生产效率具有正向促进作用,后者则没有显著效应。弗克和沃夫梅额(Folk 和

Wolfmayr, 2008)的研究把价值链分工定义为三种类型,分别是"只含本行业中间投入进口的情况""从所有行业进口的中间投入的情况""服务外包",然后他们还对来自发达经济体和发展中经济体的生产分割活动做了区别。在此基础上,基于发达经济体的行业层面信息研究了从事生产分割对生产效率的效应,他们的研究结论认为生产分割对生产效率的影响具有差异性,这种效应基于生产分割形式的不同而不同,基于生产分割伙伴的不同而不同。

依格和依格(2006)区分了长期和短期的情况,他们研究了长期和短期情况下从事生产分割活动对生产效率的差异化效应。生产分割活动对生产效率的影响与劳动要素流动程度有关系,若流动程度好的话,从事生产分割后,与新的分工模式适应程度更好的生产要素进入,而其他不适应的要素则流出,所以生产效率会有较大改善,反之,若流动程度不高,则生产效率的改善会较小。依格和依格(2006)基于部分发达经济体的产业层面数据,实证分析了参与生产分割对生产效率的影响,他们的研究结果发现短期内不但没有促进生产效率的改善,反而有减弱效应,而长期内具有显著的正向影响。

依格等(2001)考虑了不同行业的特点,他们利用奥地利部分行业的数据,实证考察了参与生产分割对差异化行业的不同效应。他们按照行业要素密集度的不同进行了区分,还按照不同所有权类型进行了区分,他们的研究结果是参与生产分割对高技术密集产业的促进作用大于低技术密集的产业,对于 FDI 企业的促进作用高于非 FDI 企业。

在针对我国的研究中,有一些文献对我国参与生产分割的生产率效应进行了研究。例如,胡昭玲(2007)的研究基于我国的制造业数据考察了我国承担价值链分工对生产效率的效应,胡昭玲的研究结果表明我国参与生产分割有益于生产效率的改善,并且对于不用类型的行业具有差异化影响,对于资本技术密集度高的产业其作用更加明显。徐毅、张二震(2008)做了类似的研究,他们区分了不同类型的技术进步,他们的研究表明参与价值链分工有利于资本节约的技术创新。刘绍坚(2008)基于微观的公司数据,研究了从事生产分割活动产生的技术效应,他们的研究结果表明我国的企业从事价值链分工活动能够获得技术外溢的益处,他进一步考察了影响机制,其中示范影响是最重要的传递机制。

总的来说,前人的相关文献大部分证实了参与国际生产分割活动有利于生产效率的改善,但是效应的大小和生产分割类型、公司的不同特点、产业的不同特点还有对象国的不同而有所差异。

(三)研究视角

上面的研究已经对该领域内的主题进行了较为深入的探讨,为本书的研究打下了基础,也提供了研究方法和研究工具。与前人的文献相比,本书在以下方面进行了创新。

第一,产业链价值地位的度量。产业链价值地位的度量工具和计算方法常见的有几种,不同计算方法会得到不同的研究结果(Horgos,2009)。所以,选择合适的度量方法对我们的研究来讲是个关键问题。由于历史原因,我国对加工贸易给予了特殊优惠政策,所以加工贸易在我国对外贸易中占的比例很高,很多年份达到了一半以上,这种情况导致了前人的度量方法对我们来讲不适合,因此本书将采用适合我国特殊情况的度量方法。

第二,我国在参与价值链分工中进口的中间产品包括两种:一种是为生产加工贸易出口产品而进口的中间产品,另一种是其他形式进口的中间投入,第一种形式的进口与国家的税收鼓励有关系,通过此方式从事的价值链分工属于被动参与方式。第二种形式的进口没有享受税收优惠,这些进口投入主要用来生产内销品和一般贸易出口品,通过此方式从事的价值链分工我们称之为主动参与方式。上面两种不同价值链参与方式对生产效率的效应是否相同? 这个问题是本书的实证分析重点考察的方面。

第三,我国参与价值链分工,不仅与发达经济体之间进行合作,也与发展中经济体合作,对这两类不同的合作伙伴,与他们合作从事生产分割活动对生产效率的影响是否相同是我们关注的另一个重要方面。

第四,不同的产业部门具有不同的特点,我们把各产业分为以下几种类型:高技术、中低技术部门和初级产品、劳动和资源密集型部门,在这个分类基础上,我们研究从事价值链分工对生产率效应的影响是否随产业的不同而有所差异。

二、实证方法和数据

(一)实证方法

在下面的实证分析中,我们将研究参与价值链分工对生产效率产生的效应。使用的生产函数设定如下:

$$Y_{it} = A_{it} K_{it}{}^{\beta_1} L_{it}{}^{\beta_2} \qquad (3-1)$$

在(3-1)式中,i 表示行业,t 表示时间,Y 表示产出,A 表示生产效率,K、L 二者表示资本、劳动力要素。β_1、β_2 二者之和度量了该生产函数的规模经济状况。我们把(3-1)式两边取自然对数,得到(3-2)式:

$$\ln Y_{it} = \ln A_{it} + \beta_1 \ln K_{it} + \beta_2 \ln L_{it} \qquad (3-2)$$

我们假定从事价值链分工会对生产效率产生影响,然后再对产出带来影响效应,由此,我们得到(3-3)式:

$$\ln A_{it} = \beta_0 + \beta_3 VSS_{it} + \beta_4 Z_{it} + \alpha_i + \lambda_t + \varepsilon_{it} \qquad (3-3)$$

在(3-3)式中,VSS 是核心解释变量,含义是指一个产业融入价值链分工的程度。Z 为控制变量,包括多个解释变量:研发投入占产出的比重($R\&D$)、贸易开放度($Open$),$R\&D$ 投入是技术创新和技术进步的一个重要源泉,投入越多越有利于技术创新和技术进步,投入越少则技术创新和技术进步的速度越慢。格里纳韦等(Greenaway 等,1999)的观点认为,一个经济体与其他经济体发生贸易有利于生产效率的改善,也有利于公司技术水平提高,所以,一个经济体越能融入全球价值链分工体系,就越有利于生产率的提高。α_i 为产业固定效应,衡量了各产业间不同的非观测效应,λ_t 为时间固定效应,衡量了随时间变化的影响所有产业生产率的因素,ε_{it} 为随机误差项。

把(3-3)式代入(3-2)式,可以得到(3-4)式:

$$\ln Y_{it} = \mu + \alpha_i + \lambda_t + \beta_1 \ln K_{it} + \beta_2 \ln L_{it} + \beta_3 VSS_{it} + \beta_4 Z_{it} + \varepsilon_{it} \quad (3-4)$$

(3-4)式是本书回归用的基本模型。为了在下文的实证分析中得到较好的回归结果,我们重点考虑了以下因素:

第一,产业的个体固定效应,例如产业的某些特点,与该产业的价值链分工或许具有相关性。若我们没有对此进行控制的话,回归结果会存在偏差,而且可能具有不一致性。所以,在这里首先使用个体固定效应模型进行回归,即(3-5)式:

$$\ln Y_{it} = \mu + \alpha_i + \beta_1 \ln K_{it} + \beta_2 \ln L_{it} + \beta_3 VSS_{it} + \beta_4 Z_{it} + \varepsilon_{it} \quad (3-5)$$

第二,我国各产业融入全球价值链分工的深度逐步深入,随着参与价值链分工的变化,参与生产分割和生产效率二者可能具有相互影响,这使得价值链分工的生产率效应具有较大的改变。对此,克服这个困难的一种做法是:在回归中采用工具变量法,以克服内生性问题,采用这种方法的研究,例如阿米提和魏(2006)的研究,选择互联网、数字电话的普及应用程度作为价值链分工程度的工具变量。这种做法具有一定的不足之处,因为互联网、数字电话的普及应用程度对生产效率具有一定的效应,因此,这种方式得出的回归系数会有一定偏误;另外,内生性的原因还可能由观测不到的与解释变量和被解释变量都相关的变量带来,克服这个因素的一种做法是把个体固定效应、时间固定效应同时放入回归模型中。在本书的回归中,我们运用这种方法来估计(3-4)式,并且和(3-5)式的回归系数进行比较。

第三,考虑到价值链分工伙伴国的不同,对我国来讲,与发达经济体和发展中经济体之间的分工可能会导致不同的结论。本书区分了OECD 国家和非 OECD 国家,把价值链分工指标区分为发达经济体和发展中经济体,首先采用个体固定效应方法对(3-5)式进行回归,然后,运用一阶差分模型对(3-6)式进行回归。

$$\Delta \ln Y_{it} = \lambda + \beta_1 \Delta \ln K_{it} + \beta_2 \Delta \ln L_{it} + \beta_3 \Delta VSS_{it} + \beta_4 \Delta Z_{it} + \Delta \varepsilon_{it} \quad (3-6)$$

(二)数据

本节中变量指标的数据来源除注明之外,都来自《中国统计年鉴》。

1. 产出(Y)

产出为国有及规模以上非国有企业的各行业增加值,以 1997 年为基期工业品出厂价格消除价格变化效应,单位为亿元。

2. 资本(K)

物质资本存量的度量方法有很多种,不同方法具有不同的优势和特点,我们采用方法如下:全部国有及规模以上非国有企业的固定资产净值年均余额,然后用 1997 年为基期的固定资产价格指数进行调整,以消除价格变化的影响。资本投入的单位为亿元。

3. 劳动(L)

一般而言,劳动时间是度量劳动的比较好的方式,但是通常情况下我们得不到此数据,因此很多研究使用劳动力数量。本书用全部国有及规模以上非国有企业的全部从业人员年均人数,单位是万人。

4. 研发投入存量占产出的比例(R&D)

本节使用吴延兵(2008)的永续盘存法。计算中用的价格由以下方法得到:消费物价指数、固定资产投资价格指数的平均值。使用的折旧率是 15%,基期研发存量设定为基期研发的 5.25 倍。R&D 投入是大中型企业科技活动经费内部支出,数据见《中国科技统计年鉴》。

5. 贸易开放度(*Open*)

用进口非中间投入品与产出的比值度量 *Open*。进口非中间投入品是由总进口减去加工贸易进口和一般贸易进口中的中间投入得到。进口、出口来自中国海关统计。

6. 国际生产分割指标(*VSS*)

关于价值链分工的度量方法,我们使用国际生产分割指标,也就是用本章第一节的方法。

三、计量分析结果

在表 3-1 中,6 个回归结果分别是个体固定效应、双因素固定效应方法得到的结果。我们主要关注生产分割指标 VSS_0 以及 VSS_0 分解得到的 VSS_1 和 VSS_2 对生产效率的效应,同时,我们也关注这种效应是否随产业类型的不同而有所差异。

表 3-1 中的回归结果(1)、(2)和(3)是(3-5)式个体固定效应方法得到的结果。*lnK* 和 *lnL* 的回归系数均大于 0,而且都在 1% 水平上显著。*lnK* 和 *lnL* 之和大约等于 1,这表明该生产函数具备规模报酬水平等于 1 的特征;度量国际生产分割 *VSS* 的几个回归系数都大于 0,并且在 10%、5% 或者 1% 水平上显著,这个结论意味着参与价值链分工能够带来生产效率的改善。就 VSS_1 和 VSS_2 二者的作用大小来看,VSS_1 对生产效率的促进作用比 VSS_2 要大。从分工性质上讲,通过加工贸易进口而从事的价值链分工模式在分工中居于从属地位,加工贸易进口产品由于政策上的照顾,所以具有一定的成本优势,又由于我国相对较低的劳动力价格,所以加工贸易出口产品具有有竞争力的较低的成本,在这种情况下,成本优势和较高的利润有可能使得公司的创新动机不足,创新欲望受到压制。

表 3-1　估计结果

	个体固定效应回归			双因素固定效应回归		
	VSS_0 （1）	VSS_1 （2）	VSS_2 （3）	VSS_0 （4）	VSS_1 （5）	VSS_2 （6）
常数项	1.034 *** （3.77）	0.97 ** （2.68）	0.95 *** （2.86）	1.126 ** （2.39）	1.045 ** （2.41）	1.026 ** （2.39）
$\ln K$	0.642 *** （36.13）	0.627 *** （23.32）	0.618 *** （9.27）	0.637 *** （7.32）	0.638 *** （7.28）	0.636 *** （7.31）
$\ln L$	0.354 *** （11.55）	0.365 *** （10.42）	0.373 *** （12.59）	0.329 *** （8.58）	0.327 *** （8.58）	0.328 *** （9.56）
VSS_0	0.326 ** （2.38）	—	—	2.546 *** （3.09）	—	—
VSS_1	—	0.298 ** （2.16）	—	—	3.461 *** （2.94）	—
VSS_2	—	—	0.154 * （1.67）	—	—	3.134 *** （3.14）
初级产品和劳动密集型产业	0.544	0.369	0.144	1.773	2.552	2.501
中低技术产业	1.001	0.826	0.302	2.044	4.487	3.687
高技术产业	0.927	0.753	0.236	1.931	3.502	2.511
2000	—	—	—	2.544 *** （3.11）	6.461 *** （2.98）	4.135 *** （3.17）
2001	—	—	—	2.637 *** （3.22）	6.554 *** （6.67）	4.227 *** （3.21）
2002	—	—	—	2.755 *** （6.71）	6.668 *** （11.16）	4.343 *** （6.71）
2003	—	—	—	2.918 *** （11.18）	6.833 *** （16.77）	4.505 *** （11.18）
2004	—	—	—	3.187 *** （16.85）	7.102 *** （16.79）	4.776 *** （16.87）
2005	—	—	—	3.302 *** （14.38）	7.221 *** （14.34）	4.897 *** （14.42）
2006	—	—	—	3.486 *** （16.21）	7.396 *** （16.14）	5.072 *** （16.23）

续表

	个体固定效应回归			双因素固定效应回归		
	VSS_0 （1）	VSS_1 （2）	VSS_2 （3）	VSS_0 （4）	VSS_1 （5）	VSS_2 （6）
R&D	0.240** （2.07）	0.210** （2.11）	0.227** （2.11）	0.2021** （2.12）	0.201** （2.01）	0.211** （2.11）
Open	0.135** （2.08）	0.135 （1.19）	0.131 （1.10）	0.118 （1.21）	0.113** （2.11）	0.129 （1.09）
R^2	0.795	0.7941	0.7935	0.991	0.988	0.989
观测值 个数	245	245	245	245	245	245

注：①括号中为 t 值，***，**和*分别表示在1%、5%、10%水平显著；②3类行业三栏的数据为行业间 VSS 系数平均值，所以无 t 值。

相比较而言，以加工贸易形式以外的其他方式参与的价值链分工方式是相对主动的参与方式。在这种方式下，一个公司进口的中间投入是从自身需要出发进口的，中间投入的使用更有针对性，更恰当地适合公司的需求，所以有利于公司根据自身需求在国际生产分割体系中配置生产经营。

不同行业具有不同的特点，基于分行业的回归系数，我们发现参与生产分割对不同产业生产效率的效应不同，影响效应最大的为中低技术产业，最小的是初级产品和劳动资源密集产业，高技术行业居中。初级产品和劳动资源密集产业影响最小，可能由以下因素造成：首先是我国与其他经济体在该产业的生产效率差异较小，所以参与价值链分工对生产效率的影响较小；另外，由于该产业不具有规模经济，所以从事生产分割活动带来的规模扩大效应较小，对生产效率提升的影响不明显。与中低技术产业相比较，高技术产业的效应较小，其原因可能是在高技术领域中国与国外的技术差距差异大，以至于减弱了技术传递的效应。

表3-1中的回归结果（4）、（5）、（6）是使用双因素固定效应方法

得到的。与回归结果(1)、(2)、(3)相比,拟合优度提高,这意味着当把时间固定效应放到模型中后,模型的解释能力更强;lnK 和 lnL 的回归系数均大于0,而且都在1%水平上显著,但是 lnK 和 lnL 之和比1稍小一些,这意味着若忽略时间固定效应,是否存在规模经济会在一定程度上被高估;生产分割指标的回归系数大于0,然而比前3个回归结果要更大一些,这说明时间固定效应(λ_t)要比个体固定效应(α_i)更大。时间固定效应的回归系数随时间变化而逐步变大,从这一点可以看出,伴随我国融入全球价值链分工的深入,产业链分工对生产效率的促进效应具有逐步提高的特征;不同类型行业的特点不一样,观察分行业的回归系数,我们发现中低技术产业的回归系数最高,最小的为初级产品和劳动密集型产业,居中的为高技术产业,这个回归结果和前面使用个体固定效应方法得到的结果基本一致。

在上述分别使用两种方法回归之后,我们对表3-1中的6个回归结果进行一个综合分析。在使用个体固定效应的结果中,非加工贸易形式价值链分工的生产效率作用比加工贸易形式要大,而在控制时间固定效应之后,对于初级产品和劳动资源密集部门,加工贸易、非加工贸易形式的价值链分工对生产效率的影响基本一致;对于中低技术行业和高技术行业,非加工贸易价值链分工的影响作用要更高一些。这个结果告诉我们,伴随我国逐步融入国际价值链分工体系中,参与的各个行业对新技术的学习和接受能力得到了提高,价值链分工对生产效率的正向影响也得到了提高。参与价值链分工的类型不一样对生产效率的影响作用也有所差异。由于产业类型不一样,不同产业具有不同的特点,在不同产业上,国内外的技术水平不一样,我国在不同产业的技术创新能力也不同,同时,不同类型价值链分工的特征也具有差异性。参与生产分割的不同类型和产业的不同类型二者交互影响,带来对生产效率影响的差异性。

表3-2的回归结果区分了价值链分工对象国的不同,研究了与发

达经济体之间的价值链分工和与发展中经济体的价值链分工对生产效率的不同效应。表3-2中的回归结果(7)、(8)是用个体固定效应对(3-5)式的计量分析结果,回归结果(9)、(10)是用一阶差分对(3-6)式的计量分析结果。在回归结果(7)、(9)中,我们把VSS_0进行分解,以区分我国与发达经济体和与发展中经济体合作的价值链分工,回归结果(7)和(9)得到的结论非常相似,即与发达经济体合作的价值链分工对生产效率的影响更大。通常来讲,发达经济体生产的中间投入有更好的技术水平,和发展中经济体相比,从发达经济体买入的中间品对生产效率的改善具有更大的效用。

表3-2 估计结果

	个体固定效应回归		一阶差分法回归	
	(7)	(8)	(9)	(10)
常数项	1.04 (3.53)***	0.97 (2.88)***	0.35 (5.27)***	0.29 (6.68)***
$\ln K$	0.620 (23.22)***	0.628 (25.25)***	0.629 (13.26)***	0.624 (19.35)***
$\ln L$	0.365 (23.59)***	0.366 (9.29)***	0.364 (16.56)***	0.367 (8.77)***
发达国家 VSS_0	1.211 (11.25)***	—	1.922 (9.24)***	—
发展中国家 VSS_0	0.937 (8.53)***	—	0.675 (7.28)***	—
发达国家 VSS_1	—	1.115 (3.23)***	—	1.224 (2.17)**
发展中国家 VSS_1	—	0.734 (1.66)*	—	0.731 (1.98)**
发达国家 VSS_2	—	0.611 (2.22)**	—	0.663 (2.11)**
发展中国家 VSS_2	—	0.963 (1.02)	—	0.723 (1.67)*
$R\&D$	0.242 (2.07)**	0.233 (2.01)**	0.254 (2.02)**	0.243 (2.06)**

续表

	个体固定效应回归		一阶差分法回归	
	（7）	（8）	（9）	（10）
$Open$	0.145 （1.67）*	0.133 （1.13）	0.131 （1.99）**	0.128 （2.06）**
R^2	0.96	0.98	0.79	0.80
观测值	245	245	210	210

注：①括号中为 t 值，***，** 和 * 分别表示在1%、5%和10%水平下显著；②模型（7）、（8）省略了行业虚拟变量；③模型（9）、（10）的自变量取一阶差分。

　　回归结果（8）、（10）也都把 VSS_1、VSS_2 进行了分解，即与发达经济体和与发展中经济体合作的价值链分工。由于一阶差分回归方法能够在一定程度上减弱内生性，这里主要参考回归结果（10）的结论。回归结果（10）告诉我们，从发达经济体和发展中经济体进口的加工贸易进口中间品的生产效率效应基本无差别，后者比前者略大；而从发达经济体和发展中经济体进口的非加工贸易进口中间品的生产效率效应具有较大差异，前者显著比后者大。与发达经济体合作的非加工贸易进口和加工贸易进口相比较，前者的生产率效应比后者要大，而与发展中经济体合作的情况下，两种方式的影响差距并不大。

　　总之，综合考虑以上各种参与价值链分工的形式，与发达经济体合作的非加工贸易进口的生产效率效应最显著。这一方面是由于发达经济体生产的中间品技术含量更高，另一方面是由于非加工贸易形式的价值链分工对发展中经济体来讲具有主动性，发展中经济体可以更灵活地在更大自由度上合理配置资源，所以，两类经济体和两类生产分割方式的结合带来的结果为：从发达经济体以非加工贸易进口承担的生产分割对生产效率的改善效果最显著。

　　在这一节中，我们研究了融入国际生产分割对我国生产效率的影响。因为我国长期以来实施加工贸易鼓励措施，由此，我国在价值链分工体系中有它的特殊之处，一方面，受加工贸易优惠政策的影响，加工贸易进口被用来生产产品并出口;另一方面,用于出口的加工贸易产品比其他贸易方式使用的进口投入更多。所以,本书基于我国这些特征,使用了迪安等的新度量指标,并把指标进行了细分,区分了不同产业、不同的价值链分工伙伴,研究了价值链分工对我国生产效率的效应,我们得到的研究结果如下:

第一,我国通过融入全球价值链分工体系促进了生产效率的改善。我国在全球化分工体系中,加入生产分割活动中的深度逐步得到深化。伴随我国在生产分割中地位的逐步提高,我国参与价值链分工对生产效率的正向影响不断得到扩大。

第二,非加工贸易形式价值链分工的生产效率作用比加工贸易形式要大。我国通过加工贸易参与的价值链分工具有减少特征,通过其他形式参与的价值链分工具有提高特征,尤其是最近几年,该特征更加明显。由于非加工贸易形式的价值链分工对发展中经济体来讲具有更大的主动性,发展中经济体可以更灵活地在更大自由度上合理配置资源,所以以非加工贸易进口承担的生产分割对生产效率的改善效果最显著。

第三,参与价值链分工影响生产效率的效果对不同行业具有差异性。参与价值链分工的类型不一样对生产效率的影响作用也有所差异。由于产业类型不一样,不同产业具有不同的特点,在不同产业上,国内外的技术水平不一样,我国不同产业的技术创新能力也不同,同时,不同类型价值链分工的特征也具有差异性。参与生产分割的不同类型和产业的不同类型二者交互影响,带来对生产效率影响的差异性。

第四,从发达经济体和发展中经济体进口的加工贸易进口中间品的生产效率效应基本无差别,后者比前者略大;而从发达经济体和发展中经济体进口的非加工贸易进口中间品的生产效率效应具有较大差异,前者显著比后者大。与发达经济体合作的非加工贸易进口和加工贸易进口相比较,前者的生产率效应比后者要大,而在与发展中经济体合作的情况下,两种方式的影响差距并不大。

基于比较优势差异的传统贸易虽然能够给贸易国带来贸易利益,但是对发展中经济体而言,容易使分工固化,发展中经济体难以获得动态的贸易利益,难以获得技术升级等益处。中国融入全球价值链分工体系为我国得到价值链地位升级和生产效率的提高提供了良好的机遇。在这个分工体系下,参与价值链分工为更好地融入国际分工提供了新的切入点,我国要成为贸易强国,通过融入生产分割体系,积极利用价值链分工提供的机遇是最优的做法。

从政策建议上讲,融入全球价值链分工体系对我国生产效率的改善具有积极的正向影响,进一步来讲,对于从事价值链分工的具体形式,非加工贸易进口的中间投入具有更显著效果,基于这个结论,对我们的启示是引导企业转变加工贸易倾向,积极主动地参与到价值链分工体系中,使得分工更具有主动性,更加灵活地在更大范围内配置资源。通过政策促使企业加快贸易结构升级,更多地进行非加工贸易形式的分工对我国企业来讲具有重要价值。从价值链分工的伙伴国角度看,从发达经济体和发展中经济体进口的加工贸易进口中间品的生产效率效应相比较,后者比前者略大,而从发达经济体和发展中经济体进口的非加工贸易进口中间品的生产效率效应具有较大差异,前者显著比后者大,因此,基于这个视角,应鼓励企业更多从事与发达经济体合作的价值链分工。从行业来看,参与价值链分工对不同类型产业的生产效率改善效应不同,对高技术行业的促进效果比中低技术行业要小,因此,对于高技术行业的生产效率提升,应特别关注非加工贸易进口以及与发达经济体合作的价值链分工,二者对高技术行业的促进作用较大。

建立双向的生产分割体系。作为健康发展的经济体,一方面应积极承接其他经济体转移出的价值链环节,也应积极参与价值链环节的向外转移。把二者恰当地进行结合,在较大资源环境中更加主动地融入全球价值链分工体系。从历史上看,很多国家都经历了这个过程,对中国来讲应该加快这个进程。

第三节　国际生产分割对技能升级的影响

近几十年来,发达经济体存在对高技术劳动力相对需求提高,而对低技术劳动力相对需求下降的情况,我们把这种现象称为技能提高。目前对该现象诱因的分析包括以下方面:首先是偏向于技能的技术水平得到提高,另一个是发达经济体与发展中经济体之间进出口增加。较早时候,很多学者的观点是偏向于技能的技术水平提高是主要影响因素,比如劳伦斯和斯劳特(Lawrence 和 Slaughter,1993)。伴随经济理论的进步和国际间商品交换实践的发展,大家认识到发达经济体与发展中经济体之间贸易的增加可能发挥了重要作用,特别是国家之间的价值链分工可能具有重要作用。

一、研究背景及研究视角

芬斯特拉、汉森(1996a,1997,1999)在他们的几项义献中对这个问题进行了研究,他们认为国际价值链分工是发达经济体技能提高的不可忽视的因素。在芬斯特拉、汉森(1996a)的研究中,他们对技能提高和全球价值链分工二者之间的关系进行了考虑,他们的研究结论认为发达经济体把技能密集度低的环节移至发展中经济体,能够增加发达经济体对熟练劳动力的雇佣,而减少对非熟练劳动力的雇佣,结果会带来技能提高。芬斯特拉和汉森对美国历史上出现过的技能提高进行了研究,他们发现美国进口的中间投入品增加了对非熟练劳动力的需求。之后的许多文献对这个现象做了实证性的分析,其中很多文献的研究结论表明从事全球价值链分工能够提高对熟练劳动力的需求,比如说海德和里斯（Head & Ries, 2002）关于日本的研究,戈舍科尔、郜格（Geishecker & Görg, 2008）关于德国的研究,山下石达（Yamashita, 2010）关于美国的研究。由于这些文献基于的数据资源不一样,我们可以把这些文献分为两种类型:一种是基于行业层面数据,在这些文献中,度量价值链分工的方法一般采取进口中间品的数量或金额;还有一种是基于多国企业的数据,这些文献重点研究多国企业的 FDI 对本国公司总部技能密集度的效应。基于行业层面数据的文献所考察的价值链分工包括的范围较宽,既有企业间中间投入贸易,也有企业内的中间投入贸易,而基于多国企业数据的文献所考察的价值链分工包括的范围较窄,只有多国企业内部的中间投入贸易。所以,二者所定义的价值链分工的范围有所不同。

以往的文献对发达经济体的研究较多,而对发展中经济体的分析较少。一个发展中经济体融入价值链分工体系对其技能密集度会带来影响效应。在芬斯特拉、汉森（1996a）研究中,发达经济体向发展中经济体外包价值链条的技能密集度对两个经济体不同,一个链条对发达经济体可能是非熟练劳动密集型,而对一个发展中经济体可能是熟练劳动密集型,正是由于这个原因,这种行为也带来了发展中经济体技能密集度的提高。有的几个文献对此进行了研究,特别是研究了对我国技能提高的影响效应。盛斌、牛蕊（2009）的研究基于我国的产业层面角度,考察了产业链分工对生产要素相对收益的效应,他们的结论为我国参加产业链分工使技能提高。薛莉、王中华（2010）也基于我国的产业层面角度,研究了价值链分工和技术水平提高对要素报酬变动的影响效应,他们的研究结论显示,价值链分工和技术水平提高有利于技能提高,既提高了高技能与低技能劳动的相对报酬,并且价值链分工与技术水平提高相比具有更大效应。

我国几年前就有大学生"就业困难"与"民工短缺"共同出现的情况,这种情况表面上看和芬斯特拉-汉森的结论不一致。本书提出了一种可能的解释,把全球价值链分工的进展分为两类形式,第一类为"全球价值链分工的外延式进展",指的是全球价值链分工只是在量上的进展,没有进行深化,举例来说,各经济体承担的产业链不变,变化的只是产品产量的提高;另一类为"全球价值链分工的内涵式进展",意思是全球价值链分工的深化,举例来说,发达经济体把更多的非熟练劳动密集环节向发展中经济体转出,这种做法使得两个经济体的行业技能密集度都得到提升。全球价值链分工对各个经济体的技能密集度的效应与全球价值链分工的形式有关系,本书将在下一部分进行细致解释。在通常条件下,人们能够发现全球价值链分工的进展,但是很难识别其进展的两种形式,已有文献还未能有所突破。

在这一节中,本研究的主要贡献是,首先是区分了全球价值链分工进展的两类形式,并且识别了二者的不同作用,内涵式进展能够增加对熟练劳动的购买,外延型进展能够增加对非熟练劳动的购买。本书基于我国的产业层面的数据信息做了计量验证,虽然没有能够分离全球价值链分工的两类形式,但是分开考虑了我国与发达经济体以及发展中经济体的产业链分工,并且分开考虑了熟练劳动密集型行业和非熟练劳动密集型行业的价值链分工。基于前文的理论分析,一个多国企业的生产率越高则在东道国安排的价值链环节越多,所以我们考虑到由于发达经济体和发展中经济体在技术上有差别,和前者合作的价值链分工中内涵式进展的比例更高,由此对技能提高会有较大的效应;和后者合作的价值链分工中外延式进展的比例更高,由此对技能提高的效应会较小,本书的计量结果将对这个理论假设进行验证。因此,中国近年来的大学生"就业困难"与"民工短缺"共同出现的情况与全球价值链条分工的外延式进展有因果关系。

(一)研究背景

由斯托尔帕-萨缪尔森理论可知,一个发达经济体在贸易自由化后带来熟练劳动力和非熟练劳动力收入差增加,因此,从国际贸易的视角好像可以理解发达经济体的技能提高情况。然而,下面几点容易让人对国际贸易视角的解释产生疑问。一个原因是技能提高现象一般在行业内产生;其次,技能提高这种现象既存在于发达经济体,也存在于发展中经济体;再次,按照斯托尔帕-萨缪尔森理论,发达经济体的技能密集度应该降低,但是我们发现自20世纪末期以来,该技能密集度得到了提高而没有降低;最后,从价格来看,发达经济体的非熟练劳动密集产品的相对价格,与熟练劳动密集产品价格相比,并没有发现降低。丘东晓、许斌等(2008)的研究认为,当我们判断一项理论是否与我们发现的现实情况一致时,我们不但要看该理论的直接结论是否符合现实,并且也要看间接结论是否符合现实。虽然斯托尔帕-萨缪尔森理论的直接结论符合现实,即贸易自由化带来发达经济体收入差距扩大,但是间接结论与我们前述的现实不符,显然斯托尔帕-萨缪尔森理论无法完美地阐释发达经济体收入差距扩大的情况。基于这个原因,在较早时期,大家一般的观点是偏向于技能的技术水平提高是解释发达经济体技能提高的主要原因。

随着国际贸易实践和理论的进步,学者们又回过头来关注对外贸易的影响效应。第一,贸易开放使得差异化技术的报酬率发生变化,从而引致了偏向技能的技术进步,使得技能提高得以发生(Acemoglu,2003)。该结论事实上已经认定是国际贸易对技术进步产生影响效应从而带来技能提高,引致偏向技能的技术进步还是技能提高的必备要素。其次,学者们已经把赫克歇尔-俄林定理改造为价值链分工模型,比如芬斯特拉、汉森(1996a,1997,1999)的文献以及格罗斯曼、罗斯-汉斯伯格(2008)的文献,他们的研究对于赫克歇尔-俄林定理无法阐明的疑问作出了较好的阐述。

芬斯特拉、汉森(1996a)使用的模型是本书研究的主要参考,首先我们对这个模型进行简介。芬斯特拉、汉森(1996a)基于多恩布什等

（Dornbusch 等,1980）的连续型赫克歇尔-俄林框架,建立模型以研究技能提高的原因。他们把两要素模型扩充为三要素,即熟练劳动力、非熟练劳动力、资本要素,分布在[0,1]上的中间投入组合起来能够组成最终产品。我们假设中间投入在[0,1]上的排序符合一定规律,即根据技能密集度的大小先后进行排序。若一个发达经济体与一个发展中经济体之间分工,发达经济体分工生产上游阶段[0,α],发展中经济体分工生产下游阶段[α,1],上游阶段与下游阶段比是相对熟练劳动密集的。分界点生产环节 α 在发达经济体的生产中是熟练劳动密集度最低的,但在发展中经济体生产的环节中是熟练劳动密集度最高的。若两个经济体开放贸易后,导致原由发达经济体分工的部分生产环节[β,α]转至发展中经济体(β<α),因此,在新的分工中,发达经济体分工生产[0,β],发展中经济体分工生产[β,1]。因为[β,α]部分链条对发达经济体是非熟练劳动密集的,当该价值链条转至发展中经济体时,发达经济体对熟练劳动的相对需求提高,对非熟练劳动的相对需求降低,结果导致熟练劳动和非熟练劳动的收入差距提高,因此引致了技能提高。[β,α]部分链条在发达经济体是非熟练劳动密集的,而对发展中经济体来说是熟练劳动密集的,当该价值链条转至发展中经济体时,与对发达经济体产生的效应一样,对熟练劳动的相对需求提高,对非熟练劳动的相对需求降低,结果导致熟练劳动和非熟练劳动的收入差提高,因此发展中经济体也引致了技能提高。

由此,芬斯特拉-汉森的研究对赫克歇尔-俄林理论没有阐述明白的现实问题进行了解答,一个是技能提高现象大部分是一种产业内现象;二是不仅发达经济体存在技能提高,发展中经济体也存在;三是一个经济体的技能提高和产业技能密集度的提高能够一起发生。在芬斯特拉-汉森的理论中,由于只有一个行业,因此对有些事实没能阐释清楚,例如"发达经济体的非熟练劳动与熟练劳动密集产品的相对价格无降低"现象不能得到解释,然而这个缺失并不会降低芬斯特拉-汉森理论对技能提高现象的阐述能力。

(二)研究视角

前文中有关产业层面数据的大部分文献基于芬斯特拉-汉森理论,而有关企业层面数据的文献多是基于垂直型直接投资学说。不管是哪一种学说,若一个经济体的熟练劳动和非熟练劳动的相对需求有所改变,该经济体的产业技能密集度一定要有所改变。在上面的实证分析中,度量生产分割或者垂直型直接投资的方法只反映了这两个变量的绝对水平,但无法显示产业技能密集度的改变,所以,前文实证研究的结论可能不够精确,一些结论存在一定的偏差。

现在,本书把产业链分工的发展分成两种形式:一种是外延式,一种是内涵式。芬斯特拉-汉森的研究只阐释了产业链分工的内涵式进展产生的效应,也就是增大了发达经济体和发展中经济体的产业技能密集度,同时带来两类经济体的技能提高。对于外延式进展,因为各个经济体从事的价值链保持稳定,所以由芬斯特拉和汉森的模型,没能产生技能提高。实际上,只有部分公司进行价值链分工,很多公司所有阶段的生产都安排在其本国进行,对于此种生产安排,内涵式进展还是增加了两类经济体产业总体技能密集度,因此芬斯特拉-汉森理论的结果仍成立。而外延式进展与内涵式进展不一样,作为发展中经济体,若出现价值链分工的外延式进展,因为参与该分工的公司的技能密集度和别的公司相比要更低一些,也就是说该公司生产中所用的熟练劳动更少,价值链分工的外延式进展使得该产业对非熟练劳动的需求相比较熟练劳动需求而言会增加;就发达经济体而言,因为从事价值链分工的公司的技能密集度和别的公司相比更高一些,所以价值链分工的外延式进展使得产业总体技能密集度提高,由此会带来技能提高。所以,就发展中经济体而言,价值链分工的外延式进展减少其对熟练劳动的购买,然而对发达经济体,则相反,促进了对熟练劳动的购买。

本书将要得出的基本观点为:因为由于价值链分工对技能提高的影响效应与产业链分工发展的类型有关系,因此,在相关的经验分析中,最好是能够把部分进展类型分离出来,但是不幸的是,产业层面的研究无法把不同类型分离出来。但是,本书可以采用变通的方法使用产业层面的数据信息来支撑结论。在产业层面,对中国与发达经济体和发展中经济体合作的价值链分工进行区分,这两种不同类型的价值链分工对我国技能提高具有差异化的效应。当面临同一条件时,若一个企业的生产效率越高,则安排在东道国的价值链环节就越多,由此会使得价值链分工的外延式进展更多一些,因此,对东道国来说,产业技能密集度能够得到更大程度的增加。跨国公司本国和投资目的国之间的生产效率相差越大,价值链分工给投资目的国带来的技能提高越大。由于发达经济体和非发达经济体的企业在生产效率上具有较大距离,所以我国与二者之间的价值链分工对劳动力相对需求产生的影响不会完全一致。因为我国和发达经济体之间的价值链分工包含的内涵式发展更多,由此带来的我国技能提高会更多,反之,因为和发展中经济体之间的价值链分工中内涵式发展较少,所以给我国技能提高带来的影响效应会较小。

在此基础上,本书按照类型对产业进行了划分,也就是根据我国与之生产效率的差别,我们把产业划分为:差距大的产业、差距小的产业,对于产业类型的划分,许多文献,比如黄勇峰等(2002)、郭克莎(2000),认为差距大的产业一般为熟练劳动密集的,差距小的产业一般为非熟练劳动密集的。关于熟练劳动密集产业,因为在这些产业上,我国与别的国家在生产效率上差距较大,所以价值链分工的内涵式进展较多,由此对我国技能提高的带动作用较大。关于非熟练劳动密集产业,在这些产业上,价值链分工的外延式进展较多,由此对我国技能提高的带动作用较小。

进一步,若把对价值链分工伙伴国的类别划分与产业的类别划分一并做双维度的研究,由于对这两类经济体而言,价值链分工对熟练劳动密集产业会带来更大的效应;并且,因为发展中经济体和我国在非熟练劳动密集产业的生产效率上具有较少差距,所以价值链分工的外延式进展具有较高比例,由此本书预计对我国技能提高只会带来较低的影响效应,或者可能扩大对非熟练劳动的购买。

二、计量模型与数据

(一)计量模型

在芬斯特拉、汉森(1999)的研究中,他们使用三要素短期成本方程得到了熟练劳动需求的方程式。我们假设产品 i 的生产需要以下要素:资本 K_i、熟练劳动 H_i、非熟练劳动 L_i。我们假设生产方程是 $Y_i = G_i(L_i, H_i, K_i, Z_i)$,在该式中,$Z_i$ 的含义为对产量水平具有影响效应的外生解释变量,比如技术水平、国际进出口等。若考虑一个短期情况,在此时间段,资本数量固定不变,一个公司出于最大化其利润的角度,将确定劳动力使用数量以最小化其成本。成本方程是 $C_i(w_L, w_H, K_i, Y_i, Z_i)$,在该方程中,$w_L$、$w_H$ 是非熟练劳动、熟练劳动的收益。现在我们把该式进行对数型泰勒二次展开,就能推出超越对数成本方程,这个方程是非同位的,所以要素之间具备替代或互补关系。超越对数成本方程已在很多文献得到使用,特别是在对技能提高的研究中,比如在芬斯特拉、汉森(1996a),海德、里斯(2002),汉森(2005)等的研究中,都基于该方程对贸易和FDI对技能提高的效应进行了分析。下面的方程是大家使用较多的:

$$S_{it} = \alpha_0 + \alpha_1 \ln(w_H/w_L)_{it} + \alpha_2 \ln(K/Y)_{it} + \alpha_3 \ln Y_{it} + \alpha_4 Z_{it} + \mu_{it}$$

$$(3-7)$$

在上面的方程中,i 为行业,t 为时期,S_i 为给熟练劳动的报酬在工资总额中的比例 $w_H H_i/(w_H H_i + w_L L_i)$,此比例告诉了我们对熟练劳动的需求。

$\ln(w_H/w_L)$的含义为两类劳动力报酬的自然对数,该数值给出了由于两类劳动力相对报酬的变化导致的替代效应对劳动相对需求产生的效应。在大多数研究中,通常忽略这一项,我们参照相关的文献,也忽略这一项,原因是因为产业间劳动力报酬的差异也许是结构变化导致的,不一定是外生因素引起的(汉森,2005)。在方法上,本书应用时间哑变量,这样的目的是控制熟练劳动和非熟练劳动之间相对报酬的变化。Z_i含有3个解释变量:$Tech_i$、Imp_i、$Frag_i$,三者分别表示技术水平、进口、价值链分工。

本书的基本回归方程是(3-8)式:

$$S_{it} = \beta_0 + \lambda_t + \beta_1 \ln(K/Y)_{it} + \beta_2 \ln Y_{it} + \beta_3 Tech_{it} +$$
$$\beta_4 Imp_{it} + \beta_5 Frag_{it} + \varepsilon_{it} \tag{3-8}$$

在(3-8)式中,β_0是常数项。λ_t为时间固定效应,λ_t对熟练劳动需求变化的时间特点进行了控制。回归系数β_1的正负是对资本和熟练劳动之间联系的刻画,当β_1大于0时,二者之间具有互补关系。回归系数β_2衡量了产品增加值的提高和技能提高的关系,如果β_2的值为0,那么就无法拒绝生产方程为同位的。回归系数β_3的正负衡量了技术进步与技能提高之间的关系,如果β_3大于0,那么就表示技术水平的提高增加了对熟练劳动的需求。回归系数β_4度量进口与技能提高之间的关系,如果β_4大于0,那么就意味着公司对进口竞争作出的反应是提高技能密集度。回归系数β_5则衡量了参与价值链分工对技能提高的效应,如果β_5大于0,那就说明参与价值链分工对技能提高有帮助,这会提高对熟练劳动的购买,如果β_5小于0,则参与价值链分工对技能提高有着反向作用,这会扩大对非熟练劳动力的需求。

本书还研究了价值链分工对象的不同带来的不同影响,我们区分了与发达经济体、发展中经济体合作的价值链分工,按照两类经济体拆分了价值链分工,并在(3-8)式基本模型的基础上,增加了个体效应。

另外,本书还分析了进口对技能提高的效应,前人的文献主要分析了进口中间投入的效应,本书重点研究了最终产品进口的效应。根据乔达诺等(2009)的研究,一个公司在经历进口产品竞争时,会对技能密集度加以改变,由此对技能提高带来效应。

(二)数据

在盛斌、马涛(2008)的研究中,他们基于联合国 BEC 产品分类的19 个分类,把 SITC 分类和 BEC 分类进行转换,从而得到 33 个生产中间投入的工业部门,在这些部门中,均含有多个 SITC 5 位数中间投入。然后,本书再删除初级产品以及几个数据不完整的产业,最后共有 23个产业。我们根据黄勇峰等(2002)的做法,把 23 个产业归类为 11 个高技能行业、12 个低技能行业①。

1. 国际生产分割(*Frag*)

关于价值链分工程度度量的方法,大家应用比较广泛的有两种:一个是芬斯特拉、汉森(1996a)最初创立的方法,也就是用进口中间投入在总中间投入中的比重来表示;还有一个方法是休谟尔等(2001)使用的方法,即一个经济体的出口中包含的进口投入的价值表示价值链分工程度。比较这两个概念,芬斯特拉、汉森的概念更宽泛,进口的中间投入用于生产过程中,所有这些进口中间投入都属于价值链分工的范畴,不管成品是在国内销售还是出口外销。与他们的概念相比较,休谟尔等给出的范围较小,出口成品中含有的进口投入才构成价值链分工。芬斯特拉和汉森给出的概念与本书更加贴近,我们采用他们的定义。根据他们的方法,本书对 23 个产业的价值链分工程度(*Frag*)、OECD国家和非 OECD 国家的价值链分工程度(分别用 *Frag_OECD*、*Frag_Others* 表示)进行了计算。OECD 国家的范围见 OECD 网站。中间投

---

① 高技能行业有通用设备制造业、专用设备制造业等共 11 个行业;低技能行业有食品制造业、纺织业等共 12 个行业。

入进口来自联合国 comtrade 数据库。

2. 产出(Y)

产出 Y 的度量使用各产业的规模以上工业企业产品增加值,考虑到物价水平的影响,我们使用 2001 年为基期的各产业工业品出厂价格指数加以调整,Y 的单位为亿元。增加值和价格数据均来自国研网统计数据库。

3. 资本产出比(K/Y)

资本产出比使用资本存量除以产出得到。物质资本存量的计算方法是使用规模以上工业企业的固定资产净值年平均余额,以 2001 年为基期的固定资产价格指数加以调整,单位为亿元,数据来自国研网统计数据库。产出的度量使用各产业规模以上工业企业产品增加值。

4. 技术进步变量($Tech$)

度量技术进步的常用方法有以下几种:第一种方法为研发密集度,也就是 R&D 支出与产出之间的比值,有些学者,比如汉森(2005)使用这种方法;第二种方法是考虑了计算机的应用,也就是用使用计算机工作的劳动力在全部劳动力中占的比例,比如山下石达(2010)使用了这种方法;第三种方法是使用人均无形资产,比如乔达诺等(2009)使用了这种方法。本书基于对数据的限制,采用研发密集度的度量方法。对于研发投入存量,我们采取吴延兵(2008)的永续盘存法进行度量,折旧率假设是 15%,基期研发存量假设是基期研发支出水平的 5.25 倍。研发投入根据各产业大中型工业企业的科技活动经费内部支出来计算,数据来自《中国科技统计年鉴》。产出使用上文计算得出的产出(Y)。

5. 进口竞争变量(Imp)

进口变量的度量采用进口非中间品与产出的比例。进口的非中间品用各产业总进口,扣除中间品进口得到。数据来自国研网统计数据库。产出使用上文计算得出的产出(Y)。

6. 熟练劳动力的份额(S)

S 为支付给熟练劳动的工资在总劳动成本中占的比例。因为中国并没有关于熟练劳动力与非熟练劳动力的数据,有些文献,例如包群和邵敏(2008)等的研究,把科技人员作为熟练劳动力,把其余劳动力看作是非熟练劳动力,该做法实际上减小了熟练劳动力的比例;还有一种计算办法是采用回归方法得出该份额,盛斌和牛蕊(2009)采取的方法是,分行业对不同学历的劳动力人数、报酬等进行了估计,这种方法比较复杂,并且使用了一些中间变量,很难保证估计结果的准确性。本书在无更优方法以及数据条件下,把大中型企业工程技术人员这个群体看作是熟练劳动力,把其余劳动力看作是非熟练劳动力。另外,因为无法得到对应的报酬数据,本书将采用替代指标。由于纺织服装、鞋、帽行业使用较多的非熟练劳动力,所以把这些产业的平均工资看作是非熟练劳动力的平均工资;对于熟练劳动力,因为通信设备计算机、其他电子设备产业使用了较多熟练劳动力,所以本书把这些产业的平均工资看作熟练劳动力工资。各类人员数量来自《中国科技统计年鉴》。

按照计算得到的结论,从各产业熟练劳动力收入份额来看,大部分产业的该份额呈现出逐步提高的特点。在这些产业中,提高最快的是通信设备计算机等产业。从整体趋势看,各个产业参与价值链分工的水平随时间发展具有较快提高特征。从参与价值链分工的水平看,通用设备制造产业等较低。从价值链分工合作对象国来看,我国与发达经济体合作的价值链分工和与发展中经济体合作的价值链分工相比较,前者比后者要大。我们下面将主要通过计量方法,分析熟练劳动收入份额与价值链分工具有影响关系。变量的统计描述见表3-3。

表 3-3　熟练劳动力份额等变量的描述性统计

变量	平均值	标准差	最大值	最小值	样本数
S	0.1351	0.0551	0.2974	0.0395	184
$\ln K/Y$	-0.1474	0.4516	0.9095	-1.7604	184
$\ln Y$	7.5536	0.9401	9.3904	4.7670	184
$Tech$	0.0055	0.0046	0.0210	0.0002	184
Imp	0.1582	0.0911	0.1782	0.0264	184
$Frag$	0.1451	0.0431	0.1951	0.0551	184
$Frag\_OECD$	0.0907	0.0272	0.1424	0.0364	184
$Frag\_Others$	0.0546	0.0341	0.1043	0.0242	184

三、计量分析结果

下面,本书先把价值链分工伙伴分为发达经济体和发展中经济体进行回归分析,再根据对分工伙伴和产业类型的不同进行计量分析。

在表 3-4 中,回归结果(1)—回归结果(4)为区分发达经济体和发展中经济体的回归结果。回归结果(1)中的解释变量与通常文献用的相同,所有变量回归系数都在 1% 水平上显著。$\ln(K/Y)$ 的回归系数大于 0,意味着熟练劳动投入和资本投入在生产中具有互补性。$\ln Y$ 的回归系数也是正值,这意味着生产函数为非同位的,也就是说当产量提高时,生产中熟练工人投入会以更大比例提高。$Tech$ 的回归系数大于 0,这意味着技术创新会偏向熟练工人,也就是说技术创新会提高熟练工人的收入比例。Imp 的回归系数为正值,这意味着进口产品,通过竞争效应,会带来技能改善。$Frag$ 的回归系数为 0.466,系数大于 0,这说明参与价值链分工带来了技能改善。回归结果(1)得出的结论与相关文献的结果具有相似性,也就是从事价值链分工能够带来我国的技能改善。在菲尔兹(Fields,2003)的研究中,他把各解释变量的贡献度进行了计算,他的结论表明,从事价值链分工能够带来我国熟练工人收入比例上涨的 12%,和其他因素相比,价值链分工所起的作用大于其他变量的作用,特别是大于技术创新的解释能力,技术进步只带来了熟练工人收入比例上涨的3.12%[①]。

表3-4　区分分工伙伴类型的计量分析结果

	模型（1）	模型（2）	模型（3）	模型（4）	对因变量解释能力
c	−0.151 (−5.37) ***	−0.086 (−1.38)	−0.171 (−5.56) ***	−0.124 (−1.77) *	—
$\ln(K/Y)$	0.029 (3.81) ***	0.026 (1.82) *	0.028 (3.84) ***	0.025 (1.78) *	—
$\ln Y$	0.033 (8.98) ***	0.026 (2.97) ***	0.034 (9.11) ***	0.027 (3.15) ***	—
Tech	0.911 (2.98) ***	0.661 (2.28) **	0.887 (3.17) ***	0.685 (2.39) **	2.59%—3.12%
Imp	0.288 (3.02) ***	0.204 (2.27) **	0.210 (3.29) ***	0.221 (2.38) **	5.25%—7.40%
Frag	0.465 (5.67) ***	0.305 (2.78) ***	—	—	7.82%—11.98%
Frag_OECD	—	—	0.642 (4.54) ***	0.708 (2.05) **	8.92%—9.83%
Frag_Others	—	—	0.380 (3.84) ***	0.252 (2.19) **	2.99%—4.51%
R^2	0.58	0.73	0.59	0.74	—
Hausman 检验	—	20.50 (p 值< 0.01)	—	23.23 (p 值< 0.01)	—
个体和/或 时间虚拟变量	时间固定效应	个体固定效应、时间固定效应	时间固定效应	个体固定效应、时间固定效应	—
样本数量	184	184	184	184	—

注:省略了个体虚拟变量和/或时间虚拟变量;括号内为 t 值,***、** 和 * 分别表示在1%、5%和10%水平下显著。

由于各个产业具有不同特点,在进行计量分析时,一般使用固定效

[①]　因为以往研究我国问题的文献未得到解释变量的解释能力,因此本书结论不能和他们进行这方面的对比分析。在邵敏等人(2010)的研究中,他们得到了我国各产业工资差距的影响因素,他们的结论是,出口产生的影响比较大,而产业技术密集度的影响较小。

应或随机效应模型,二者选择哪一个基于豪斯曼分析的结论来选择。在表3-4中的回归结果(2)中,我们的分析基于各个产业的不同特点,根据豪斯曼的结论,我们选择固定效应分析方法。回归结果(2)的结果告诉我们,当我们的分析基于行业的不同特点基础上时,各个变量的回归系数有所变化,系数的大小也下降了。

表3-4中的回归结果(3)基于回归结果(1)的分析,将变量 $Frag$ 进行拆分,分为与发达经济体、发展中经济体合作的价值链分工。回归结果(3)和回归结果(1)进行比较,除了其他变量的回归系数保持了稳定之外,$Frag\_OECD$ 和 $Frag\_Others$ 的回归系数为 0.642、0.380,与发达经济体合作的价值链分工带来的影响更大。

因为产业具有自己的特点,回归结果(4)在回归结果(3)基础上考虑了这个特点,豪斯曼的结论认为固定效应分析更为合理。回归结果(4)的结论告诉我们,控制了产业的差异化特点之后,$Frag\_OECD$ 的回归系数提高到 0.708,$Frag\_Others$ 的回归系数降低到 0.252,两个回归系数之间的差别更大了。

现在我们考虑一下回归结果(1)至回归结果(4)的结论,当我们考察各个影响因素的影响大小时,主要解释变量对熟练工人收入比例变动的解释作用如下:技术创新解释了 2.59% 至 3.12% 的变动,进口解释了 5.25% 至 7.40% 的变动,价值链分工解释了 7.82% 至 11.98% 的变动,与发达经济体合作的价值链分工解释了 8.92% 至 9.83% 的变动,与发展中经济体合作的价值链分工解释了 2.99% 至 4.51% 的变动。从事价值链分割活动的解释作用比技术创新、进口等的影响要大,与发达经济体合作的价值链活动的解释能力,比与发展中经济体合作价值链活动的作用要大。因此,本书使用产业层面的变量和数据进行的实证研究给出的结论是:由于发达经济体和发展中经济体的企业具有生产率方面的不同特点,与发达经济体合作的价值链分工对我国的技能提高有更大影响力,而与发展中经济体合作的价值链分工的解释能力较小。

基于回归结果(4),我们按照熟练劳动密集行业和非熟练劳动密集行业进行分类研究,结果见表3-5。在表3-5中,回归结果(5)、(6)二者为熟练劳动密集和非熟练劳动密集产业的结论。二者都基于时间固定效应,这是因为需要控制技能提高的时间趋势。由于产业有其各自的特点,我们使用豪斯曼分析来决定选择使用固定还是随机效应模型,结论告诉我们个体固定效应模型更为合适。回归结果(5)是对熟练劳动密集产业的回归结果,*Frag_OECD*的回归系数是1.174,在对非熟练劳动密集产业进行分析的结果(6)中,*Frag_OECD*的回归系数为0.504,发达经济体的回归系数要更高一些,一个重要原因是与发达经济体相比,我国在熟练劳动密集产业的效率差异更大,而在非熟练劳动密集产业的差距要小,因此,在熟练劳动密集产业上内涵型价值链分工的比例更高。

表3-5 区分行业类型的计量分析结果

变量	熟练劳动密集行业		非熟练劳动密集行业	
	模型(5)	对因变量变化的解释能力	模型(6)	对因变量变化的解释能力
c	−0.054 (−0.648)	—	−0.325 (−7.39)***	—
$\ln(K/Y)$	0.033 (1.74)*	—	0.003 (1.54)	—
$\ln Y$	0.009 (1.88)*	—	0.053 (10.24)***	—
$Tech$	0.960 (1.89)*	4.54%	1.375 (6.82)***	7.24%
Imp	0.472 (3.61)***	9.98%	0.613 (7.14)***	11.36%
$Frag\_OECD$	1.174 (3.03)***	9.23%	0.504 (3.23)***	5.47%

续表

变量	熟练劳动密集行业		非熟练劳动密集行业	
	模型(5)	对因变量变化的解释能力	模型(6)	对因变量变化的解释能力
Frag_Others	0.234 (1.63)	2.76%	−0.186 (−2.25)**	−2.11%
R^2	0.81	—	0.81	—
Hausman 检验	25.19 (p 值< 0.01)	—	22.53 (p 值< 0.01)	—
个体和/或 时间虚拟变量	个体固定效应 时间固定效应	—	个体固定效应 时间固定效应	—
样本数量	80	—	88	—

注:省略了个体虚拟变量和/或时间虚拟变量;括号内为 t 值,***、** 和 * 分别表示在 1%、5%和 10%水平下显著。

在回归结果(5)中,*Frag_Others* 的回归系数是 0.234,但是不具有统计显著性;在回归结果(6)中,*Frag_Others* 的回归系数是−0.186,并具有统计显著性。该结论表明与发展中经济体合作的价值链分工在非熟练劳动密集产业上,提高了对非熟练工人的需求,这是因为发展中经济体在非熟练劳动密集的产业上外延型价值链分工的比例更高。我们得到的该结论意味着,当不区别两类产业时,回归结果(1)—(4)对价值链分工的作用有所夸大,这一点从回归结果(5)、(6)的 *Frag_Others*、*Frag_Others* 的影响能力能够看到。根据回归结果(5)、(6)的结论,本书认为:在非熟练劳动密集产业中,价值链分工的外延型扩展不能带来技能提高,反而可能带来对非熟练工人需求的提高;与发达经济体合作的价值链分工对技能提高带来的影响,比与发展中经济体合作的价值链分工带来的影响要大。

近几十年来,发达经济体存在对高技术劳动力相对需求提高而对低技术劳动力相对需求下降的情况。我国也一度存在"大学生就业困难"与"民工短缺"共同出现的情况。本书把全球价值链条分工的进展分为两类形式:第一类为全球价值链分工的外延式进展;另一类为全球价值链分工的内涵式进展。全球价值链分工对各个经济体的技能密集度的效应与全球价值链分工形式有关。

本节的主要结论为:当面临同一条件时,若一个企业的生产效率越高,则安排在东道国的价值链环节就越多,由此会使得价值链分工的外延式进展更多一些,因此,对东道国来说,产业技能密集度能够得到更大程度的增加;跨国公司本国和投资目的国之间的生产效率相差越大,价值链分工给投资目的国带来更大的技能提高,由于发达经济体和非发达经济体的企业在生产效率上具有较大距离,所以我国与二者之间的价值链分工对劳动力相对需求产生的影响不会完全一致,因为我国和发达经济体之间的价值链分工包含的内涵式进展更多,由此带来的我国技能提高会更多。

全球价值链分工的内涵型扩展是我国转变发展方式、优化经济结构和转换增长动力的关键内容,与这个进程相伴而来的是产业的技能密集度得到改变,与此同时,也带来了我国对熟练工人相对需求的提高,因此带来熟练工人和非熟练工人报酬差异扩大。所以,一个重要的解决方法是从供给方面而不是从需求方面进行考虑,可以改变熟练劳动和非熟练劳动的供给比例,增加熟练劳动的相对比重。

第四节　外来冲击对企业技术进步的影响

一、相关研究

外来冲击对一个国家或地区会从许多角度带来影响效应,比如说对经济增长速度、物质资本和人力资本投资、物价水平、对外贸易等带来扰动,包括带来有利的影响,也包括不利的效应。不同公司受到的冲击不一样。若一个公司对外出口产品的话,和只在国内售卖产品的公司相比,外来冲击带来的影响效应应该更大一些。在本节,我们将主要考察国外外来冲击(简称外来冲击)对我国出口公司技术进步的效应。

前人的很多文献分析了影响公司技术创新的国际因素,例如:布洛姆等人(Bloom 等,2016)考察了中国出口到欧洲的商品对欧洲创新行为的影响效应,他们的分析结论揭示了国家间的进出口行为通过他们间的竞争带来了技术进步,竞争导致了专利数量的增多和 TFP 水平的提高。比斯托(Bustos,2011)的研究主要考察由于出口带来的市场规模扩大带来的影响,研究结论是出口带来的销售量增加促进出口企业创新能力的改善;博莱罗等(Boler 等,2015)考察了中间投入品进口对企业技术的影响,他们的研究结论认为进口中间投入品的使用和企业的 R&D 投资相互促进,对公司技术创新能力的改善具有促进效应。科埃利等(Coelli,2016)对关税水平和技术创新的关系进行了考察,他们发现下调进口关税增加了企业的专利申请数量。当前,尚未有文献专门考察外来冲击对出口企业技术进步的效应。

外来冲击能够基于多种途径影响出口公司的技术创新。首先,是由于冲击带来对产品需求的降低,所以导致公司的利润下降,进而带来公司创新意愿的下降;其次,冲击带来资金供给的减少,从而带来融资价格的上升,所以会不利于公司的创新支出;冲击还带来公司面对的不确定性程度的提高,导致企业创新意愿的降低。这里的不确定性指人们缺乏预测未来的能力,汉德利(Handley,2014)、汉德利和利马奥(Handley 和 Limao,2015,2017)的相关文献研究了不确定性带来的效应,特别是对国际贸易和相关福利变化带来的效应。近期,有人考察不确定性给公司技术创新带来的效应,比如佟家栋等人(2015)、顾夏铭等人(2018)的文献。

我们准备用准自然实验方法,分析外来冲击对出口公司创新的效应。我们选择金融危机前后的情况来分析出口公司创新的变化。对我国企业来说,金融危机由于近似于外生冲击,所以具有良好的自然实验属性。金融危机对我国出口企业带来需求上的冲击，不仅降低了出口需求，同时从资金成本上带来使用成本的提高，而且还带来不确定性程度的提高。2008 年金融危机发生之后，大部分经济体经济发展缓慢，对外来产品的购买能力降低较多，很多经济体对外来产品实行了贸易保护政策，比如大概 1/3 的 WTO 成员提高了关税水平（Messerlin，2008），也有很多经济体实施了反倾销以及其他非关税贸易壁垒。因此，金融危机发生之后，我国的出口公司一方面面临着需求减少的压力，也承担着资金使用成本的压力，还面临着不确定性增加带来的不利效应。按照贝克等（Baker 等，2013）最先使用的经济政策不确定性指数（Economic Policy Uncertainty，EPU），2006 年、2007 年我国 EPU 指数是 73、82，2008 年突然提高到 179，到了 2009 年该指标依然是 128。从该指标看，金融危机前后我国企业面临的不确定性出现较大改变，金融危机后不确定性有了大幅度的提高。

伴随金融危机的爆发和发展，我国公司的创新行为有所改变。截至当前，尚没有研究专门针对外来冲击对出口企业技术进步的影响进行考察，我们的此项研究对于把握这两个变量之间的关系具有重要意义。在我们的分析中，对我国的出口公司来说，金融危机的外来冲击特点使其有较好自然实验特点，所以论文的结论就有更好的准确性。在这一节，我们将采用倾向得分匹配方法（Propensity Score Matching，PSM）把相似公司做个匹配，其次通过双重差分（Difference In Difference，DID）估计，缓解公司差异化引致的不利效应。PSM-DID 方法已经在很多研究领域进行了使用，然而在这一细分领域使用得很少。而且，在本书的研究中对不同公司进行了分类，并进行了分类回归，这一节将基于不同角度考察外来冲击对差异化公司影响的不同，本书是对已有文献的拓展和深化，特别是对外来冲击相关的领域进行了深化研究。

本节下面的结构是，首先进行理论分析，研究外来冲击对出口企业创新的理论机制,同时得到理论研究假说;之后,我们对实验设计做了介绍,并设定了回归模型,本节对公司进行了分类,分为出口公司和内销公司,基于 PSM-DID 方法做了实证分析;其次对计量回归结果进行分析,描述了回归结果的含义;然后是从多个角度做了稳健性检验;最后一部分是研究结论和建议。我们得到的主要结论包括:外来冲击对出口公司的创新产生阻碍作用;该阻碍效应对不同公司的影响不一样,国有企业受到的影响效应更小,而非国有公司受到的影响效应更大;这种阻碍效应对融资能力不同的公司的效应也不一样,融资能力强的公司受到的阻碍作用较小,融资能力弱的公司受到的阻碍作用更大一些。

二、理论背景和研究假设

(一)理论背景

外来冲击对出口公司创新行为的效应有三个主要途径:第一是外来需求降低途径;第二是资金使用成本上升途径;第三是不确定性提高途径。需求降低途径是指外来冲击降低国外市场的购买力,继而导致公司的期望收益下滑,使得公司的创新动机受到约束。资金使用成本上升途径是指外来冲击降低了资金供给,导致公司使用成本的代价提高,所以对公司投资活动,也包括创新性投资活动产生约束。关于不确定性提高途径,前人主要应用实物期权理论以及融资约束理论做了阐述,本节基于这两方面的原理和概念做了解释。

根据实物期权理论,若一个公司的运行环境具有不确定性扰动时,公司会暂时推迟投资行为,一直到了解充足的相关信息再作出决策。由于公司在未来的投资视为看涨期权,若不确定性提高,公司可能会推迟要作出的投资活动。为创新而进行的投资具有其独特特点,和普通投资相比,创新性投资的不可逆性程度更强,所以公司在作出相关决策时会考虑得更加细致谨慎。很多文献已经对此进行了理论和实证验证。葛兰和约恩(Gulen 和 Ion,2016)考察了不确定性对具有差异化不可逆程度投资的不同效应,该研究证明了实物期权机制的存在。伯南克(Bernanke,1983)的文献证明了由于实物期权机制发挥作用,在投资不可逆条件下面临不确定性较大的公司将延迟投资活动。布洛姆(Bloom,2007)的研究发现短期和长期不同,在实物期权机制作用下,短期内投资受到的延迟效应较大,而长期则较小。

此外,从理论上,融资约束理论也阐述了公司在面对不确定性时的反应。如果一个公司需要通过外部进行资金融通,在金融市场不完美和契约不完全条件下,不确定性增加使得代理价格提高,然后导致信息不对称性加重,使得公司融资成本提高,带来对公司投资活动的抑制,包含对创新投资活动的抑制。严和路易斯(Yan 和 Luis,2013)关注了新兴市场经济体的情况,他们研究了新兴市场经济体在面对不确定性时的行为,严和路易斯的研究结论基于信贷约束视角,证明了不确定性对公司投资行为的延迟效用。

(二)研究假设

一个公司的创新活动是对无形资产进行投资的阶段,因此,一个公司为了创新而进行的投入当然具备普通投资的特点,而且创新性投资的专属性和特定性的特征更加明显,所以具备更加显著的不可逆性。因为一个公司降低当前投资的价值与资本不可逆程度有关系,当资本不可逆程度更大时,公司倾向于慎重决策创新性支出。一个出口公司在面临外来冲击时,会更加谨慎,希望能够暂缓作出决策,而等候细致详细的消息出台,所以导致公司创新性投资降低。还有一个重要原因,和普通的投资活动不一样,创新性投资活动有一定的风险,成功与否具有较高不确定性,因此,冲击给创新性投入带来的影响较大。由此,假设 1 成立。

假设 1:外来冲击会抑制出口企业创新行为。

对于具有差异化性质的公司,冲击带来的效应不会一样。布洛姆(Bloom,2014)的研究对公司采取谨慎性投资行为满足的条件进行了考察,他们认为需要达到以下条件:公司的战略具有不可逆性、现期的投资活动对下一期的报酬产生效应、公司具有等待实力。当公司在面临冲击时,不同公司的投资面临的环境不同,所以公司的投资行为很可能存在异质性。

国有公司和非国有公司具有许多不同,国有公司通常具备某些社会职能,例如保障经济发展、促进社会就业、促进经济稳定等。出于保证这些职能实现的需要,国有公司通常需要保证一定数量的投资作为手段。国有企业的特殊身份也使得政府在制定经济政策时往往会给予一定的政策倾斜和优惠,所以国有企业具有非国有企业所没有的一些政策优势,由此,国有企业经营决策受到外来冲击的影响程度往往要小于非国有企业。另外,国有企业由于其特殊的地位往往会掌握更多的信息,一般来说具有一定的信息优势,从而减少由于信息等待而暂缓的研发投入。由此,我们得到假设2。

假设2:外来冲击对国有出口企业创新的抑制作用小于对非国有出口企业的抑制作用。

根据资金成本提高机制和不确定性提高机制,外来冲击使企业融资成本上升,从而抑制企业的投资行为。企业通常在融资能力方面具有异质性,融资能力的不同使得企业受到的资金约束不同,这会导致企业面临外来冲击时等待能力的不同,从而导致企业选择行为的不同。融资能力强的企业更加灵活,受到的约束要小,而融资能力弱的企业受到的约束要大,所以外来冲击对融资能力不同的出口企业创新具有不同的影响。由此,我们得到假设3。

假设3:外来冲击对融资能力强的出口企业创新的抑制作用小于对融资能力弱的企业的抑制作用。

三、实验设计

我们将要使用准自然实验方法来分析外来冲击对出口企业创新行为的影响。我们选取金融危机发生之前的 2007 年和危机发生之后的 2010 年两年的数据,使用 PSM-DID 方法,通过比较出口企业和内销企业创新行为的不同来进行分析。本节首先采用倾向得分匹配方法(PSM)寻找与出口企业类似的对照组以消除样本的选择性问题,然后使用双重差分法(DID)估计出金融危机的真实效应,在较大程度上保证估计结果的准确性。

(一)样本选择和匹配逻辑

我们选择 2007 年和 2010 年均存在出口的企业为实验组,这期间均没有出口的企业,即内销企业为对照组。由于内销企业的产品只在国内销售,所以受金融危机带来的影响较小,而金融危机对出口企业的影响更大。本节所用样本数据为 2007 年和 2010 年的两期平衡面板数据。

由于公司的不同特征对公司的创新行为产生不同的效应,因此,我们采用最近邻匹配的方法,针对企业规模(scale)、金融约束(finance)、企业利润率(profit)、成立年限(age)四个方面,对出口企业和内销企业在 2007 年的数据进行匹配,在匹配过程中,根据通常方法,删除了从业人数小于 8 人的样本、企业净固定资产大于总资产的样本、解释变量数据不完整的样本。

表 3-6 报告了匹配前后组间各变量平均值变化情况。表 3-6 显示,匹配前组间企业存在比较严重的偏差,并且具有较高统计显著性,例如 scale 变量在匹配前组间偏差比例为 36.9%,如果我们直接使用匹配前数据,则会因样本选择偏差问题影响估计结果的准确性。在倾向得分匹配之后,偏差比例仅为 0.3%,企业样本组间差距明显变小。并且匹配前后 p 值变化明显。所以,倾向得分匹配方法的使用显著降低

了企业层面的异质性问题。

表3-6 匹配后偏差减少情况

变量名	样本	均值		偏差比例（%）	偏差减少比例（%）	t 值	p>t
		实验组	对照组				
scale	匹配前	8.562	8.038	36.9	99.1	126.2	0.000
	匹配后	8.562	8.557	0.3		0.89	0.372
finance	匹配前	0.0192	0.0264	−10.3	96.2	−31.4	0.000
	匹配后	0.0193	0.0196	−0.4		−1.38	0.168
profit	匹配前	0.0283	0.0459	−11.2	95.3	−36.26	0.000
	匹配后	0.0283	0.0274	0.5		1.35	0.179
age	匹配前	1.873	1.737	15.9	92.4	50.82	0.000
	匹配后	1.873	1.884	−1.2		−3.23	0.001

（二）模型设定与变量说明

我们设定的计量模型见（3-9）式。（3-9）式中各变量的含义及计算方法见表3-7。

$$inno_{i,t} = \beta_0 + \beta_1 period_t + \beta_2 treat_i + \beta_3 period_t \times treat_i + \beta_4 scale_{it} + \beta_5 finance_{it} + \beta_6 profit_{it} + \beta_7 import_{it} + \beta_8 age_{it} + \varepsilon_{i,t} \tag{3-9}$$

表3-7 各变量的含义及计算方法

变量	变量含义	计算方法
被解释变量		
$inno_{i,t}$	企业创新密集度	企业的新产品产值与其工业总产值的比值加1后取自然对数
解释变量		
$treat_i$	实验变量	出口企业为1，内销企业为0

续表

变量	变量含义	计算方法
$period_t$	时间变量	2007 年为 0,2010 年为 1
$treat_i \times period_t$	双重倍差交互项	实验变量与时间变量的乘积
控制变量		
$Scale_{it}$	企业的工业总产值	企业工业总产值的自然对数
$finance_{it}$	融资能力	企业利息支出与企业资产总计的比值加 1 后取自然对数
$profit_{it}$	企业利润率	企业的利润总额与企业工业总产值的比值加 1 后取自然对数
$import_{it}$	中间产品进口	企业中间产品进口额与企业工业总产值的比值加 1 后取自然对数
age_{it}	企业存续年限	企业自成立后存活的年数取自然对数

（3-9）式中因变量为企业创新密集度（$inno_{i,t}$）。由于缺乏普遍的企业层面的专利数据以及创新投资方面的数据,佟家栋和李胜旗（2015）使用企业的新产品产值来度量企业创新产出能力。我们参考佟家栋和李胜旗的方法,采用企业的新产品产值与其工业总产值的比值加 1 后取自然对数来衡量企业创新密集度。新产品产值与企业的工业总产值的数据来自相应年度的中国工业企业数据库。

自变量包括如下变量:

$treat_i$ 为实验变量,出口企业用 1 表示,内销企业用 0 表示。本节样本中共有企业 288559 家,其中出口企业 72799 家,内销企业 215760 家。

$period_t$ 为两期时间变量,金融危机发生之前的 2007 年为 0,危机发生之后的 2010 年为 1。

$scale_{it}$ 为企业的工业总产值,单位为万元,我们对其取自然对数。我们期望企业的规模越大越有利于企业的创新投资。数据来自中国工业企业数据库。

$finance_{it}$ 表示融资能力,如果企业从银行获得贷款,就可以通过外部融资缓解企业的资金需求。我们利用企业利息支出与企业资产总计的比值加 1 后取自然对数,来度量企业的融资能力,其值越大,则企业融资能力越强或者说融资约束程度越小。我们期望融资约束越小越有利于企业的创新投资。企业利息支出与企业资产总计的数据均来自中国工业企业数据库。

$profit_{it}$ 度量了企业利润率,我们用企业的利润总额与企业工业总产值的比值加 1 后取自然对数来表示,其值越大,则表示企业的利润率越高。我们期望企业的利润率越高越有利于企业的创新投资。企业的利润总额与企业工业总产值的数据均来自中国工业企业数据库。

$import_{it}$ 表示企业的中间产品进口水平。许多研究表明,进口中间产品包含着技术含量较高的原材料、零部件等,对企业能够产生多方面的积极影响。我们期望企业中间产品进口能够促进企业的创新活动。关于中间产品的判定,我们使用许家云等(2017)的方法,在他们的研究中,BEC 代码为 111、121、21、22、31、322、42、53 的产品为中间产品。我们利用企业中间产品进口额与企业工业总产值的比值加 1 后取自然对数来度量中间产品进口水平,其值越大,表示中间产品进口水平越高。数据来自中国工业企业数据库与中国海关数据库的匹配后数据。我们参照学者们通常使用的方法对两个数据库进行匹配,去除了数据存在明显不合理情况的样本,即企业利息支出、企业资产总计、工业总产值、新产品产值、贸易额中任何一项为负值的样本。

age_{it} 表示企业存续年限,我们用企业自成立后存活的年数取自然对数来表示。我们期望企业存活时间越长,就越有能力也越希望扩大创新投资。数据来自中国工业企业数据库。

$\varepsilon_{i,t}$ 表示未被观测的随机误差项。

各变量的描述性统计见表3-8。

表 3-8 企业创新密集度等变量的描述性统计

变量	样本数	均值	标准差	最小值	最大值
$inno_{i,t}$	577,118	0.028	0.132	0	0.64
$treat_i$	577,118	0.252	0.434	0	1.000
$period_t$	577,118	0.484	0.499	0	1.000
$scale_{it}$	577,118	8.170	1.388	-1.20	17.210
$finance_{it}$	577,118	0.025	0.076	0	5.172
$profit_{it}$	577,118	0.042	0.161	0	0.688
$import_{it}$	577,118	0.042	0.171	0	2.314
age_{it}	577,118	1.771	0.890	0	4.681

四、计量模型结果

在这一部分,我们首先估计(3-9)式以验证假设 1,之后考虑到公司具有异质性,我们对假设 2 和假设 3 进行验证。首先,表 3-9 报告了(3-9)式的估计结论。

表 3-9 估计结果 A 被解释变量:$inno_{i,t}$

变量	估计结果(1)	估计结果(2)
常数项	0.021^{***} (0.002)	-0.015^{***} (0.002)
$period_t$	-0.003^{**} (0.001)	-0.005^{***} (0.002)
$treat_i$	0.035^{***} (0.002)	0.033^{***} (0.001)
$treat_i \times period_t$	-0.006^{***} (0.002)	-0.006^{***} (0.002)
$scale_{it}$	—	0.003^{***} (0.001)
$finance_{it}$	—	0.004^{**} (0.002)

续表

变量	估计结果（1）	估计结果（2）
$profit_{it}$	—	0.025*** (0.002)
$import_{it}$	—	0.029*** (0.003)
age_{it}	—	0.002*** (0.001)
N	577,118	577,118
R^2	0.11	0.13

注：括号中为标准误；***、**和*分别表示在1%、5%和10%水平下显著。

在表3-9的估计结果（1）中，自变量只包括了时间变量（$period_t$）、实验变量（$treat_i$）、双重倍差交互项（$treat_i \times period_t$），4个估计系数 $\hat{\beta}_0$、$\hat{\beta}_1$、$\hat{\beta}_2$、$\hat{\beta}_3$ 是0.021、-0.003、0.035、-0.006，几个估计系数都具有较高统计显著性，在5%或1%的水平上显著。$\hat{\beta}_0 = 0.021$ 的含义是内销企业2007年新产品产值占工业销售产值的比例（简称新产品比例），$\hat{\beta}_0 + \hat{\beta}_1 = 0.018$ 的含义是内销公司2010年的新产品比例，$\hat{\beta}_2 = 0.035$ 的含义是两类企业新产品比例在2007年的差额，$\hat{\beta}_0 + \hat{\beta}_2 = 0.056$ 的含义是出口公司在2007年的新产品比例，$\hat{\beta}_0 + \hat{\beta}_1 + \hat{\beta}_2 + \hat{\beta}_3 = 0.047$ 的含义是出口公司在2010年的新产品比例。$\hat{\beta}_3 = -0.006$ 为双重差分结果，因为 $\hat{\beta}_3 < 0$，所以金融危机导致了出口公司的创新活动的降低，这个结论和假设1相一致。由于金融危机带来的不利效应，新产品比例降低0.6个百分点。因为新产品比例均值为2.79%，因此这一降低比例很高。

在表3-9估计结果（2），把5个控制变量也包含进来。4个估计系数 $\hat{\beta}_0$、$\hat{\beta}_1$、$\hat{\beta}_2$、$\hat{\beta}_3$ 与上面估计结论基本一致，并且统计显著性较高。在回归结果（2）中，5个控制变量的估计系数都大于0，并且也具有较高统计显著性。这个估计结论意味着如果一个公司的生产规模越大、融资能力越强、利润率越高、进口中间投入越多、企业存活年限越长,那么越有利于公司的创新活动。

考虑到变量之间可能存在多重共线问题,我们对变量之间的多重共线性进行检验。我们计算了各解释变量的方差扩大因子,方差扩大因子越接近 1 表明变量间的多重共线性越弱。我们得到的结果是各解释变量的方差扩大因子均位于 1.01 至 1.05 之间,平均值为 1.03,这说明模型不存在严重的多重共线性。

在表 3-10 中,根据中国工业企业数据库的资料,把公司分为国有公司和非国有公司,国有公司指的是国有绝对控股和相对控股公司;非国有公司指的是除了国有公司之外的其他公司。表 3-10 中估计结果(1)和估计结果(2)报告了两组公司的估计结论。与表 3-9 中的估计结果(2)相比,表 3-10 中估计结果都基本保持了稳定,统计显著性也较高。乘积项 $treat_i \times period_t$ 的估计系数是本模型重点关注的,在国有公司一组中乘积项的估计系数为 -0.004,这意味着新产品比例下降了 0.4 个百分点,而在非国有公司一组中,乘积项的估计系数为 -0.007,新产品比例下降达到 0.7 个百分点,这意味着金融危机对国有公司具有较低影响效应,而对非国有公司具有较高效应,这个估计结果与假设 2 相一致。

表 3-10　估计结果 B(区分国有企业和非国有企业)　被解释变量:$inno_{i,t}$

变量	(1)(国有企业)	(2)(非国有企业)
常数项	-0.013^{***} (0.001)	-0.011^{***} (0.001)
$period_t$	-0.004^{***} (0.001)	-0.005^{***} (0.001)
$treat_i$	0.028^{***} (0.001)	0.031^{***} (0.001)

变量	（1）（国有企业）	（2）（非国有企业）
$treat_i \times period_t$	-0.004^{***} （0.000）	-0.007^{***} （0.001）
$scale_{it}$	0.004^{***} （0.000）	0.003^{***} （0.000）
$finance_{it}$	0.004^{**} （0.001）	0.006^{***} （0.001）
$profit_{it}$	0.025^{***} （0.001）	0.023^{***} （0.001）
$import_{it}$	0.031^{***} （0.002）	0.029^{***} （0.001）
age_{it}	0.002^{***} （0.000）	0.003^{***} （0.000）
N	50,848	402,924
R^2	0.15	0.16

注：括号中为标准误；***、**和*分别表示在1%、5%和10%水平下显著。

在表3-11中，为了验证假设3，我们把公司按照融资能力进行分组，一组是融资能力较强的前50%的公司，一组是融资能力较弱的后50%的公司。表3-11报告了两组的估计结果，和前文估计结果相比较，表3-11中的估计结论保持了稳定性。对于乘积项 $treat_i \times period_t$ 的估计系数，在高融资能力一组中乘积项的估计系数为-0.003，在非国有企业一组中该系数为-0.008，这意味着金融危机给高融资能力公司带来的消极作用比较小，新产品比例只下降0.3个百分点，而给低融资能力公司带来的消极效应比较大，新产品比例下降0.8个百分点。这说明外来冲击对高融资能力企业的影响较小，而对低融资能力企业的影响较大，这个结论和假设3相一致。

表3-11 估计结果C(区分高融资能力和低融资能力) 被解释变量:$inno_{i,t}$

变量	(1)(高融资能力)	(2)(低融资能力)
常数项	-0.013^{***} (0.002)	-0.012^{***} (0.002)
$period_t$	-0.006^{***} (0.001)	-0.005^{***} (0.001)
$treat_i$	0.034^{***} (0.002)	0.031^{***} (0.002)
$treat_i \times period_t$	-0.003^{***} (0.001)	-0.008^{***} (0.002)
$scale_{it}$	0.004^{***} (0.000)	0.004^{***} (0.001)
$finance_{it}$	0.006^{**} (0.000)	0.004^{**} (0.002)
$profit_{it}$	0.020^{**} (0.003)	0.021^{***} (0.002)
$import_{it}$	0.018^{**} (0.001)	0.018^{***} (0.002)
age_{it}	0.003^{***} (0.000)	0.002^{***} (0.000)
N	234,228	234,228
R^2	0.14	0.13

注:括号中为标准误;***、**和*分别表示在1%、5%和10%水平下显著。

五、稳健性检验

(一)新的解释变量

我们将使用新的解释变量进行回归。由于外来冲击对出口企业创新活动的影响主要有三个机制,分别是需求减少机制、资金成本提高机制和不确定性提高机制。这里我们主要考察的解释变量包括企业工业总产值($scale_{it}$)、融资约束($finance_{it}$)、不确定性指数($uncertain_t$),前两个变量分别反映了需求减少机制和资金成本提高机制的影响,因此需求减少和融资能力降低导致出口企业创新减少,我们期望二者的回归系数为正;不确定性指数表示不确定性的影响,当企业面临的不确定性程度越高时,企业创新投入就越低,所以我们期望其回归系数为负。回归方程见(3-10)式。

$$inno_{i,t} = \alpha_0 + \alpha_1 scale_{it} + \alpha_2 finance_{it} + \alpha_3 uncertain_t + \alpha_4 profit_{it} +$$
$$\alpha_5 import_{it} + \alpha_6 age_{it} + \varepsilon_{i,t} \tag{3-10}$$

我们使用2006年至2011年金融危机前后共6年的出口企业数据。工业总产值($scale_{it}$)和融资约束($finance_{it}$)的定义和数据来源与前文相同。不确定性指数($uncertain_t$)的计算方法如下:首先将贝克等(2013)的中国EPU指数用算术平均方法从月度数据转变为年度数据,然后取自然对数。贝克等(2013)的中国EPU指数由新闻指数构成,即通过统计《南华早报》中关于经济不确定性事件的文章频次得到。控制变量包括企业的利润率($profit_{it}$)、中间产品进口水平($import_{it}$)、企业存续年限(age_{it}),他们的定义和度量方法与前文相同。表3-12给出了估计结论。

表3-12 估计结果D(稳健性检验1) 被解释变量:$inno_{i,t}$

变量	估计结果(1)	估计结果(2)
常数项	0.005*** (0.002)	0.004*** (0.000)
$scale_{it}$	0.003*** (0.000)	0.004*** (0.001)
$finance_{it}$	0.005** (0.002)	0.004*** (0.000)
$uncertain_t$	-0.006** (0.001)	-0.003** (0.001)
$profit_{it}$	—	0.017*** (0.002)
$import_{it}$	—	0.025*** (0.002)

变量	估计结果（1）	估计结果（2）
age_{it}	—	0.002^{***} (0.000)
N	436,794	436,794
R^2	0.27	0.35

注：括号中为标准误；***、** 和 * 分别表示在 1%、5% 和 10% 水平下显著。

在表 3-12 估计结果（1），自变量只包括 3 个主要自变量：工业总产值（$scale_{it}$）、融资约束（$finance_{it}$）、不确定性（$uncertain_t$），工业总产值、融资约束的估计系数都为正数，并且具有统计显著性，这意味着需求减少机制、资金成本提高机制发挥着重要作用，当公司面临金融危机时，需求减少和融资能力降低对公司创新起了抑制作用。不确定性指数估计系数小于 0，这意味着不确定性程度变大对公司创新起了消极作用。表 3-12 中估计结果（2）把 3 个控制变量也包括进来，核心自变量的估计系数保持了稳定，几个控制变量的估计结果和我们所期望的一样。

（二）被解释变量的新度量

在前文中，我们以公司的新产品产值与其工业总产值的比值来度量公司创新水平，现在以公司 R&D 强度，即 R&D 投入与工业总产值的比值来衡量。因为不少公司没有发布 R&D 信息，所以本书把样本只涵盖在公布该数据的 A 股上市公司范围内。本节使用公司 R&D 投入与其工业总产值的比值加 1 后取自然对数，来衡量公司创新程度（$R\&D_{i,t}$）。R&D 投入情况用董事会报告中的 R&D 投资数据。

首先，我们使用 2007 年和 2010 年 2 年的数据对（3-9）式进行回归。我们剔除了金融类行业的公司以及数据存在缺失的公司，剩余 1822 个公司的年度样本。估计结果见表 3-13。

表3-13 估计结果 E(稳健性检验2) 被解释变量:R&D$_{i,t}$

变量	估计结果(1)	估计结果(2)
常数项	0.017*** (0.002)	0.011*** (0.004)
$period_t$	−0.004*** (0.000)	−0.006*** (0.001)
$treat_i$	0.029*** (0.004)	0.026*** (0.003)
$treat_i \times period_t$	−0.003*** (0.000)	−0.004*** (0.000)
$scale_{it}$	—	0.004*** (0.001)
$finance_{it}$	—	0.006*** (0.002)
$profit_{it}$	—	0.031*** (0.003)
$import_{it}$	—	0.027*** (0.003)
age_{it}	—	0.003*** (0.000)
N	1,822	1,822
R^2	0.14	0.15

注:括号中为标准误;***、**和*分别表示在1%、5%和10%水平下显著。

在表3-13的估计结果(1)中,自变量只包括时间变量($period_t$)、实验变量($treat_i$)、双重倍差交互项($treat_i \times period_t$),4个估计系数$\hat{\beta}_0$、$\hat{\beta}_1$、$\hat{\beta}_2$、$\hat{\beta}_3$分别为0.019、−0.004、0.029和−0.003,并且都具有较高统计显著性。双重差分结果$\hat{\beta}_3 = -0.003$,因此得到的结果与上面的结论基本相同,也就是说金融危机对出口企业创新活动产生了重要的抑制作用,正是归于金融危机引致的不利效应,R&D投入强度降低0.3个百分点,降低的效果较大。

在表 3-13 回归结果(2)中,我们把 5 个控制变量也包括进来。4 个回归系数 $\hat{\beta}_0$、$\hat{\beta}_1$、$\hat{\beta}_2$、$\hat{\beta}_3$ 保持了稳定,并且具有较高统计显著性。双重差分结果 $\hat{\beta}_3 = -0.004$,由于金融危机的影响,企业 R&D 投入强度下降了 0.4 个百分点。在回归结果(2)中,5 个控制变量的回归系数都为正值,都在 1% 的水平上显著。这与前文得出的结论是一致的。

其次,我们对(3-10)式进行回归。我们使用 2006 年至 2011 年金融危机前后共 6 年的数据。同样,我们剔除了金融类行业的公司以及数据存在缺失的公司,最后得到了 5412 个公司的年度样本,回归结果见表 3-14。

在表 3-14 的估计结果(1)中,自变量只包括工业总产值($scale_{it}$)、融资约束($finance_{it}$)、不确定性指数($uncertain_t$)3 个变量,估计结果和前面回归结果相比保持稳定。这意味着当一个企业受到金融危机的影响时,需求减少、融资约束增加等效应对出口企业创新活动起了抑制作用,不确定性程度增加减弱了出口企业的创新活动。表 3-14 中估计结果(2)把 3 个控制变量也加进来,估计结果(2)的结论与估计结果(1)基本一致,估计系数保持了稳定。

表 3-14 估计结果 F(稳健性检验 3) 被解释变量:$R\&D_{i,t}$

变量	估计结果(1)	估计结果(2)
常数项	-0.005^{***} (0.001)	-0.006^{***} (0.001)
$scale_{it}$	0.004^{***} (0.001)	0.003^{***} (0.001)
$finance_{it}$	0.007^{***} (0.001)	0.004^{***} (0.001)
$uncertain_t$	-0.008^{***} (0.001)	-0.007^{***} (0.002)
$profit_{it}$	—	0.018^{***} (0.002)

续表

变量	估计结果（1）	估计结果（2）
$import_{it}$	—	0.017*** （0.003）
age_{it}	—	0.003*** （0.001）
N	5,412	5,412
R^2	0.23	0.33

注：括号中为标准误；***、**和*分别表示在1%、5%和10%水平下显著。

在本节，我们使用企业层面数据，基于 PSM-DID 方法，研究了外来冲击对我国出口企业技术进步的效应。我们得到的主要结论有以下几个：首先是外来冲击对出口企业创新行为具有阻碍效用；其次，这种阻碍效应对不同性质的公司有所不同，对国有公司来说效应稍小，而对非国有公司来说效应较大，融资能力强的公司受到的影响较小，而融资能力弱的公司受到的影响较大。另外，一个公司的生产规模越大、公司的融资能力越强、公司利润率越大、进口的中间投入越多、公司存活的年份越长，就越有利于公司进行创新。

由于外来冲击对出口公司创新行为有着阻碍效用，所以创造平稳的经营环境、缓冲外来冲击对公司的消极效应具有重要意义，应该成为决策者进行决策时需要考虑的因素。应坚持贸易自由化导向，加强与其他经济体相关政策的协调与谈判，降低与潜在不确定性带来的不利效应。例如，在当前部分国家的反全球化浪潮中，我们应积极参与区域经济一体化进程，这有利于企业形成关于未来的稳定预期。对出口企业来讲，应未雨绸缪，努力对未来预期形成科学合理的判断，减弱外来冲击带来的消极效应。

一个公司面临的融资约束会对其创新活动带来影响，而且外来冲击对出口企业创新的影响大小与公司融资能力有关，融资能力强的公司受到的影响较小，融资能力弱的公司受到的效应较大。因此，基于这个视角,应该促进金融市场的发展和完善,降低金融市场融资成本,减少金融摩擦,降低企业的外部金融约束,以利于出口公司的创新行为。

第五节 技术进步和价值链升级的互动影响

在这一节,我们准备基于联立模型和我国的产业层面数据,研究技术进步和价值链升级的互动影响。因为平行数据中的样本数量多,所以自由度比较高,因而带来较大的自由度。因为技术进步、价值链升级二者具有相互的影响效应,本书准备基于联立模型进行研究。

一、计量模型

我们设立(3-11)式、(3-12)式的联立模型:

$$\ln s_{it} = \lambda_i + \beta_1 \ln a_{it} + \beta_2 \ln (K/Y)_{it} + \beta_3 \ln Y_{it} + \varepsilon_{it} \qquad (3-11)$$

$$\ln a_{it} = \gamma_i + \theta_1 \ln s_{it} + \theta_2 \ln s_{it-1} + \theta_3 \ln(K/L)_{it} + \theta_4 \ln Y_{it} +$$
$$\theta_5 \ln(RD/Y)_{it} + \theta_6 \ln(RD/Y)_{it-1} + \varphi_{it} \qquad (3-12)$$

(3-11)式是产业链方程,其中 i 为产业, t 为时刻, s_{it} 为因变量,其含义为产业 i 在 t 时刻时的产业链地位。λ_i 为产业特定效应,该效应度量了差异化产业的不同特点。a_{it} 衡量各个产业的生产效率,本书认为 $\ln a_{it}$ 的估计系数 β_1 大于 0。(3-11)式的控制变量包含资本产出比 K/Y、产出 Y。芬斯特拉、汉森(1996a)等人的研究在分析出口、FDI 等因素对技能提高的影响效应时,大多把 K/Y、Y 等变量纳入自变量。$\ln K/Y$ 的估计系数 β_2 衡量了资本和产业链位置之间的影响作用,如果 β_2 大于 0,那么意味着资本增加能够促进产业链地位提高。$\ln Y$ 的估计系数 β_3 度量了产出和产业链分工地位之间的影响作用,如果 β_3 为正,那么意味着产出提高能够带来产业链位置的提高。

(3-12)式为生产率方程。在该方程中,因变量是劳动效率。γ_i 是反映产业特点的特定效应。产业链分工地位 s_{it} 是自变量,由于 s_{it} 产生的效应可能具有一定的延后,所以我们把 s_{it} 的滞后项也纳入自变量中, s_{it} 以及它的滞后一期变量的估计系数预期大于 0。另外两个自变量为人均资本(K/L)、研发投入(RD/Y),这两个变量都会对劳动效率产生作用,当二者的水平提高时,会对劳动效率起促进作用,所以我们预期二者的回归系数都大于 0。产出提高对规模收益产生作用,进而对劳动效率也会带来影响效应,所以 Y 被纳入自变量,Y 的估计系数预期大于 0。研发投入产生的效应可能具有一定延后性,所以本书把 RD/Y 滞后项也加入自变量,该估计系数预期大于 0。

二、数据

在这一节,根据数据的可得性,删去数据不完整的部分产业,还余下 37 个产业,我们的实证研究将基于这 37 个产业进行。

(一)产业链分工地位(S_{it})

产业链分工地位的度量以芬斯特拉、汉森(1996a)对技能密集度进行测算的方法,也就是熟练工人工资在总公司中的比例,计算方法见(3-13)式:

$$S_{it} = \frac{w_t H_{it}}{w_t H_{it} + v_t L_{it}} \tag{3-13}$$

在(3-13)中,w_t、v_t 二者表示熟练工人、非熟练工人的收入,H_{it}、L_{it} 表示熟练工人、非熟练工人的数量。当 S_{it} 的数值提高时,意味着技能得到升高,这说明产业链分工地位的改善。

由于我国目前未统计熟练工人和非熟练工人的工资数据,现有的文献,比如包群和邵敏(2008)等的研究,把科技活动从业者看作是熟练劳动,而把其他从业者看作是非熟练工人,该度量指标减少了熟练劳动包含的对象;还有的度量指标是使用粗略估计指标,比如盛斌和牛蕊

（2009）使用的方法，这种方法在计算过程中只用了很多中间指标，计算的程序和环节很多，准确性较低。由于无法得到更好的数据，我们采用下面的方法，也就是把大中型企业中的工程技术人员看作是熟练工人，把剩余劳动看作是非熟练工人。除此之外，因为我们没有对应这两类人员的收入数据，就不得不采用相关的数据。因为纺织服装产业属于非熟练工人密集产业，我们把此产业的工人收入看作非熟练工人的平均报酬；与此类似，因为信息计算机服务产业是熟练工人密集的产业，我们把这个产业的收入视为熟练工人的收入[①]。收入信息数据来自国研网。工程技术人员、其他从业人员数量等数据来自《中国科技统计年鉴》。

（二）劳动生产率（a）

劳动生产效率的计算方法是产出（Y）与劳动人数（L）的比值。产出的度量方式是大中型企业工业增加值，为了克服物价变化的影响，使用2003年为基期的工业品出厂价格指数进行调整，产出单位为亿元。L是大中型企业的全部从业人员年平均人数，单位为万人。产出和劳动人数数据来自《中国统计年鉴》。各产业的工业品出厂价格指数来自国研网。

（三）人均资本（K/L）

人均资本的计算方法是由物质资本存量（K）除以劳动人数（L）。K使用大中型企业固定资产净值年平均余额来度量，并且以2003年为基期的固定资产价格指数折算，单位为亿元。K的数据来自《中国统计年鉴》。

---

① （3-13）式经过变形后，我们发现支付给高技能劳动的支出占总劳动成本的份额与w_t和v_t的比例有关，而与二者的绝对水平没有关系。所以该替代指标具有合理性。

（四）资本产出比（*K*/*Y*）

资本产出比（*K*/*Y*）的计算方法是物质资本存量（*K*）除以产出（*Y*）。*K* 和 *Y* 的单位和数据来源同上文。

（五）研发投入（*RD*/*Y*）

研发投入指标的计算方法是研发投入存量与产出的比值。研发投入存量使用大家常用的永续盘存法得到，测度时用到的价格指数用消费物价指数、固定资产投资价格指数的平均值来度量，研发投入存量的折旧率设为 15%，我们把基期研发投入存量设为基期支出的 5.25 倍。研发投入是大中型工业企业科技活动经费内部支出，研发投入数据来自《中国科技统计年鉴》。前述两个价格指数来自国研网数据库。

各个主要变量的统计描述见表 3-15。

表 3-15 产业链分工地位等变量的描述性统计

变量	平均值	标准差	最大值	最小值	样本数
ln*s*	−2.08	0.45	−0.97	−3.24	222
ln*a*	2.32	0.67	5.15	1.12	222
ln(*K*/*Y*)	0.21	0.66	1.97	−1.75	222
ln*Y*	6.57	1.18	9.12	3.82	222
ln(*K*/*L*)	2.52	0.83	4.72	0.82	222
ln(*RD*/*Y*)	−2.1	0.72	−0.57	−3.72	222

三、计量分析结果

下面关注（3-11）式、（3-12）式两式组成的联立模型是否可识别。识别两方程组成的一个联立方程的充要条件是：每个方程至少要包含 1 个另一方程所不包含的外生自变量，而且它的估计系数不等于 0。在（3-11）式中，存在外生的自变量 ln(*K*/*Y*)，并且 ln(*K*/*Y*) 没有出现在

（3-12）式中；相类似，在（3-12）式中，存在外生自变量 $\ln(K/L)$、$\ln(RD/Y)$ 和 $\ln(RD/Y)_{t-1}$，此3个自变量没有出现在（3-11）式。所以，若（3-11）式估计结果中 $\ln(K/Y)$ 的估计系数不等于0，而且（3-12）式的估计结果中 $\ln(K/L)$、$\ln(RD/Y)$ 和 $\ln(RD/Y)_{t-1}$ 的估计系数最少有一个不等于0，那么这个联立方程即为可识别的。

现在本书将对该方程组进行回归，本书使用的方法是两阶段最小二乘法。这种方法的考虑如下：基于简化式模型，得到内生变量的拟合值，目的是消除随机误差项的影响，之后把结构方程右边的内生变量更改为相应拟合值，然后对更改后的结构方程使用 OLS 方法进行回归。估计结果见表3-16。

表3-16　联立方程回归结果

价值链方程（被解释变量 $\ln s$）			生产率方程（被解释变量 $\ln a$）		
自变量	系数	t 值	自变量	系数	t 值
c	-2.472^{***}	-14.16	c	-0.902^{***}	-4.09
$\ln a$	0.278^{***}	4.65	$\ln s$	0.112^{**}	2.03
$\ln(K/Y)$	0.341^{***}	6.77	$\ln s_{t-1}$	0.131^{**}	2.43
$\ln Y$	-0.05	-1.49	$\ln(K/L)$	0.248^{***}	3.41
			$\ln Y$	0.392^{***}	8.56
			$\ln(RD/Y)$	-0.393	-1.45
			$\ln(RD/Y)_{t-1}$	0.136^{**}	2.01
F 值	15.93		F 值	289.8	
调整后的 R^2	0.61		调整后的 R^2	0.98	
样本数	222		样本数	185	

注：$***$、$**$ 和 $*$ 分别表示在1%、5%和10%水平下显著。

表3-16列出了联立方程的估计结果。在价值链方程中，自变量 $\ln(K/Y)$ 的估计系数为0.34，具有较高的统计显著性和经济显著性。在生产率方程中，自变量 $\ln(K/L)$、$\ln(RD/Y)_{t-1}$ 的估计系数均具有较

高统计显著性,所以我们说该模型具有可识别性。

在价值链方程中,自变量 $\ln a$ 的估计系数大于 0,而且具有较高统计显著性,这个结果意味着生产效率改善能够带来产业链地位的提高,当生产效率水平改善 1% 时,技能提高改善 0.28%。自变量 $\ln(K/Y)$ 的估计系数大于 0,此结果告诉我们生产过程中资本的提高能够促进产业链地位的改善,该结论与芬斯特拉和汉森(1996a)、海德和里斯(2002)、汉森(2005)等的结果具有相似性。自变量 $\ln Y$ 的估计系数小于 0,但是不具有统计显著性,此结果告诉我们:产业规模提高带来的结果只是简单维持原产业链地位,而没有带来价值链地位的提高。

对于生产率方程,自变量 $\ln s$、$\ln s_{t-1}$ 的估计系数为 0.112、0.131,二者都具有较高的统计显著性。当技能提高水平增加 1% 时,带来当期生产效率改善 0.11%,一期以后改善 0.13%,延迟期产生的效应更大一些,这说明产业链地位改善对技术改进的影响具有滞后效应。自变量 $\ln(K/L)$ 的估计系数为正值,这个结论意味着 K/L 的提高有利于劳动效率的改善。自变量 $\ln Y$ 的估计系数大于 0,这意味着产出数量提高能够带来劳动效率的改善。自变量 $\ln(RD/Y)$ 的估计系数为负,和本书的预期不一样,但是该估计系数不具有统计显著性,滞后一期变量 $\ln(RD/Y)_{t-1}$ 的估计系数是 0.135,而且具有较高统计显著性。这意味着,研发活动产生的影响也具有延迟性。

本节基于联立模型和我国的产业层面数据,研究技术进步和价值链升级的互动影响。估计结果表明:当生产效率水平提高 1% 时,技能提高水平增加了 0.28%;当技能提高水平增加 1% 时,带来的结果是在当期促进生产效率改善 0.11%,延后一期的效应是存进生产效率改善 0.13%。

近些年来,我国一方面面临技术水平提高的重大压力,另一方面也面临产业链地位提高的迫切任务。前人的文献基本上把技术创新看作产业链进步的推动机制。在全球价值链分工体系下,劳动效率和产业

链地位之间存在互动的联系,一方的进步能够推动另一方的改善。在国际生产分割条件下,劳动生产率与价值链升级具有相互促进的关系。其政策意义是:当我们致力于解决二者之一的某个问题时,也有利于同时解决另一问题;如果某个政策能够同时有利于这两个问题的解决,那么就能够推动技术改进与产业链地位改善二者良性互动发展。

第四章 人民币汇率与价值链升级的经验研究

第一节 人民币汇率影响价值链升级的相关研究

很多文章对中国企业全球价值链嵌入的程度和位置角度进行了研究,邱斌等(2012)研究了全球生产网络对制造业价值链嵌入位置的影响,他们发现全球生产网络促进了制造业价值链嵌入位置的提升,特别是对以半成品贸易为主的行业的积极影响最大;这种影响随要素密集度的不同而不同,资本技术密集型行业受到的影响最大,而对劳动密集型和资本密集型行业的影响作用不明显。王岚等人(2015)的文献对差异化技术的产业嵌入产业链进行了细致描述和分析,根据这项研究的结论,融入产业链的位置是影响分工地位的重要变量;根据王岚等人的研究,技术水平较低产业的产业链分工地位开始提高,并且具有推动价值增值的良性特点,但是中高技术水平的产业,具有分工地位弱化和增值水平降低的趋势。吕越等人(2015)的研究利用我国工业企业数据库和海关数据库的数据,对二者数据进行了对应,然后运用几类方式对产业链融入程度进行了度量,还对生产效率等自变量对企业价值链地位的影响效应进行了考察,根据此项文献,如果一个公司具有越高的生产效率,则越能融入国际产业链,一个公司的资金融通能力也会产生影响,若受到的资金约束越小,则越容易融入产业链条。相反则不易融入价值链条。一个公司的效率大小对其融入产业链条的深度具有较大效应。

人民币币值变动对公司出口具有重要影响,对此很多学者已从不同角度做了深入研究。唐和张(Tang 和 Zhang,2012)研究了人民币币值对公司出口的效应,他们基于我国的海关数据进行了实证研究,该文献的研究结果发现,人民币币值变化主要通过改变扩展边际,从而对企业出口产生效用。李(Li,2015)的文献也基于我国的公司数据,分析币值变化对公司的出口价格以及数量产生的效应,李的研究结果是当人民币币值升值 10% 时,公司出口产品的价格减少 50%,数量减少 2%—4%。许家云等(2015)的文献分析了人民币币值变化对多产出类型公司的效应,根据他们的结论,人民币币值升值促使公司的出口价格和数量都减少,而且这种影响的强度与公司生产率高低等有关系;若人民币币值升值,那么就会促进公司生产效率的提高,而且当公司具有越高的融资实力,这种促进作用就越明显。

人民币币值不仅会对公司出口产生效应,也会对公司的产业链分工地位产生效应,这个问题是本书考察的一个重要问题。近期的文献很少有分析人民币汇率对公司产业链分工地位的影响,这一章基于企业层面的数据,包括企业经营方面和出口层面的数据,分析人民币币值升值对公司产业链分工地位的影响效应。本章结构如下:首先构建数理模型分析人民币汇率变动与全球价值链嵌入度的关系;然后为计量模型以及相关指标说明;其次为基准回归结果和分组回归结果分析;最后进一步探究了质量异质性条件下人民币升值对企业全球价值链嵌入度提升的影响。

第二节　人民币汇率影响价值链升级的理论分析

首先,本书基于凯等(Kee 等,2016)的研究方式,建立一个经济分析框架来分析人民币币值变化对国际产业链分工地位改善的效应。对于国际产业链分工地位,我们使用国外增加值率($FVAR$)来度量。

我们假设公司的总收益为PY,其中包含利润(π)、工资成本(wl)、资本成本(rk)、国内原料成本($P^D M^D$)、进口原料成本($P^I M^I$)。

$$PY = \pi + wL + rK + P^D M^D + P^I M^I$$
$$= \pi + wL + rK + P^D M^D + eP^D M^I \tag{4-1}$$

在(4-1)式中,$p^I = ep^D$,其中j是汇率水平。

设加工贸易经营商的所有产出都出口,出口收益就是出口总值(EXP),加工贸易进口值(IMP)就是原材料进口价值($P^I M^I$)。因为总出口额包括两个部分:一个是国内增加值部分(DVA);另一个是国外增加值(FVA)部分,由此,总出口由(4-2)式组成:

$$EXP = DVA + FVA = wL + rK + P^D M^D + eP^D M^I + \pi \tag{4-2}$$

国内增加值可以看作是出口减去进口,即:

$$DVA = EXP - IMP \tag{4-3}$$

由此,国外增加值率($FVAR$)等于国外增加值(FVA)占总出口(EXP)的比率,即:

$$FVAR = \frac{FVA}{EXP} = \frac{EXP - DVA}{EXP} = \frac{IMP}{EXP} = \frac{eP^D M^I}{PY} \tag{4-4}$$

现在,我们分析国外增加值率的影响变量,我们把公司i在t年的生产函数设为Y_{it},见(4-5)式和(4-6)式,(4-5)式中的A_i度量了生产效率,M_{it}^D和M_{it}^I二者表示国内原材料和国外原材料投入,K_{it}表示资本,L_{it}表示劳动投入,国内原材料、国外原材料、资本、劳动力的价格分别为P_t^D、P_t^I、r_t、w_t。

$$Y_{it} = A_i K_{it}^{\alpha_K} L_{it}^{\alpha_L} M_{it}^{\alpha_M} \tag{4-5}$$

$$M_{it} = \left(M_{it}^{D\frac{\sigma-1}{\sigma}} + M_{it}^{I\frac{\sigma-1}{\sigma}} \right)^{\frac{\sigma-1}{\sigma}} \tag{4-6}$$

$$\alpha_K + \alpha_L + \alpha_M = 1 \quad 并且 \quad \sigma > 1$$

(4-5)式中,α_k、α_L、α_M表示资本、劳动力、原材料的产出弹性。

原材料价格总指数 P_t^M 为 P_t^D 和 P_t^I 的不变替代弹性函数。

$$P_t^M = [(P_t^D)^{1-\sigma} + (P_t^I)^{1-\sigma}]^{\frac{1}{1-\sigma}} \tag{4-7}$$

则总成本函数(C_{it})和边际成本函数(c_{it})分别为:

$$C_{it}(r_t, w, P_t^D, P_t^I, Y_{it}) = \frac{Y_{it}}{A_i}\left(\frac{r_t}{\alpha_K}\right)^{\alpha_K}\left(\frac{w_t}{\alpha_L}\right)^{\alpha_L}\left(\frac{P_t^M}{\alpha_M}\right)^{\alpha_M} \tag{4-8}$$

$$c_{it} = \frac{\partial C_{it}}{\partial Y_{it}} = \frac{1}{A_i}\left(\frac{r_t}{\alpha_K}\right)^{\alpha_K}\left(\frac{w_t}{\alpha_L}\right)^{\alpha_L}\left(\frac{P_t^M}{\alpha_M}\right)^{\alpha_M} \tag{4-9}$$

其中 $\dfrac{P_t^M M_{it}}{C_{it}} = \alpha_M$,那么进口占总收入中的比值可以表示为:

$$\frac{eP^D M^I}{PY} = \frac{P_t^{'}M_{it}^{'}}{P_{it}Y_{it}} = \frac{P_t^{'}M_{it}^{'}}{P_t^M M_{it}}\frac{P_t^M M_{it}}{C_{it}}\frac{C_{it}}{P_{it}Y_{it}}$$

$$= \frac{P_t^{'}M_{it}^{'}}{P_t^M M_{it}}\alpha_M \frac{c_{it}}{P_{it}} = \alpha_M(1-\chi_{it})\frac{P_t^{'}M_{it}^{'}}{P_t^M M_{it}} \tag{4-10}$$

其中 $\chi_{it} = \dfrac{P_{it} - c_{it}}{P_{it}}$,根据进口原材料成本最小化原理,可以得到进口原材料成本占总的原材料成本的比例。

$$\frac{P_t^{'}M_{it}^{'}}{P_t^M M_{it}} = \frac{1}{1+\left(\dfrac{P_t^I}{P_t^D}\right)^{\sigma-1}} = \frac{1}{1+(e)^{\sigma-1}} \tag{4-11}$$

将(4-11)式代入(4-10)式结合(4-4)式可得:

$$FVAR = \frac{eP^D M^I}{PY} = \alpha_M(1-\chi_{it})\frac{1}{1+(e)^{\sigma-1}} \tag{4-12}$$

上式表明,国外增加值率 $FVAR$ 和汇率 e 之间呈现负相关关系,也就是说,当 e 减少时,$FVAR$ 提高,e 减少时对应着人民币币值升高,因此 $FVAR$ 和人民币升值之间具有正向的影响关系。

当人民币币值提高时,国内价格与国外价格相比较而言相对提高,公司从降低成本出发,会增加使用更便宜的进口原材料和半成品,所以公司进口中间投入会提高,产品包含的国外增加值将提高。人民币币值提高还会对公司出口有不利效应,导致出口数量下降,进口数量提高,进一步带来国外增加值率的提升,因此,本书得到以下假定:人民币币值提高和公司产业链嵌入度的提高之间具有正向影响效应。

第三节　人民币汇率影响价值链升级的计量模型

一、计量模型

首先我们建立估计模型,为了分析人民币币值提高对公司产业链嵌入提高的效应,建立(4-13)式:

$$FVAR_{it} = \alpha_0 + \alpha_1 \ln reer_{it} + \alpha_2 X + \varphi_i + \varphi_t + \varepsilon_{it} \qquad (4-13)$$

在(4-13)式中,i、t 的含义为公司与时间。$FVAR_{it}$ 的含义是产业链嵌入程度,$reer_{it}$ 是汇率水平,X_{it} 代表控制变量。φ_i、φ_t 代表公司固定与时间固定效应,ε_{it} 是扰动项。

因变量是产业链嵌入程度,我们以国外增加值率($FVAR$)来度量,公司水平 $FVAR$ 的度量目前有如下方式:

一种为厄普沃德等(Upward 等,2013)的计算方式,设公司全部进口品用于生产过程中的投入,加工贸易进口都用来生产出口商品,一般贸易进口产品同比例用于内销与出口。$FVAR$ 的值等于:

$$FFVAR = \frac{V_F}{X} = \frac{M^r + X^o [M^o / (D + X^o)]}{X} \qquad (4-14)$$

在(4-14)式中,$FFVAR$ 是按照厄普沃德等(2013)的方法得到的公司层面 $FVAR$;(4-14)式中的 V_F 是公司出口中的国外增加值,M、X、D 三者的含义为进口、出口、内销;r、o 二者的含义为加工贸易、一般贸易。

第二种是基于张杰等(2013)的方法,在第一种方法的基础上,首先根据联合国公布的《标准国际贸易分类》,把 HS-6 位数分类与 BEC 分类方法相对照,把进口商品分成三类,分别是资本品、消费品、中间投入,其次,由于我国有些公司受到自身能力和进出口许可证等限制,无法直接从国外进口中间品,而是依赖于国内从事跨境贸易的中间品中介,从中介处买入中间品,这就低估了国内企业对中间投入品的进口,将海关数据库和工业企业数据库匹配后的样本中,企业名称中含有进出口、贸易、外经和经贸等字样的企业数目已达 41612 家,因此,从克服国外增加值容易低估的角度出发,我们把公司出口的实际附加值变化如下:

$$SFVAR = \frac{V_{AF}}{X} = \frac{M_A^r + X^o [M_{AM}^o/(D + X^o)]}{X} \tag{4-15}$$

(4-15)式中的 $SFVAR$ 为按照张杰等(2013)的方式得到的公司层面国外增加值率;V_{AF} 的含义是公司实际国外增加值。M_A^r 的含义为实际的加工贸易进口,M_{AM}^o 的含义是实际一般贸易中间品进口,这两个变量是用下面的方式计算出的:

$$M_A^r = \sum_i \frac{M_i^r}{1 - m_i} \text{ , } i \text{ 是加工贸易进口} \tag{4-16}$$

$$M_{Am}^o = \sum_j \frac{M_{mj}^o}{1 - m_j} \text{ , } j \text{ 为一般贸易进口} \tag{4-17}$$

m 是从事贸易的中间商进口占总进口的比例;进口总额根据 6 位 HS 编码商品进行计算,并假定其他公司进口该产品的总额中,通过中间商间接进口的比例等于 m。M_m^o 的含义是 BEC 分类下的中间产品进口。

我们着重考察的关键自变量是公司层面的实际有效汇率,我们根据巴格等(Baggs 等,2009)使用的算术加权方式进行计算,经济体 k 在 t 时刻的实际有效汇率为:

$$reer0_{kt} = (E_{k/CNY_t}) \times (P_{ct}/P_{kt}) \tag{4-18}$$

在上式中，E_{k/CNY_t} 的含义是 t 时刻人民币与货币 k 的名义汇率水平，P_{ct}、P_{kt} 分别是 t 时刻我国和经济体 k 的居民消费价格指数。设定1999 年为基期，即 1999 年等于 100，我们把各经济体的实际有效汇率处理一下，从而获取以 y 时刻作为基期的实际有效汇率：

$$reer_{kt} = (reer0_{kt}/reer_{ky}) \times 100 \tag{4-19}$$

公司 i 在 t 时刻的实际有效汇率表达如下：

$$reer_{it} = \sum_{k=1}^{n} \left(X_{ik} / \sum_{k=1}^{n} X_{ik} \right) \times reer_{kt} \tag{4-20}$$

在（4-20）式中，$X_{ik} / \sum_{k=1}^{n} X_{ik}$ 在该式中表示公司 i 和经济体 k 之间的贸易额在 t 时刻总贸易额中的比重。

若 $reer_{it}$ 提高，那么意味着人民币的实际有效汇率升值，若降低的话就意味着贬值。汇率数据、各经济体居民消费价格指数的来源是 IMF 的 IFS 数据库。

我们纳入的其他自变量包括以下几个：首先是生产率（tfp）变量，本书选取列文松和徘亭（Levinsohn 和 Petrin，2003）使用的方法来度量生产效率（即 LP 方法），LP 方法以中间产品投入额替代投资额作为代理指标，有效地解决了 OP 方法（Olley 和 Pakes，1996）中投资为零时导致的样本截断。所选样本以 1999 年为基期，度量工业增加值时，运用价格指数加以调整，对于固定资本存量，也用价格指数给予修正，数据来源于《中国统计年鉴》。其次，关于 $wage$ 水平的计算，本书首先把总的工资额除以就业人员数量，然后用 1999 年为基期的居民消费价格指数进行调整，最后再取自然对数。另一个自变量是融资约束（$finace$），用孙灵燕等（2011）的计算方式，即利息支出除以固定资产之比值来测度，该指标越高意味着公司受到的约束较低。另一个自变量是企业规模（$size$），该变量的计算是以公司销售额取自然对数来表示。另一个自变量是创新能力（rd），该变量的计算是用新产品产值除以销售额之比，然后再取自然对数。还有一个自变量为加工贸易占比（pt），我们以加工贸易出口额除以总出口额,然后取自然对数来表示。最后一个自变量为企业年龄(age),我们使用"当年年份-开业年份+1"来表示企业年龄。

二、数据说明

本计量模型的主要数据来自《中国工业企业数据库》《中国海关统计数据库》,由于受数据匹配程度和可得性的限制,我们使用2000—2007年的数据。下面,我们把工业企业和海关数据库二者之间进行一个对应,首先,考虑到公司的名称具有的识别度,我们用公司名称来进行对应,若工业企业、海关数据库二者中公司的名字一致,就可以认定是同一个公司。其次,我们把公司的简化名称和邮编二者同时用来进行对应,因为工业企业、海关数据库编制方式不同,一个公司或许名称不一样,通过这个方法,能够有效减少漏计的概率,也能在很大程度上避免错误对应,只有满足公司简化名称和邮编两个字段都一样的情况下,才可以认为是一家公司。然后我们参考田巍、余淼杰(2013)使用的方式,把公司电话号码后7位、邮编二者同时视为对应要素进行对应,若工业企业、海关数据库中这两个要素都一致,那么可以认为是同一家公司。最后,我们把上面3个步骤得到的对应成功的公司汇总起来,得到实际对应成功的公司有276242家,我们在下文的经验分析中将使用这些公司数据。在表4-1中,列出了因变量和各自变量的统计性指标。

表4-1 人民币汇率等变量的描述性统计

变量	观测值	均值	标准差	最小值	最大值
FFVAR	276242	0.2941	0.3874	0	1
SFVAR	276242	0.1955	0.3383	0	1
lnreer	276242	4.5858	0.2471	3.0252	12.7902
lntfp	276242	7.2945	1.3426	−3.0298	15.4937

续表

变量	观测值	均值	标准差	最小值	最大值
lnsize	276242	2.4485	0.1139	0.7412	3.0002
lnwage	276242	1.2987	0.1606	0.0006	2.4144
lnrd	276242	0.0333	0.1052	0	0.5265
finance	276242	0.0451	0.2075	−8.0334	13.6592
pt	276242	0.3258	0.5744	0	1
age	276242	9.9477	9.6104	1	170

第四节　影响关系回归结果分析

一、基准回归结果

在表4-2中,初始两列分别报告了在两种算法下,非平衡平行数据的基准估计。人民币汇率对产业链嵌入的估计系数在这两个模型中是0.131、0.093。即使在度量产业链嵌入程度时,我们考虑中间商贸易之后的效应会变小一些,但是估计系数大于0,意味着人民币币值升值对公司产业链嵌入的提高具有正面的效应,这个结论和我们的理论假设是一致的。

表4-2　基准回归结果

变量	FFVAR	SFVAR	FFVAR 价值链嵌入度		SFVAR 价值链嵌入度	
			低	高	低	高
ln$reer$	0.131*** (44.783)	0.093*** (36.561)	0.019*** (9.341)	0.027*** (6.601)	0.006*** (6.833)	0.084*** (10.561)
lntfp	0.004*** (5.795)	0.005*** (8.492)	0.015*** (5.555)	0.023*** (4.323)	0.016*** (7.699)	0.053*** (8.554)

续表

变量	FFVAR	SFVAR	FFVAR 价值链嵌入度		SFVAR 价值链嵌入度	
			低	高	低	高
finance	0.106*** (9.208)	0.077*** (8.861)	0.007* (1.971)	0.029*** (18.541)	0.023* (2.295)	0.042** (3.043)
ln*wage*	0.367*** (77.836)	0.362*** (88.301)	0.038*** (34.094)	0.142*** (27.475)	0.023*** (39.301)	0.210*** (30.062)
ln*size*	0.445*** (51.977)	0.433*** (58.142)	0.064*** (30.159)	0.106*** (11.697)	0.043*** (41.091)	0.143*** (10.359)
ln*rd*	0.083*** (11.886)	0.064*** (10.540)	0.076*** (10.514)	0.015 (1.818)	0.048*** (4.583)	0.017 (1.694)
pt	0.527*** (41.612)	0.321*** (21.341)	0.215*** (68.234)	0.254*** (34.258)	0.117*** (52.312)	0.158*** (22.215)
age	−0.002*** (−22.570)	−0.002*** (−25.289)	−0.001*** (−7.779)	−0.002*** (−8.946)	−0.001*** (−7.368)	−0.002*** (−8.713)
常数项	−1.811*** (−80.884)	−1.695*** (−87.061)	−0.692*** (−22.18)	−0.458*** (−16.048)	−0.448*** (−22.183)	−0.316*** (−7.920)
企业效应	是	是	是	是	是	是
年份效应	是	是	是	是	是	是
观测值	276242	276242	180784	95458	202268	73974
R^2	0.276	0.266	0.231	0.172	0.264	0.158

注:括号内为 t 值;***、**和*分别表示在1%、5%和10%水平下显著。

我们看一下其他自变量的估计系数,一个公司的生产效率越先进,则越容易嵌入产业链,一个公司如果面对的资金约束越小,则对其产业链嵌入度提升具有较大有利影响,这个结论和吕越等(2015)的分析结果相类似。加工贸易份额的回归系数为正数,由此我们知道从事加工贸易的公司与加工贸易占比较高的公司会具有较高的产业链嵌入度。

工资、公司规模、公司创新能力的估计系数都为正值，3 个自变量的数值越高，越有利于产业链嵌入度的提高。一个公司生产效率水平越大的话，融入产业链的概率较高，一般来讲生产效率越高的公司具有较高的工资率，因此，工资率和产业链嵌入度二者具有正的促进效应，同时，劳动力成本提高也会迫使公司提高产业链的融入程度进行调整，以此带来成本的减少；如果公司的生产产量提高，生产效率、人力资本、物质资本都会变得更有竞争力，更易于公司产业链融入水平的提高；一个公司技术水平如果得到改善，那么能够使得成本降低，也使得公司收益提高，所以会带来公司产业价值链嵌入程度的提高；一个公司成立时间的长短也会产生影响，公司的年龄较大则不利于产业链嵌入程度的提高，这个结论意味着新公司融入产业链的程度更高。

二、分类回归结果

表 4-2 中的估计结果报告了人民币币值升值产生的平均效应，还没有分析变量差异化水平产生的不同效应。下面，基于产业链嵌入大小、公司类型的不同、生产效率水平高低、公司面临的资金约束差异等特点分别做经验研究。

（一）按产业链嵌入大小

按照产业链嵌入大小作为标准，我们对公司进行归类：一类是融入程度较高的；一类是融入程度较低的，表 4-2 第 3—6 列汇报了估计结果。估计结果显示，对应着两种不同算法，汇率升值影响产业链融入度较低公司的回归系数分别是 0.019、0.006，对融入度较高公司的回归系数分别是 0.027、0.084，回归系数的值都为正值，这意味着不管公司已有产业链融入度高低，汇率升值有利于公司产业链融入程度的提高。从估计系数的显著程度看，汇率升值对产业链融入程度高的公司的效应要高于融入程度低的公司。一个可能的理由是，对于融入程度高的公司,它的出口产品中来自国外的附加值较多,所以在生产中使用的进口投入较多,因而人民币币值升值产生的效应较高。

(二)按企业类型分类

对于不同类型的公司,具有不同的特点,当他们处于相同的环境时,他们的做法也会有所差异。本书参考许家云等(2015)的方式,把海关数据库中的 5 种类型的公司归类为三大类,分别为国有公司、民营公司(包括了集体与私营公司)、外资公司(包括了中外合作、合资公司)。

从表 4-3 中的估计结果分析,分别按照两种算法,3 种类型公司的汇率估计系数都大于 0,这意味着汇率币值升值对公司产业链融入程度的影响系数与公司类型无关,都起到了促进作用,然而如果我们比较一下估计系数,我们发现在两种算法下,汇率升值带来的效应不同,对外资公司的效应要大一些,其次是国有公司,最小的为民营公司,原因是外资公司进口中间品更多一些,所以受到汇率的影响效应更大一些。在其余的自变量中,估计系数相差比较大的是公司的存在年限,对于公司年限的估计系数,外资公司的估计系数小于 0,这是因为新公司一般进口较多,例如一些为追求我国丰裕劳动而在我国设立的外资公司,此类公司出口中具有较多来自外国的增加值,产业链融入程度比较高;而国有以及民营公司的估计系数不具有统计显著性,其中的原因或许是国有公司一般具有一些特定义务,而民营公司建立时通常以国内市场为主要市场。

表 4-3 不同所有制企业回归结果

变量	FFVAR			SFVAR		
	国有企业	民营企业	外资企业	国有企业	民营企业	外资企业
lnreer	0.031*	0.017***	0.143***	0.027**	0.014***	0.101***
	(2.527)	(5.118)	(33.637)	(2.606)	(5.342)	(25.314)

续表

变量	FFVAR			SFVAR		
	国有企业	民营企业	外资企业	国有企业	民营企业	外资企业
lntfp	0.012*	0.018*	0.015***	0.041*	0.015***	0.027***
	(2.275)	(2.056)	(6.664)	(2.449)	(4.820)	(8.428)
$finace$	0.024*	0.014***	0.112***	0.015***	0.084*	0.052***
	(2.143)	(3.335)	(3.600)	(4.016)	(2.546)	(9.709)
ln$wage$	0.223***	0.079***	0.302***	0.160***	0.055***	0.362***
	(13.588)	(10.139)	(49.777)	(11.505)	(9.141)	(65.611)
ln$size$	0.518***	0.404***	0.543***	0.507***	0.249***	0.551***
	(18.930)	(31.122)	(48.765)	(21.928)	(24.912)	(54.340)
lnrd	0.213***	0.063***	0.048***	0.132***	0.041***	0.078**
	(11.510)	(6.907)	(4.744)	(8.468)	(5.830)	(2.980)
pt	0.457***	0.519***	0.624***	0.325***	0.195***	0.417***
	(27.541)	(101.243)	(98.578)	(23.528)	(78.251)	(81.231)
age	−0.002	−0.001	−0.006***	−0.001	−0.002**	−0.001***
	(−1.223)	(−0.162)	(−13.563)	(−0.859)	(−3.136)	(−10.624)
常数项	−1.501***	−1.036***	−1.957***	−1.431***	−0.662***	−1.957***
	(−18.260)	(−32.749)	(−33.305)	(−20.594)	(−27.141)	(−29.583)
企业效应	是	是	是	是	是	是
年份效应	是	是	是	是	是	是
观测值	20433	73854	177065	20433	73854	177065
R^2	0.276	0.261	0.255	0.274	0.217	0.269

注:括号内为 t 值,***、**、* 分别表示1%、5%和10%水平下显著。

(三)按生产效率以及融资约束分类

我们按照生产效率、融资约束两个方面进行分类,并进行计量检验,为考察人民币币值升值对产业链融入程度的影响,本书借鉴布斯托

斯(Bustos,2011)、许家云(2015)等使用的方式,设立下面的回归方程:

$$\text{FVAR}_{it} = \beta_0 + \sum_{qu=1}^{4} \beta_1^{qu}(lnreer_{it} \times C_{it\_qu}) + \sum_{qu=2}^{4} \beta_2^{qu} \times C_{it\_qu} + \gamma X_{it} + \varepsilon$$

$$(4-21)$$

在上式中,C 是公司生产效率以及融资限制变量的特征变量;$qu=1,2,3,4$ 的含义是公司根据特征变量的数值,由小至大排列 4 分位数,相对应的 C_{it_qu} 为公司企业特征虚拟变量,当公司 DVA 的特征变量属于 qu 分位数时取值是 1,否则是 0。

在表 4-4 中,第 1 列和第 2 列,汇报了按照生产效率进行分组的估计结果,由此可知,人民币汇率和生产效率在前两个分位组的乘积项($lnreer \times tfp\_q1$、$lnreer \times tfp\_q2$)的估计系数小于 0,并且具有统计显著性,这意味着人民币升值对公司产业链融入程度的影响程度与公司生产效率有关,公司的生产效率越小,产生的阻碍效应越大。第 3、4 分位组的乘积项($lnreer \times tfp\_q3$、$lnreer \times tfp\_q4$)的估计系数大于 0,也具有统计显著性,这意味着升值对生产效率较高的公司具有较强的促进作用,其中原因或许是由于人民币升值后,公司的经营成本提高,不同生产效率的公司作出了不同的反应,生产效率较低的公司可能会选择降低成本而减少出口,使得公司的产业链条融入程度降低,相反,生产效率较高的公司会扩大中间品进口,导致产业链融入程度提高。

在表 4-4 的最后两列,汇报了按照融资约束变量的分组估计结果,从这两列的结论看,融资约束第 1 分位组的乘积项($lnreer \times finace\_q1$)的估计系数不具有统计显著性,这意味着人民币升值产生的影响大小与融资约束有关,对面临融资约束最高的公司的影响最小,第 2、3 和 4 分位组的交互项($lnreer \times finace\_q2$、$lnreer \times finace\_q3$ 和 $lnreer \times finace\_q4$)的估计系数都大于 0,这意味着对中低融资约束公司具有促进影响,因此,为公司的融资行为提供便利,降低公司的融资成本有利于融入价值链程度的提高。

表 4-4　生产效率、融资约束异质性回归结果

变量	生产率		融资约束	
	FFVAR	SFVAR	FFVAR	SFVAR
ln$reer$	0.120*** (29.186)	0.085*** (23.809)	0.120*** (41.802)	0.087*** (34.590)
$Cq2$	−0.038* (−1.973)	−0.014*** (−3.663)	−0.035*** (−11.451)	−0.023** (−2.435)
$Cq3$	−0.189*** (−7.657)	−0.202*** (−9.395)	−0.132*** (−7.981)	−0.079*** (−9.142)
$Cq4$	−0.308*** (−14.349)	−0.295*** (−5.874)	−0.126*** (−7.738)	−0.056*** (−3.928)
ln$reer*Cq1$	−0.002*** (−7.071)	−0.003*** (−9.212)	0.005 (1.148)	0.004 (1.822)
ln$reer*Cq2$	−0.002*** (−2.971)	−0.003*** (−4.896)	0.609*** (24.002)	0.458*** (20.588)
ln$reer*Cq3$	0.002*** (3.157)	0.002*** (4.108)	0.106*** (9.174)	0.084*** (8.292)
ln$reer*Cq4$	0.006*** (14.628)	0.005*** (15.044)	0.001*** (3.969)	0.002*** (5.260)
常数项	−1.557*** (−48.985)	−1.464*** (−52.980)	−1.951*** (−87.902)	−1.783*** (−91.667)
控制变量	是	是	是	是
企业效应	是	是	是	是
年份效应	是	是	是	是
观测值	276242	276242	276242	276242
R^2	0.262	0.271	0.290	0.284

注:括号内为 t 值,***、** 和 * 分别表示在 1%、5% 和 10% 水平下显著。

三、稳健性分析

在我们的研究中,计算时汇率用与各个贸易伙伴的贸易额作为权重。因为在计算中用到的货币种类比较多,并且汇率变化也对贸易额产生影响效应,因此,会具有一些度量偏差。为了克服回归中的内生性,本书选取滞后 1 期的汇率变量作为工具变量,采用两阶段最小二乘法。在表 4-5 中,汇率的估计系数大于 0,并且具有较高统计显著性,意味着汇率升值对公司产业链融入度具有促进作用,所以即使考虑内生性,该结论仍然成立。

表 4-5　两阶段最小二乘回归结果

变量	FFVAR	SFVAR
ln*reer*	1.190***	0.790***
	(13.802)	(12.997)
ln*tfp*	0.016***	0.017***
	(5.498)	(7.326)
finace	0.087***	0.063***
	(10.428)	(10.712)
ln*wage*	0.359***	0.364***
	(46.039)	(55.478)
ln*size*	0.517***	0.472***
	(36.204)	(39.870)
ln*rd*	0.029*	0.032**
	(2.277)	(3.233)
pt	0.615***	0.419***
	(58.741)	(38.201)
age	−0.003***	−0.002***
	(−16.884)	(−20.002)
K-P rk LM 统计量	275.512[0.000]	275.512[0.000]

续表

变量	FFVAR	SFVAR
K-P Wald rk F 统计量	151.241[4.85]	151.241[4.85]
A-R Wald 统计量	4.21[0.061]	4.21[0.061]
S-W LM S 统计量	5.32[0.025]	5.32[0.025]
企业效应	是	是
年份效应	是	是
观测值	163286	163286

注:括号内数值为 t 统计量,[ ]为相应统计量的 p 值;***、** 和 * 分别表示在 1%、5%、10% 水平下显著。K-P 为 Kleibergen-Paap,A-R 为 Stock-Wright。

第五节　公司存在质量异质性时的差异化效应

一个公司一般会致力于高质量产品的生产和产业链条的高融入度,一个公司产出品质差异是公司差异化的一个主要特点,因此,我们考察公司产出品质存在差异的情况下,汇率对公司产业链融入度的效应。产出品质侧重于描述同种产出但是不同类型之间的垂直差别,不同质量产品之间具有不同的特点。坎德瓦尔(2010)认为产品质量是除了价格以外影响消费者对产品需求的因素。阿拉和斯科特(2011)认为产品质量是"有形或无形的能够提高消费者评价的商品属性"。李坤望等人(2014)认为技术复杂度、质量是两个不同的概念,前者注重刻画产品的技术内涵,后者注重刻画产品的性能特性。不同学者对质量的定义虽然不同,但基本内涵是相同的,本书中的"质量"内涵与这几篇文献相同。根据前人的定义,本书将产品质量的内涵总结为八个维度:

性能:是刻画产品品质的一个维度,这里它的含义是一个产品的基本特征和性质;特点:是产品额外具有的特殊性,用以提高其对消费者的诱惑力;可靠性:是产品能保证正常使用而不出故障的概率;一致性:是产品能达到有关要求的准确程度;耐久性:是产品使用寿命的一个度量指标;适用性:是产品可以在使用中实现预期效果的能力;美学:是主观地暗示满足消费者对商品的需求;质量感知:是指把质量归于基于间接措施的商品。

在这一部分中,我们对产出品质的度量方法采用杰尔瓦伊(Gerrvais,2009)、施炳展(2013)的度量方式,也就是按照价格以及产出售出数量来计算产出品质。

在表4-6中,我们分析一下估计结论,前两列中的产出品质的估计系数大于0,并且具有较高统计显著性,这个结论意味着产出品质的提高有利于扩大汇率对产业链融入度的影响。下面,我们把公司按照产出品质区分成低品质和高品质两种类型。在表4-6第3、4两列,对于低品质产出和汇率的乘积变量,其估计系数大于0,但是没有统计显著性,这意味着汇率升值对低品质产出公司的效应较小。高品质产出和汇率的乘积项的估计系数大于0,这意味着汇率升值对高品质产出公司的效应较大,因此,通过提高产出品质是公司产业链融入程度升级的一种新的方式。

表4-6　质量异质性回归结果

变量	FFVAR	SFVAR	FFVAR	SFVAR
lnreer	0.128***	0.093***	0.110***	0.084***
	(44.55)	(36.54)	(36.47)	(32.14)
lnquality	0.120***	0.010**	—	—
	(20.21)	(2.94)	—	—
quality_q2	—	—	−0.154***	−0.109***
	—	—	(−21.41)	(−5.74)

续表

变量	FFVAR	SFVAR	FFVAR	SFVAR
ln$reer$×$quality\_q1$	—	—	0.002	0.011
	—	—	(0.66)	(1.01)
ln$reer$×$quality\_q2$	—	—	0.083***	0.043***
	—	—	(27.44)	(16.31)
lntfp	0.015***	0.016***	0.016***	0.018***
	(6.21)	(8.57)	(6.43)	(8.73)
$finace$	0.107***	0.077***	0.107***	0.078***
	(30.95)	(25.83)	(31.01)	(25.87)
ln$wage$	0.357***	0.360***	0.356***	0.360***
	(75.85)	(87.82)	(75.62)	(87.63)
ln$size$	0.449***	0.432***	0.447***	0.431***
	(52.56)	(58.16)	(52.42)	(58.05)
lnrd	0.088***	0.065***	0.092***	0.067***
	(12.60)	(10.63)	(13.04)	(10.99)
pt	0.611***	0.479***	0.624***	0.495***
	(208.96)	(152.32)	(218.41)	(161.87)
age	−0.002***	−0.002***	−0.002***	−0.002***
	(22.18)	(−25.22)	(−23.03)	(−25.88)
常数项	−1.851***	−1.698***	−1.723***	−1.635***
	(−82.43)	(−86.89)	(−75.77)	(−82.56)
企业效应	是	是	是	是
年份效应	是	是	是	是
观测值	276242	276242	276242	276242
R^2	0.259	0.266	0.261	0.267

注:括号内是 t 统计量;***、** 和 * 分别表示 1%、5%和10%水平下显著。

　　本章利用中国工业企业数据和海关数据实证考察了人民币汇率变动与全球价值链嵌入度之间的关系。通过对企业层面的实际有效汇率指标和两种不同的全球产业链融入程度的度量,在多个层次上,包括整体、不同类型公司等层次研究了汇率对产业链融入程度的效应。

本章的研究结果表明:人民币升值对企业全球价值链嵌入度提升有积极影响,但在价值链嵌入度计算过程中考虑了中间商贸易后其影响力有所减弱;人民币升值对企业全球价值链嵌入度的作用因嵌入程度高低、企业所有制、生产率和融资约束的不同而有所差异;产品质量改善有利于企业产业链融入程度的提升,并且人民币升值对产出品质高的企业价值链嵌入度提升的积极作用更强。

从上面的分析我们可以得到下面的启示:第一,人民币币值上升对公司产业链融入具备正向的促进作用,目前,人民币逐步向国际化方向迈进,国际化水平也越来越高,同时,人民币币值稳定,并正在逐步得到升值,人民币当前的变化趋势有利于公司产业链融入的深化,更进一步,产业链融入程度加深有利于公司生产效率、公司创新水平、产出技术含量等的提高或者改善。第二,公司会遇到融资约束,融资能力的强弱对公司产生了重要影响,若一个公司面临的融资约束较少,那么人民币币值升值时对公司产业链的融入具有较大的正向影响,由此,从政策角度讲,加快金融方面的制度变革,加快金融资源的分配效率,为公司扩展资金供给途径,为公司融资提供方便。第三,汇率影响产业链融入程度的大小与公司的出口商品品质有关系,如果公司的产出品质较高,则对公司产业链融入会有推动效应,由此,在人民币汇率升值的条件下,提高商品品质,能够推动产出品质与产业链升级的共同改善。

第五章　老龄化、劳动力成本与
　　　价值链升级的经验研究

第一节　老龄化对技术创新的影响

近几十年来,世界大多数国家的人口结构趋于老龄化。1980年高收入经济体年龄中位数是30.6岁,而2015年为39.7岁,增加9.1岁,同期,中等收入经济体由20.3岁增加到28.9岁,增加8.6岁,低收入国家则基本未变,而中国从21.7岁增加到37岁,增长了15.3岁。我国年龄结构趋于老化,老龄化程度正在快速提高。根据大家的共识,若一个经济体中60岁以上人口占比超过10%,或者65岁以上人口占比超过7%,就可以说该经济体属于老龄化经济体了。按照我国第六次人口普查的数据,我国这两个指标分别达到了13.26%和8.87%,这意味着我国早已属于老龄化国家。2015年中国的年龄中位数已经与高收入国家非常接近。在未来较长的时间内,我国的人口老龄化压力会越来越大。

人口结构老化对经济产生的影响很多,例如对储蓄、税收和产业结构均会产生影响。不少文献已经对这些问题进行了比较细致的探索。大家的普遍观点是:年龄结构老化使得劳动力技术研发能力和科技创新能力受到影响。因为科技水平是对GDP产生影响的一个关键指标,因此学者们对年龄结构老化的技术创新效应已经做了许多研究。高、沃利和任（Gao，Whalley，Ren，2014）认为，人口结构老化意味着一个社会的年龄结构发生老化，人们的创新能力、创新意识等会发生变化，由此对该经济体的技术水平带来影响，由于技术进步对经济增长具有非常重要的作用，所以人口结构老化对技术进步的影响引发了学者们的重视。很多研究发现，从微观个体方面看，人们的创新能力与年龄之间呈倒 U 型关系。本书将考察人口结构老化对技术进步是否具有重要影响，以及这种影响是否具有倒 U 型形态。对这个问题的研究有助于我们了解人口结构老化对技术进步的影响，也有助于我们对技术进步有更深刻的认识。

年龄结构老化对技术进步的影响机制有以下两个方面：一是负向的减弱作用，当年龄增加时，个体认识问题的能力随年龄增加而减弱，个体创新需要掌握的知识也会逐步跟不上形势的要求，对创新的欲望也会减弱，以至于经济体的创新减弱。从这个角度讲，年龄结构老化对技术进步的影响具有负向降低作用。另一个是正向的促进作用，当个体年龄增加时，个体具备的学识和经历逐步充实和增强，这对个体的创新能力具有增强作用，这些学识和研究经验还可以传授给青年人，提高他们的创新能力和潜力。还有一点，人们对未来寿命提高的预见会导致青年人增强人力资本投资，以期带来未来收益的增加。

有些文献从微观角度对年龄和创新的关系进行了研究，他们发现，个体的年龄和他的研发成果呈现倒 U 型关系，这意味着个体具有一个研发成果的高产期，在此之前成果随着年龄的增加而提高，之后随着年龄的增加而下降，一些学者的研究，例如西蒙特（Simonton，1991）、亨斯克和梯西科（Henseke 和 Tivig，2008），证实了这个结论。豪思勒（Hoisl，2007）的研究侧重的不是年龄和创新数量的关系，而是个体的年龄与成果质量间的关系，他基于德国的专利信息，对此进行了实证研究，他的研究结论证实了这个观点。姚东旻等人（2015）在一篇综述性的文献中对相关研究进行了梳理,他们发现前人的文献大多认为具有倒 U 型关系。这些文献都是对研发人员个体的研究,那么我们可以猜想对于一个经济体总体而言,是否存在同样的倒 U 型关系呢？目前,大多数国家正面临老龄化的压力,老龄化进程正在加快,从一个经济体的宏观层面把握年龄结构和技术创新的关系具有一定的实践意义。

在图 5-1 中,我们能观察到我国的年龄结构变化与技术创新之间的联系。我们使用老年抚养比来度量年龄结构,使用专利申请授权数和专利的 3 种类型(发明、实用新型、外观设计)度量技术创新。图 5-1 的横轴为老年抚养比,纵轴为每万人的专利申请授权数。该图显示,伴随年龄结构的老化,专利申请授权数和专利的 3 种类型都呈现出了先升高再降低的倒 U 型趋势。由该图可知,即使从宏观数据的视角,年龄结构老化对技术进步的影响效应也具有倒 U 型的特点。

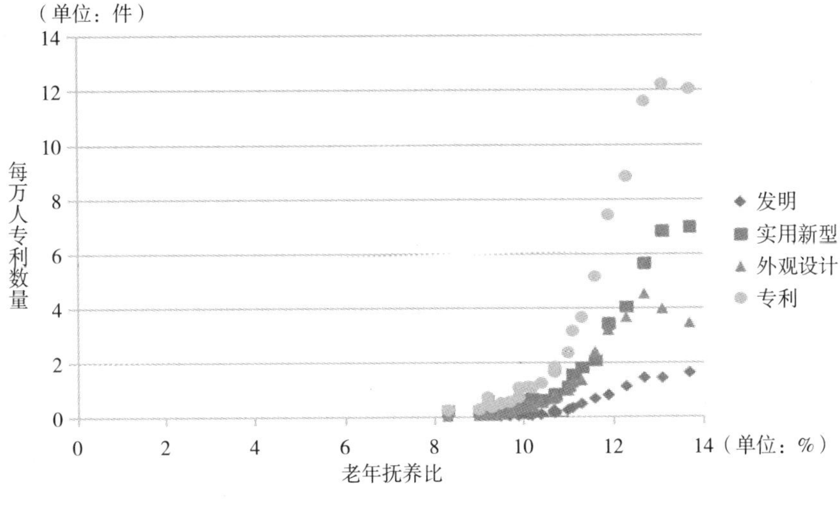

图 5-1　中国老年抚养比与每万人专利及其三种形式的散点图

注:横轴为老年抚养比,纵轴分别为每万人的发明数量、实用新型数量、外观设计数量和三者之和的专利数量。均为专利及其三种形式除以 15~64 岁人口(万人)。

我国年龄结构老化的速度提高,会对我国的技术创新带来较大的影响效应。有别于前人的研究,从宏观层面去分析该事项对相关的研究具有一定的参考价值。从前人的相关研究，我们能够发现从微观视角看老龄化与创新之间呈现倒 U 型关系，而现在还缺少从宏观视角的分析。目前，专门对中国问题的分析不多，李三希、姚东旻（2013）的文献对年龄老化影响技术进步的机制进行了分析，然后使用现实数据做了经验研究。在下文，我们主要基于我国的现状研究以下问题，首先是基于宏观数据分析年龄结构老化对技术进步的效应，以及是否具备微观层面的倒 U 型特点；其次考察专利的 3 种类型，我们将考察年龄结构老化对这 3 种类型的影响效应是否一致，还有这种效应的峰值是否一致。我国在将来几十年面临老龄化程度加深的情况，对这几个问题的回答对我们了解把握年龄结构老化对我国技术进步可能的影响效应以及对技术创新的发展规律具有重要帮助。

一、相关文献与理论背景

在这一部分中，我们首先对从微观个体角度研究年龄和创新关系的文献进行回顾，然后总结老龄化对科技创新的两方面影响，包括积极和消极两个方面。老龄化与科技创新的倒 U 型关系是由这两方面影响的力量对比所导致的。以往的研究大多基于微观层面的数据分析年龄结构和技术进步的相互效应。作为经济主体来讲，具备一个创新高峰时点，该时点在不同时间不一样，而且随着产业特点和个体特点的不同有所不同。

（一）年龄和创新关系的文献综述

1. 创新的倒 U 型特征

有些研究从年龄角度考察了人们进行技术革新的年龄特点，一些研究显示当一个个体位于初始的学习阶段时，一般还未取得技术革新成果，之后经过一个产出上升过程，然后会出现一个高峰时点，这个时点一般位于中年时，之后进入一个成果减少阶段，一些文献得出这个高峰时点大概在 30—40 岁之间。在莱曼(Lehman,1953)的文献中,他挑选了全球 170 余位在其领域作出重大成就的人才,对他们得到突出成果的时间进行了研究,他的研究发现这个年龄大多在 35 岁左右。在西蒙特(Simonton,1991)的一项相似的研究中,他对历史上 2000 多位学者的创新行为进行了研究,他的研究结论是革新的高峰时点在 40 岁左右。

2. 创新峰值年龄随时间的变化

许多研究发现,微观个体的技术革新高峰时点随着时间的演进而不断调整,总体的趋势是逐步增大。在琼斯(Jones,2009)的研究中,他对一些取得重大成就的学者进行了研究,他发现这些学者获得重大成就的年龄具有增加的趋势。他的观点是"知识负担"理论可以对此趋势提供较好的说明。这种理论的观点如下:创新行为得以一定的训练作为基础,因为创新活动得用必要的理论、方法等为指导,而这些理论和方法不是固定不变的,伴随时代的进步,这些理论和方法会逐步增多,因此,新一代人从事研发活动所必需的基础知识会逐步增加。

3. 峰值年龄的产业间差别

创新活动的峰值年龄对不同产业是不同的,在一些依赖技能的产业中,创新活动对年轻人依赖程度较大,对这些产业来说,峰值出现较早,在一些经验相对重要的产业中,创新活动峰值出现得较晚。亨斯克和梯西科(2008)的研究对德国的相关情况做了分析,他们的研究结论是在一些知识性较强的产业,重要的创新活动很多发生在 40 岁之前,而在一些对经历比较依赖的产业,技术创新成果很多是在 40 岁之后完成的。

4. 创新峰值年龄的个体差异

前人的一些文献告诉我们,对于不同的创新主体,虽然他们的创新领域可能相同或相近,但是他们的创新活动的年龄峰值存在很多差别。嘉能生和温伯格(Galenson 和 Weinberg,2000)研究了这个问题,在他们的研究中,假定存在两种创新个体,其中一种是"概念"创新主体,这些创新主体的研究活动更多地具有抽象性特征,另一类是"实验"创新主体,这些创新主体的研究活动更多地具有明确的特点,根据他们的研究结论,最典型的"概念"创新主体在32.5岁时取得了最重要的贡献,最典型的"实验"创新主体取得其最重要贡献的年龄则在53.2岁时,这两个年龄差距20.7岁。

(二)老龄化对科技创新的两方面影响

关于人口结构老化对技术进步的效应有正反两面的作用途径,其中之一为消极效应,即伴随年龄老化,精力不会像以前一样充沛,认知和反应速度不会像以前一样迅速,掌握的知识会与时代要求的有所差距,创新激励会变得不足,所以老年人往往缺乏创新力,一个经济体的技术进步会随着年龄结构老化受到阻碍。另一种是积极的影响,随着年龄的增加,人们的知识和经验会越来越丰富,从而有利于技术进步,并且老人的创新经验以及其他积累的知识和能力可以传给年轻人,从而促进年轻人创新力的提高。另外,预期寿命的提高会使得年轻人更加关注未来的生活,所以促进年轻人现在人力资本投资的增加,从而有助于技术进步。倒U型关系的特点就是由上述两个方面的影响相互比较、相互斗争的结果。在上升阶段,积极效应占主导地位,老龄化还没有达到拐点水平。在下降阶段,老年人的比例相对较高,消极效应占据了主导地位。从宏观层面看,随着一个经济体的年龄结构从年轻到老化,整个经济体也存在着这样一个倒U性特征,作为一个经济体整体而言,与微观经济主体相类似,也存在着年龄结构老化对技术进步的双面影响,二者地位的变化决定了整个宏观经济体拥有同样的特点。

1. 积极影响

随着个体年龄的提高,个体通过"干中学",能够得到更多的技能和学识。阿罗的观点是通过边干边学，当遇到困难时，不断想办法解决，经验技能能够积累起来，随着经验技能的积累，逐步形成"学习曲线"，个体的创新水平和技能水平能够得到有效提高。由于年龄会带来更多的经验积累，老龄化程度较高的经济体，由此能够促进创新。许多文献发现，随着老龄化程度的提高，会带来对创新具有积极影响的因素，包括上面所说的"干中学"影响（Sousa-Poza，2013）。

另一个影响机制是通过人力资本的累积，对青年人的人力资本水平提高具有促进作用。伴随着老龄化，人们的寿命会提高，从而使得受过教育的未来将获得更多收益，所以青年人更愿意接受更多教育，从而提高人力资本存量。从发达经济体的过去来看，当一个经济体年龄结构发生老化时，国民平均上学的时间会变得更长，人力资本存量会增加。所以，老龄化能够增加人力资本从而有利于技术进步。

还有一点，年龄长的人一般具有比较多的经历，能够把这些知识传帮带给青年人，促进青年人创新能力的提升。

2. 消极影响

对一个个体来说，年龄大的个体的认知水平逐渐降低。沃哈根和萨尔特豪斯（Verhaegen 和 Salthouse，1997）对此进行了经验分析，该文的结论认为大多数个体的记忆、思维力会随着年龄提高而降低，到一定年龄时会有一个较大降低。坎弗和阿克曼（Kanfer 和 Ackerman，2004）也进行了相关的研究，他们认为个体对复杂关系的认知，由于年龄变大而出现能力的降低。

年龄老化使得知识过时从而影响技术进步。伴随社会进步，新的技术和知识层出不穷，一个个体要想进行创新，需要及时更新技术和知识，不断加强学习，所以当年龄老化时会对创新产生负面影响。

年龄老化使得人力资本投入降低。和青年人相比，年长者倾向于减少人力资本投入，原因是他们从投入中获益期限相对不长，所以投入积极性偏弱，年龄老化由于人力资本投入降低而阻碍创新。

年龄老化通过 R&D 支出降低渠道影响创新。伴随个体年龄的增长，个体的社保费用需要得到增加，所以社会承担的支出压力逐步增大。对政府来讲，面对支出压力，需要开源节流，在收入方面需要提高税收，在支出方面需要减少开支包括支持创新的费用，所以会对创新起阻碍作用。

3. 老龄化与科技创新

由以上所述，我们知道年龄结构老化给创新带来两种效应，一种是促进效应，一种是抑制效应。由图 5-1，我们观察到年龄老化和创新之间的倒 U 型关系，此种关系产生的原因是因为两种效应在不同阶段具有不同的地位。

在倒 U 型关系的左侧，促进效应比抑制效应大。在初期阶段，创新产出较少，创新需要具备一定的条件上才能进行，创新需要一定的培训，在这个阶段，伴随年龄提高，各种促进效应占据主要位置，发挥了较大作用。

在倒 U 型关系的右侧，抑制效应比促进效应大。伴随着人们年龄的增加，达到一定水平后，各种抑制效应的作用增强，而促进效应的作用减弱，达到本阶段时，老人占据的比重较大，抑制效应超过了促进效应。

在针对我国的研究中，李三希和姚东旻（2013）讨论了年龄结构老化对创新的影响机制，从认知能力、人力资本和创新激励等方面来阐述老龄化对创新的影响渠道，并对中国老龄化对创新的影响进行了实证分析，但他们的结论认为老龄化对中国的创新还未产生显著影响。目前缺乏针对我国实际情况的研究。

二、计量模型

我们在以前文献基础上（例如李三希和姚东旻，2013；Irmen 和 Litina，2016），设定（5-1）式：

$$VC_{it} = \alpha_0 + \alpha_1 Age_{it} + \alpha_2 Age_{it}^2 + \alpha_3 X_{it} + \alpha_4 N_i + \varepsilon_{it} \qquad (5-1)$$

在(5-1)式中,因变量是表示创新程度的变量,我们用每千人专利授权数目表示。学者们度量创新水平时用过很多变量,例如重要成就(如莱曼,1953;赵红州和唐敬年,1991)、发表的论文(西蒙特,1991)、基金项目(岳洪江、张琳和梁立明,2000)等作为科技创新成果指标。自从 20 世纪后期,由于各个国家的相关法律制度比较健全,知识产权等领域逐步受到较好保护,对创新起到了推动效应,所以专利常常被用来测度创新程度。

核心自变量是老龄化程度,以老年抚养比来度量,也就是大于 65岁的人在 15—64 岁人员中占的比重。因为老龄化的效应或许产生倒 U 型关系,由此把年龄变量的平方也作为自变量。

对创新产生影响的其他变量有很多,包括人均 GDP 变量、人均 R&D 变量等。人均 GDP 变量能够从需求方面发挥效应,需求变化后能够影响创新行为。李三希等(2013)证实了当人均 GDP 增加时会有利于技术创新。贸易依存度变量是进出口贸易值与 GDP 的比率,该变量表示一个经济体与其他经济体的融合层次。贸易依存度对创新的影响依赖于不同的研究而有所不同,有的文献,例如贺京同等(2007),认为其拥有较显著影响,而有的文献认为其影响程度是不确定的。有些文献,比如说贺京同等(2007)的观点是人均 R&D 提高有利于技术创新。朱敏(2016)认为金融市场效率基于 FDI 人力资本创办新企业对东道国科技创新有积极影响。本书用 R&D 经费内部支出除以 15—64岁人口数的比值度量人均 R&D。

计量分析中采用个体和/或时间固定效应。前者考虑了个体层面差异,后者考虑了随时间改变的因素。我们在计量分析中使用的是用31 个省份 2002—2014 年的数据。表 5-1 给出了描述性统计。

表5-1　描述性统计

变量	样本数	均值	标准差	最小值	最大值
VC	403	0.57	0.95	0.004	5.66
Age	403	12.22	2.47	6.71	21.9
Gdp	403	2.37	1.60	0.32	8.21
$Trade$	403	0.34	0.42	0.037	1.722
Rd	403	6.16	9.80	0.175	68.52

表5-2报告了估计结论。其中回归结果(1)的自变量包括Age、Age^2,这两个自变量的估计系数分别大于0、小于0,并且具有较高统计显著性。该结论和前面的预期相符合,这与我们的假设相一致,也就是老龄化对创新产生了较大效应,而且呈现倒U型趋势。

表5-2　基本估计结果

变量	估计结果(1)	估计结果(2)	估计结果(3)	估计结果(4)
Age	0.3851*** (3.85)	0.2592*** (3.54)	0.2383*** (3.23)	0.2174*** (2.87)
Age^2	−0.016*** (−2.77)	−0.011*** (−2.85)	−0.010*** (−2.46)	−0.009*** (−2.72)
Gdp	—	0.1112*** (4.38)	0.1054*** (9.38)	0.0122 (0.26)
$Trade$	—	—	−0.8126 (−0.87)	−0.9623 (−0.55)
Rd	—	—	—	0.049*** (12.20)
个体和时间固定效应	是	是	是	是
时间	2002—2014	2002—2014	2002—2014	2002—2014
省份数量	31	31	31	31
R^2	0.46	0.59	0.60	0.72
峰值时Age	12.8	12.9	13.2	13.5

注:括号内为t值,***、**和*分别表示在1%、5%和10%水平下显著。

现在求创新程度指标对老龄化指标的偏导数：

$$\partial VC_{it}/\partial Age_{it} = 0.375 - 0.020Age_{it} \tag{5-2}$$

令(5-2)式数值等于零，求出年龄指标等于12.8，若年龄指标比12.8小，则(5-2)式所求偏导数数值比0大，因此年龄越老化则创新越多；若年龄指标比12.8大，则(5-2)式所求偏导数比0小，因此年龄越老化则创新越少。年龄指标的平均值是12.2，当年龄指标位于平均值时，(5-2)式值比0大，因此，当年龄指标位于其平均值的高度时，伴随年龄结构老化，创新能力得到提高。所以，在年龄指标位于平均值时，老龄化对创新无负面作用，而在老龄化较严重区域产生消极效应。

在表5-2中，回归结果(2)—(4)先后把新的自变量加了进来，包括人均GDP变量、贸易依存度和人均R&D变量。老龄化指标及其平方项的估计系数基本未变，年龄峰值保持了平稳，在3个估计结果中为12.9、13.2和13.5。人均GDP变量的估计系数为正数，所以收入水平增加影响了需求，进而影响了创新。估计结果(3)、(4)中的贸易依存度变量的估计系数为负值，然而不具有统计显著性。人均R&D变量的估计系数大于0，也具有较高统计显著性，这意味着人均R&D提高对创新起了促进作用。

由于变量的潜在内生性，本书以自然灾害受灾人口比例的倒数当作工具变量。自然灾害通过多种方式对人口寿命产生影响，还有一些间接方式，比如说R&D和GDP等，所以纳入了R&D变量、人均GDP变量，用来控制间接效应。

自然灾害指标按照下式设定：

$$自然灾害指标 = 1/\frac{自然灾害受灾人口（万人次）}{年末常住人口（万人）} \tag{5-3}$$

该指标均值等于12.9，最大值是67，最小值等于0.72。这个指标数值越小的话说明灾害强度越高。表5-3中估计结果(1)给出了回归结论。Anderson LR值等于4.02，所以拒绝工具变量、内生变量二者不相关原假设。Cragg-D.F 值是 2.01,不能拒绝"工具变量、内生变量二者之间具有较强相关性"原假设。Sargan 值是 0.001,所以工具变量、内生变量相关,但是和扰动项相关性较弱。因此,该指标为较好工具变量。

表 5-3　工具变量和 GMM 回归结果

	（1）工具变量回归	（2）差分 GMM	（3）系统 GMM
Age	0.328 *** (3.45)	0.082 *** (3.14)	0.057 *** (2.95)
Age^2	−0.010 *** (−3.87)	−0.003 *** (−2.88)	−0.002 *** (−3.47)
Gdp	0.010 (2.96) ***	0.113 (2.11) **	0.0263 (1.90) *
$Trade$	−1.102 (−0.75)	−0.262 (−1.76) *	−0.041 (−2.64) ***
Rd	0.061 *** (3.18)	0.029 *** (4.79)	0.043 *** (3.74)
VC_{-1}	—	0.638 *** (26.44)	0.920 *** (6.69)
个体固定效应	是	否	否
时间固定效应	是	是	是
Anderson LR	4.02	—	—
Cragg-D.F	2.01	—	—
Sargan	0.001	18.57	26.49
AR（1）	—	—	−1.38
AR（2）	—	—	−3.78
时间	2002—2014	2002—2014	2002—2014
个体数目	31	31	31
R^2	0.35	—	—
峰值 Age	13.71	13.49	14.01

注:括号内为 t 值, *** 、 ** 和 * 分别表示在 1%、5% 和 10% 的水平下显著。

在表 5-3,回归结果（1）是工具变量回归结果,老龄化指标及其平方项的估计系数是 0.328 和 -0.010,年龄峰值是 13.71,和前面的结论相比保持了稳定,倒 U 型趋势成立。人均 GDP 变量、人均 R&D 的估计系数都大于 0,和理论预测相符。

从以上的估计结论,本书认识到年龄老化和创新之间的倒 U 型趋势。年龄结构老化给创新带来两种效应:一种是促进效应;一种是抑制效应。年龄老化和创新之间的倒 U 型关系产生的原因是因为两种效应在不同阶段具有不同的地位。在倒 U 型关系的左侧,促进效应比抑制效应大。在初期阶段,创新产出较少,创新需要具备一定的条件才能进行,创新需要一定的培训,在这个阶段,伴随年龄提高,各种促进效应占据主要位置,发挥了较大作用。在倒 U 型关系的右侧,抑制效应比促进效应大。伴随着人们年龄的增加,达到一定水平后,各种抑制效应的作用增强,而促进效应的作用减弱,达到本阶段时,老人占据的比重较大,抑制效应超过了促进效应。基于宏观视角,对一个经济体来说,也具有从青年到老年这样一个过程,宏观经济体也具有一个类似的倒 U 性变化趋势。

三、稳定性检验

下面我们做稳定性分析。先分别用差分广义矩估计、系统广义矩估计方法,再把创新分为几种类型进行分析。

(一)差分 GMM、系统 GMM 方法

由于创新具有时间上的延续性特点,本书把因变量的一阶滞后项纳入模型中,于是回归模型成为动态模型。该模型会减弱由于遗漏重要变量导致的问题。常用回归方法有差分广义矩、系统广义矩方法,前者以水平值滞后变量为 IV 变量,后者额外以差分变量滞后变量为 IV变量。

表 5-3 中的估计结果(2)、(3)分别为差分广义矩、系统广义矩方

法的回归结论。在估计结果(2),Sargan 检验统计量是 18.57,p 值比 0.1 要大,所以 IV 变量设定合理。关于系统广义矩方法,做了 Sargan 检验、AR(1)、AR(2)检验,Sargan 统计量是 26.49,p 值大于 0.1,所以无法拒绝"工具变量有效"的原假设。AR(1)的 p 值比 0.05 小,而 AR(2)检验的 p 值比 0.1 大,因此回归模型设定比较合理。

基于回归结果(2)、(3),与前面的结论相比,回归系数保持了基本稳定。老龄化指标及其平方项的回归系数与上述回归结论比要小一点。在回归结果(2)、(3),年龄峰值分别是 13.49 和 14.01,因此得出的结论与前面是一致的。

(二)区分不同类型的创新

按照图 5-1,专利三种形式达到年龄峰值的时间不同,实用新型峰值最晚,发明出现最早,外观设计居中。所以,老龄化对不同形式创新产生的效应有所差异。发明专利通常表示根本性的重大的创新,具有重要意义,而其他二者属于渐进性特征,一般是较小的改进和完善(谢洪明等,2003)。

下面,把 3 种专利形式分别用作因变量,比较它们之间的差异。3个因变量以各地区每千人(15—64 岁人口)的发明、实用新型、外观设计专利申请授权数来度量。表 5-4 报告了估计结果。3 个回归结果的老龄化指标及其平方项的估计系数与前面理论分析一致,也具有较高统计显著性。发明专利的峰值是 13.66,比另两个更低。与其他两种专利相比,外观设计的峰值较低。

表 5-4 不同类型专利

因变量	(1) 发明	(2) 实用新型	(3) 外观设计
Age	0.164 *** (4.77)	0.201 *** (3.19)	0.168 *** (7.74)

续表

因变量	（1） 发明	（2） 实用新型	（3） 外观设计
Age^2	−0.006*** (−3.68)	−0.007*** (−4.11)	−0.006*** (−3.44)
Gdp	0.138*** (2.89)	0.078*** (2.87)	0.211*** (3.31)
$Trade$	−0.319** (−2.10)	−0.288* (−1.78)	−0.460** (−2.07)
Rd	0.012*** (2.89)	0.021*** (4.27)	0.013*** (2.87)
个体、时间固定效应	是	是	是
时间	2002—2014	2002—2014	2002—2014
个体数目	31	31	31
R^2	0.88	0.54	0.32
峰值 Age	13.66	14.37	14.03

注：括号内为 t 值，***、** 和 * 表示在 1%、5% 和 10% 的水平下显著。

人口结构老化意味着一个社会的年龄结构发生老化，人们的创新能力和创新精神等会发生变化，从而对技术进步产生影响。一些文献认为，从个体角度，人们的创新能力与年龄之间呈倒 U 型关系。本节考察了人口结构老化对技术进步是否具有重要影响，以及这种影响是否具有倒 U 型形态。年龄结构老化对技术进步的影响机制有以下两个方面：一是负向的减弱作用，当年龄增加时，个体认识问题的能力随年龄增加而减弱，个体创新需要掌握的知识也会逐步跟不上形势的要求，对创新的欲望也会减弱，所以年龄结构老化对技术进步的影响具有负向降低作用；另一个是正向的促进作用，当个体年龄增加时，个体具备的学识和经历逐步充实和增强，这对个体的创新能力具有增强作用，这些学识和研究经验还可以传授给青年人，提高他们的创新能力和潜力。倒 U 型关系的特点就是由上面两个效应相互比较和竞争带来的。在上升阶段，积极的效应占主导地位，老龄化还没有达到拐点水平。在下降阶段,老年人的比例相对较高,消极效应占据了主导地位。

从宏观层面看,随着一个经济体的年龄结构从年轻到老化,整个经济体也存在着这样一个倒 U 性特征,作为一个经济体整体而言,与微观经济主体相类似,宏观层面也存在老龄化对创新的两个方向相反的效应,二者相对地位的变化确立了整个宏观经济体拥有同样特点。基于省级层面的面板数据,本节研究使用 IV、差分和系统广义据回归,从宏观层面考察老龄化对创新的效应,并且区分了 3 种不同类型创新。实证分析的结论证实了上述观点。

目前,我国年龄结构老化对创新成果的供给产生了影响,抑制了创新产出。年龄结构老化也从需求角度产生了影响,面对着老龄化带来的劳动力数量减少情况,公司需要通过技术创新提高竞争力;整个国家也担负着转型升级任务,需要创新来引领。所以,可以努力增加倒 U 型曲线左侧长度,从而使下降阶段向右移动;要加大科技投入力度,推进研发活动,增加人力资本支出,提高员工素质;培养青年创新人才;提高人口生育率,缓解老龄化趋势。

第二节　老龄化对出口技术复杂度的影响

一、相关研究

近几十年来,世界大多数国家的人口结构趋于老龄化。表 5-5 显示,自 1980 年以来,高收入经济体的年龄中位数出现较高增加,提高了 9.1 岁,中等收入经济体的增长略小些,增长了 8.6 岁,低收入经济体基本未变,而中国从 21.7 岁增加到 37 岁,增长了 15.3 岁。2015 年中国的年龄中位数已经与高收入国家非常接近。在未来较长的时间内,我国的人口老龄化压力会越来越大。人口结构老化对经济产生的影响很多,例如对储蓄、税收和产业结构均会产生影响。前人已经进行了很多研究,比如崔凡等(2016)研究了老龄化对进口的效应。老龄化表明一个经济体的年龄结构变老,由此给出口带来很多效应,特别是对出口技术复杂度带来了影响,目前这方面的文献还比较缺乏。

表5-5　各类经济体以及中国的年龄中位数变化情况

年份	1980	1985	1990	1995	2000	2005	2010	2015
世界	22.5	23.2	24.0	25.1	26.3	27.5	28.4	29.6
高收入	30.6	31.7	33.0	34.5	36.1	37.4	38.5	39.7
中等收入	20.3	21.3	22.2	23.4	24.7	26.0	27.4	28.9
低收入	17.8	17.7	17.5	17.5	17.5	17.7	18.1	18.5
中国	21.7	23.3	24.6	27.1	29.7	32.5	35.1	37.0

注:数据来自联合国《2015年世界人口展望》报告。

与本节相关的文献主要是对出口技术复杂度的研究,罗德里克(Rodrik,2006)和肖特(Schott,2008)最初认识到我国出口技术复杂度比同类经济体要高,由此引发了很多学者对此进行分析。姚(Yao,2009)的观点是我国的特定体制以及地区不平衡特点带来了这种现象。也有些研究从不同角度寻找原因,例如齐俊妍等(2011)基于金融发展视角、王和魏(Wang和Wei,2007)基于加工贸易视角、王永进等(2010)基于基础设施、李金城等(2017)基于互联网的研究。

前人的很多文献告诉我们,当经济体逐步趋向老化的时候,会引起出口技术复杂度改变。下面将考察老龄化对出口技术复杂度产生的影响效应。和前人的文献比较,我们主要有以下不同之处:一是我们认识到老龄化与出口技术复杂度之间的关系不是一个单调的关系,而是一个倒U型趋势,我们的测算表明2020年之后我们即将达到拐点阶段,在此以后,老龄化对出口技术复杂度将产生阻碍作用;第二,根据蔡和斯达汉诺夫(Cai、Stoyanov,2016)设计的"依赖年龄"认知能力,我们计算了各行业的"依赖年龄"认知能力程度,本节认识到老龄化对不同行业的效应具有差异性。

二、理论背景和计量模型

(一)理论背景

关于人口结构老化对出口技术复杂度的效应有反向相悖的作用,其中之一为消极效应,即伴随年龄老化,精力不会像以前一样充沛,认知和反应速度不会像以前一样迅速,掌握的知识会与时代要求的有所差距,创新激励会变得不足,所以老年人往往缺乏创新力,一个经济体的出口技术复杂度会随着年龄结构老化而受到阻碍。上述机制还会减少经济体中和创新相关的要素数量,所以通过比较优势阻碍技术密集商品的出口,由此阻碍出口技术复杂度提高。

另一种是积极的影响,随着年龄的增加,人们的知识和经验会越来越丰富,从而有利于技术进步,并且老人的创新经验以及其他积累的知识和能力可以传给年轻人,从而促进年轻人创新力的提高。另外,预期寿命的提高会使得年轻人更加关注未来的生活,所以促进年轻人现在人力资本投资的增加,从而有助于出口技术复杂度的提高。与上文相对应,上述机制还提高了一个经济体中有关创新的要素存量,因此基于比较优势提高了技术密集商品的出口,由此提高了出口技术含量。

倒 U 型关系的特点就是由方向相反的两个方面相互比较、相互竞争所得到的结果。在上升阶段,积极影响占主体,老龄化还没有达到拐点水平。在下降阶段,老年人的比例相对较高,消极效应占据了主导地位。从宏观层面看,随着一个经济体的年龄结构从年轻到老化,整个经济体也存在着这样一个倒 U 性特征,作为一个经济体整体而言,与微观经济主体相类似,也存在着年龄结构老化对出口技术复杂度的双面影响,二者地位的变化决定了整个宏观经济体拥有同样特点。

(二)计量模型

下面设定回归式(5-4)。在该式中,i 表示产业,t 表示年度。因变

量 TS_{it} 表示出口技术复杂度,Age_t 为老龄化变量,因为老龄化可能具有倒 U 型影响特点,所以把老龄化的平方项纳入自变量。按照其他相关文献,其他自变量包括:物质资本(KI_{it})、R&D(RI_{it})、进口中间投入(IM_{it})、产业规模($Scale_{it}$)。γ_i 控制个体差异,ε_{it} 是扰动项。

$$\ln TS_{it} = \beta_1 Age_t + \beta_2 Age_t^2 + \beta_3 KI_{it} + \beta_4 RI_{it} + \beta_5 IM_{it} +$$
$$\beta_6 \ln Scale_{it} + \gamma_i + \varepsilon_{it} \tag{5-4}$$

在蔡和斯达汉诺夫(2016)的研究中,他们构建了"年龄依赖"认知能力,分别是"顺年龄认知能力"和"逆年龄认知能力",前者是指伴随年龄增加而得到提高的能力,比如口语理解、书面理解能力等;后者是指随年龄增加而减弱的能力,比如注意力等。

本书认为,对于认知能力密集度不同的产业,年龄结构老化带来的效应不同。随着一个经济体老龄化程度增加,"顺年龄认知能力"变得更加充裕,对"顺年龄认知能力"密集度越高的行业来说,由利普钦斯基定理,老龄化能够促进该产业扩张,而且丰富的"顺年龄认知能力"促进了技术复杂度的改善;同理,若某产业"逆年龄认知能力"密集度较高,那么老龄化越容易阻碍技术复杂度的改善。由此,在回归式(5-5),把 $Agi1_i \times Age$、$Agi2_i \times Age$ 两个乘积项纳入自变量,$Agi1_i$、$Agi2_i$ 的含义是产业"顺年龄认知能力""逆年龄认知能力"密集度,这两个乘积项的回归系数预计为正和负值。γ_i 表示产业效应。μ_t 表示年度效应。

$$\ln TS_{it} = \beta_1 KI_{it} + \beta_2 RI_{it} + \beta_3 IM_{it} + \beta_4 \ln Scale_{it} + \beta_5 Age_t +$$
$$\beta_6 Agi1_i + \beta_7 Agi2_i + \beta_8 Agi1_i \times Age_t + \beta_9 Agi2_i \times Age_t + \gamma_i + \mu_t + \varepsilon_{it}$$
$$\tag{5-5}$$

在蔡和斯达汉诺夫(2016)的文献中,他们设计了 4 位数 NAICS 技能密集度。我们基于他们的测算,计算了 30 个产业的要素密集度。

三、变量和数据

我们先介绍模型中使用的自变量,包括各指标如何测度以及数据的来源。表5-6给出了各变量描述性统计。

表5-6　出口技术复杂度等变量的描述性统计

	样本数	平均值	标准差	最小值	最大值
$\ln TS$	480	9.329	1.009	6.408	11.801
Age	16	0.117	0.015	0.098	0.144
Age^2	16	0.015	0.005	0.011	0.021
KI	480	6.748	26.868	0.298	281.81
RI	480	0.491	0.482	0.009	2.327
IM	480	0.404	0.202	0.207	1.057
$\ln Scale$	480	8.874	1.299	5.062	11.44
$Agi1$	30	0.126	0.863	−1.53	1.69
$Agi2$	30	−0.122	0.836	−2.62	0.78

（一）出口技术复杂度（TS_{it}）

豪斯曼（Hausmann 等,2005）提出了出口技术复杂度（ETS），因为度量方法简单,需要的数据资料较少,所以大家常以此概念表示产品、行业或经济体的出口技术含量。该变量的数值越大,代表出口技术水平越高。

一种使用较多的度量方式由罗德里克（Rodrik,2006）使用过的收入度量方式。商品j的ETS等于商品j所有出口国收入的加权平均值,权重是各国商品j出口额占世界总出口额的比重。如果一种商品高收入经济体出口较高,则该商品ETS较高。我们以（5-6）式测度ETS。

$$TS_{jt} = \sum_{c=1}^{n} \left[\left(EX_{cjt} / \sum_{c=1}^{n} EX_{cjt} \right) Y_{ct} \right] \tag{5-6}$$

在（5-6）式,j为产品,t为时间,c为出口国,TS_{jt}为t时刻商品j的出口复杂度。Y_{ct}为t时刻出口国c的人均GDP。EX_{cjt}为t时刻出口国c在商品j上的出口额。

基于(5-6)式,在度量了商品 j 的 ETS 之后,然后测算我国各产业层面的 ETS。一个产业包括多个商品,产业 i 的 ETS 可表示为:

$$TS_{it} = \sum_{j=1}^{m} \left[\left(EX_{jt} / \sum_{j=1}^{m} EX_{jt} \right) PS_{jt} \right] \tag{5-7}$$

产业 i 层面 ETS 等于各商品 ETS 的加权平均和,权重为各商品出口占的比重。

贸易数据来源于 CEP II 的 BACI 数据库。(5-7)式的商品 j 为 HS-4 位数商品,按照盛斌(2002)的方法,把它们归为 30 个工业产业。Y_{ct} 是使用购买力平价度量的人均 GDP,涉及的经济体是 2015 年全球出口前 50 位的国家或地区,这些经济体在样本期内占全球出口的比重大概为 90%。

(二)人口老龄化(Age_t)

Age_t 为我国 t 时刻老龄化程度,我们用老年抚养比来度量。在本节计量模型样本时间段,我国老龄化速度增长较快,2000 年老年抚养比为 0.099,而 2015 年增加到 0.143。

(三)其他变量

1. 物质资本投入(KI_{it})

KI_{it} 是由大中型工业企业固定资产除以企业单位数得到。按照赵红等人(2014)的分析结论,物质资本投入意味着资本水平发生了改变,该投入增加能够使得 ETS 得到改善。

2. R&D 投入(RI_{it})

R&D 投入提高能够带来 ETS 的改善。R&D 投入用各规模以上工业企业的研发经费内部支出除以从业人员年平均人数表示。数据来自《中国科技统计年鉴》和 Wind 数据库。

3. 中间产品进口(IM_{it})

盛斌等(2008)的一个重要贡献是匹配了 SITC 分类 5 位数编码和

工业产业分类。本节用这种方法得到各产业中间产品进口投入,然后以该数值与出口之比代表中间产品进口强度。一些文献的研究结论认为进口中间投入一般拥有较高技术特征,所以容易带来技术传递作用,促进我国的技术进步,从而带来 ETS 的改善。

4. 行业规模($Scale_{it}$)

一个产业的规模大小以规模以上公司的工业销售产值来度量,单位为亿元。一个产业规模越大则越容易带来规模经济的好处,然后引致 ETS 的改善。杨俊等(2017)的研究结论认为:产业大小对 ETS 的效应与产业特点有关系,若一个产业是劳动密集的则具有带动效果,若是资本和技术密集的则具有阻碍效果。

四、计量结果分析

我们将对(5-4)、(5-5)式进行回归估计,分析老龄化指标对我国 ETS 的影响。

(一)(5-4)式估计结果

表 5-7 报告了(5-4)式的估计结果。其中估计结果(1)的自变量为老龄化指标和它的平方项,老龄化指标的估计系数大于0,平方项的估计系数小于0,两个估计系数都具有较高显著性。这个结论和我们的期望是一致的,也就是说老龄化和 ETS 之间的关系是一个倒 U 型关系。在老龄化水平处于初步水平时,二者之间是正向影响,老龄化带来 ETS 的改善;当老龄化水平达到一定水平时,二者之间是负向影响,老龄化阻碍了 ETS 的改善。

表 5-7　基本估计结果

变量	(1)	(2)	(3)	(4)	(5)
Age_t	35.64** (2.13)	34.41** (2.04)	34.08** (2.08)	34.18** (2.08)	33.97** (2.15)

续表

变量	（1）	（2）	（3）	（4）	（5）
$Age_t{}^2$	−114.55*** (−3.42)	−113.21*** (−3.63)	−120.30*** (−3.94)	−126.22*** (−4.16)	−106.12*** (−3.25)
KI_{it}	—	−0.0001 (−0.61)	−0.0002 (−0.53)	−0.0003 (−0.63)	−0.0002 (−0.33)
RI_{it}	—	—	1.428** (2.28)	1.226** (2.31)	0.967** (2.26)
IM_{it}	—	—	—	1.577** (2.48)	1.254** (2.17)
$\ln Scale_{it}$	—	—	—	—	0.014** (2.18)
个体固定效应	有	有	有	有	有
个体数目	30	30	30	30	30
年度范围	2000—2015	2000—2015	2000—2015	2000—2015	2000—2015
R^2	0.31	0.31	0.34	0.34	0.36

注:括号内为 t 值,***、** 和 * 分别表示在1%、5%和10%水平下显著。

求解因变量对 Age_t 的偏导数,得(5-8)式:

$$\partial \ln TS_{it}/\partial Age_t = 35.65 - 229.12 Age_{it} \qquad (5-8)$$

若(5-8)式的值为0,则此时老龄化指标等于0.154,若老年抚养比比0.154大,则老龄化对 ETS 产生抑制影响。从估计结果(2)—(5),我们发现老龄化指标及其平方项的估计系数大致稳定,而且具有较高显著性。按照估计结果(2)—(5)得到的峰值在0.153和0.168区域内间。当前,我国老年抚养比为0.142,距离这个区间已经很近。估计结果(5)中包含的自变量最多,该式得到的拐点等于0.17。按照周渭兵(2004)得到的结论,大概在2020年之后儿年我国老年抚养比会超过0.17。因此,根据回归结果(5)的计算,自2020年之后,老龄化会对 ETS 带来负的效应。

按照表5-7,物质资本投入的估计系数小于0,但是显著性不高,因此,该变量不是对 ETS 产生重要效应的变量。表5-7还告诉我们 R&D

投入和中间产品进口投入的增加有利于 ETS 的改善,这符合我们的预期。估计结果(5)意味着产业扩大会促使 ETS 得到改善。

在表 5-7,未关注 ETS 的动态趋势,ETS 在前后时间上相关。所以我们运用动态面板工具,把因变量滞后项纳入自变量中。在表 5-8,前两列为差分广义矩回归结论,后两列为系统广义矩回归结论。在前两列,Sargan 检验是 23.21、24.57,工具变量选择合理。在后两列,Sargan 检验是 26.38、29.47;AR(1)、AR(2)检验结论显示模型设定合理。根据表 5-8 中的估计结论,老龄化指标及其平方项的估计系数分别为正值和负值,与表 5-7 的结论一致。

表 5-8　GMM 回归结果

变量	(1) 差分 GMM	(2) 差分 GMM	(3) 系统 GMM	(4) 系统 GMM
$\ln TS_{it-1}$	0.055** (2.12)	0.077** (2.22)	0.102** (2.14)	0.093** (2.16)
Age_t	25.13** (2.05)	29.69** (2.17)	35.59** (2.16)	29.69** (2.18)
Age_t^2	−76.15*** (−4.47)	−105.05*** (−3.26)	−114.48*** (−3.47)	−110.12*** (−3.28)
KI_{it}	—	−0.0008 (−0.61)	—	−0.0002 (−0.32)
RI_{it}	—	0.009** (2.14)	—	0.978** (2.23)
IM_{it}	—	0.175** (2.27)	—	1.244** (2.18)
$\ln Scale_{it}$	—	0.126** (2.44)	—	0.014** (2.17)
Sargan	—23.21	—24.57	26.38	29.47
AR(1)	—	—	−1.32	−1.38
AR(2)	—	—	−3.45	−3.74
年度范围	2000—2015	2000—2015	2000—2015	2000—2015
个体数目	30	30	30	30

注:括号内为 t 值,***、** 和 * 分别表示在 1%、5% 和 10% 的水平下显著。

（二）模型（5-5）的回归结果

表5-9报告了（5-5）式的估计结果。在第1列，两个乘积变量 $Agi1_i \times Age_t$、$Agi2_i \times Age_t$ 的回归系数为正值和负值，而且具有较高显著水平，这和前面的分析相符。因此，当一个产业"顺年龄认知能力"密集度增加时，年龄结构老化促进了其ETS的改善；而当一个产业"逆年龄认知能力"密集度增加时，年龄结构老化抑制了其ETS的改善。

在后面的估计结果中，逐渐把几个控制变量纳入自变量中，在（2）—（5）的估计结果中，乘积变量的回归系数与前面的结果基本一致。控制变量的回归系数也保持了基本稳定。由回归结果看，物质资本投入对ETS的影响不显著，R&D投入增加、中间品进口投入增加、产业规模的提高都对ETS的改善有促进效应。

表5-9 模型（2）的回归结果

变量	（1）	（2）	（3）	（4）	（5）
Age_t	7.62** (2.11)	8.40** (2.09)	6.06** (2.08)	7.17** (2.13)	6.07** (2.14)
$Agi1_i$	9.35** (2.24)	9.96** (2.21)	10.46** (2.30)	8.56** (2.17)	8.98** (2.20)
$Agi2_i$	3.20** (2.06)	3.08** (2.10)	2.88** (2.16)	2.78** (2.11)	2.71** (2.14)
$Agi1_i \times Age_t$	2.35** (2.22)	2.15** (2.14)	2.42** (2.08)	1.85** (2.23)	1.57** (2.21)
$Agi2_i \times Age_t$	-1.26*** (-3.11)	-1.17*** (-3.65)	-1.34*** (-4.13)	-1.40*** (-4.15)	-1.70** (-2.09)
KI_{it}	—	-0.011 (-0.88)	-0.012 (-0.78)	-0.011 (-0.79)	-0.017 (-0.75)
RI_{it}	—	—	0.069** (2.13)	0.074** (2.12)	0.088** (2.05)
IM_{it}	—	—	—	0.159** (2.22)	0.166** (2.13)

续表

变量	（1）	（2）	（3）	（4）	（5）
$\ln Scale_{it}$	—	—	—	—	0.019^{**} (2.09)
个体固定效应	有	有	有	有	有
年度固定效应	有	有	有	有	有
个体数量	30	30	30	30	30
时间	2000—2015	2000—2015	2000—2015	2000—2015	2000—2015
R^2	0.32	0.32	0.32	0.33	0.33

注:括号内为 t 值,***、** 和 * 分别代表在 1%、5% 和 10% 水平下显著。

本节探讨了老龄化对出口技术复杂度的影响效应。关于人口结构老化对出口技术复杂度的影响,存在两种相反的影响机制,一种是消极的影响,另一种是积极的影响。老龄化对出口技术复杂度影响的倒 U 型关系就是由积极和消极两个方面相互比较、相互竞争的结果。在上升阶段,积极影响占主体,老龄化还没有达到拐点水平。在下降阶段,老年人的比例相对较高,消极效应占据了主导地位。我们经过实证分析发现,当一个产业"顺年龄认知能力"密集度增加时,年龄结构老化促进了其 ETS 的改善;而当一个产业"逆年龄认知能力"密集度增加时,年龄结构老化抑制了其 ETS 的改善。在控制变量中,物质资本投入对 ETS 的影响不显著,R&D 投入增加、中间品进口投入增加、产业规模的提高都对 ETS 的改善有促进效应。

我国过去几十年经济高速发展与当时丰裕劳动力供给有关,得益于相对低廉的劳动力价格,我国出口竞争力较强,并经过了出口高速增长时期。后来,伴随劳动力供给的转变以及资源约束逐步增强,我国面临着出口发展模式从"数量扩张型"向"质量提高型"转变的需求。这个任务的完成与出口技术复杂度的提升是相辅相成的。我国在未来几十年内,面临的老龄化压力会较大,年龄结构老化一方面会使得劳动力价格提高,从而削弱出口竞争力,还会阻碍出口技术复杂度的改善。人力资本投资能够提高劳动力素质,提高劳动者的技术创新潜力,所以人力资本投资增加能够提高老龄化带来的正向影响,同时减少负面影响。因此,努力提高人力资本投资,以应对老龄化对 ETS 的负面影响。此外,加大 R&D 投入、中间品进口投入以及提高产出规模都有助于促进出口技术复杂度的提高。

第三节　劳动力成本对产出质量的影响

在国际生产分割条件下,产品的生产环节在发达国家和发展中国家之间进行配置,一个企业在比较优势、运输成本和质量代价三者之间权衡比较,以决定参与国在价值链分工中的地位和产品质量。劳动力成本上升会引起参与国产品质量的变化,当发展中国家的生产处于价值链分工下游环节时,对其产品质量产生负向影响,带来"锁定效应";若处于上游阶段,就会有积极效应,产生"挤入效应"。中国的制造业行业数据验证了主要结论。

由于生产高品质产品具有较大利益,所以几乎所有经济体都努力提高产出品质。前人的许多文献已经进行了很多研究,施炳展等(2013)对中国的出口品质进行了度量,结论认为我国和美国相比,相对产出品质总体呈下降趋势。近些年来,全球产业链分工得到了较快进展,我国的许多企业和行业开始融入其中,对我国以及企业来讲,产出品质提高、产业链地位改善是两个重要任务,本研究对该问题的探索具有较高应用意义。已有的研究在研究相关问题时,把他们割裂开来进行研究,并未在一个统一的框架内进行分析。在全球生产分割视角下,一个公司的产出品质和在生产分割中的位置是同时决定的,在已有文献中,生产分割位置是外生变量,所以无法考察产业链地位和产出品质之间的关系,也无法研究一些外生变量对产出品质的效应。最近十多年,我国由于劳动力供给短缺和劳动力需求的上升,引起了劳动力价格上涨,劳动力价格提高是否能促进公司改善质量是一个值得研究的项目,本节将对这个问题做实证分析。

和本节相关的研究有以下内容:首先是在价值链分工下的产业链地位改善分析,还有产出品质内生化分析。赫尔普曼(Helpman,1984)的观点是各经济体之间的要素存量不同影响了价值链环节的配置。马库森和维纳布尔斯(Markusen、Venables,2007)考察了运输成本在价值链分工中的影响作用。格罗斯曼等(Grossman等,2006)研究了企业生产效率的差异性。上面文献中的生产链条分割是外生决定的,不同生产环节的特点是不变的,所以无法研究价值链地位改善。之后,人们研究了产品品质的影响因素。例如凡杰儿包姆(Fajgelbaum等,2011)的研究认为经济体的经济情况对其产出品质具有重要效应,在安东尼亚代斯(Antoniades,2015)的文献中,一个公司生产效率的高低影响了产出品质。在产出品质的相关文献中,品质虽然内生,然而没有和价值链升级问题关联起来。

和以往的类似研究相比较,本节通过经验研究得到以下观点:如果劳动力价格上升,发展中经济体产出品质会受到影响,影响大小和该经济体所在产业链位置有关系,如果在下游位置,那么阻碍了产出品质的改善,产生"锁定效应",若在上游位置,那么促进了品质改善,产生"挤入效应"。

一、实证模型

前面章节的理论研究告诉我们:如果劳动力价格上升,一个经济体产出品质受到的影响大小和该经济体所在产业链位置相关,企业在比较优势、运输价格、质量价格之间进行比较考虑,基于其最优化进行决策。如果分工位置在下游,那么劳动力价格上升阻碍了产出品质的改善,产生"锁定效应",如果在上游位置,那么促进了品质改善,产生"挤入效应"。下面将基于我国制造业数据进行实证分析。

(一)计量模型

设定(5-9)计量模型:

$$\ln Quality_{i,\,t} = \beta_0 + \beta_1 \ln Wage_{i,\,t} + \beta_2 \ln U_{i,t} + \beta_3 \ln RD_{i,t} + \beta_4 \ln TF_t$$
$$+ \beta_5 \ln GDP_{i,t} + \varepsilon_{i,t} \tag{5-9}$$

在回归式(5-9)中,i 是行业,i 是时间,t 是误差项。因变量 $Quality_{i,t}$ 为商品品质,自变量 $Wage_{i,t}$ 为劳动力价格,自变量 $U_{i,t}$ 为产业链分工地位,自变量 $RD_{i,t}$ 是 R&D 指标,自变量 TF_t 是贸易便利化程度。考虑到数据缺失问题,样本时间为 2004—2014 年。

由于贸易具有连续性特征,在自变量中纳入因变量滞后项。一些研究告诉我们,R&D 指标滞后项影响很显著,因此把 R&D 指标滞后项作为自变量。劳动力价格可能具有内生性,很难找到合适工具变量,考虑到贸易和 R&D 活动的动态性特点,本节采用系统广义矩回归方法。此外,也运用了混合最小二乘法、固定效应回归方法,以检验稳定性。

(二)产出品质

有多种测度产出品质的方法。有的文献使用间接方法,比如休谟尔和克莱欧(Hummels 和 Klenow,2005)使用了价格方法。一般来说,价格越高意味着产品品质较好。但也有文献,比如坎德瓦尔(Khandelwal,2010),认为价格不仅包含着了产品品质信息,还包含其他一些信息,例如生产成本等。

还有一种重要方法是把产出品质视为控制出口国大小和价格之后的市场份额。根据这个方法,在控制了价格后,一种产品若具有较高的销售份额则具有较高品质。坎德瓦尔(2010)基于嵌套 Logit 方法度量美国进口商品品质,张一博等(2014)也用这个方式测度了我国出口商品相对于美国商品的品质。

上面不同度量方法的一个区别是单价方法能够度量产品的绝对品质,但是嵌套 Logit 方法能够测算一个经济体相对于另一个经济体的相对品质。在表 5-10 中的第 1、2 列,我们用单价法和嵌套法测度了产出品质的变化。根据测算结果,在 29 个行业中,按照单价法和嵌套法计算都增长的行业有 12 个,都是负增长的有 2 个;绝对增长但相对降低的有 11 个;相对增长但绝对降低的有 4 个。

表 5-10　各行业产出品质以及上游度变化

行业	2004—2014 年产出品质变化		2004—2014 年上游度变化		
	绝对变化	相对变化	2004 年	2014 年	变化
农副食品加工业	38.3%	−9.5%	2.111	2.627	24.4%
食品制造业	27.5%	−9.9%	2.01	2.463	22.3%
饮料制造业	−87.1%	−7.3%	1.644	1.928	17.7%
烟草制品业	−1.2%	−7.3%	1.891	2.149	13.6%
纺织业	6.3%	1.6%	2.624	3.138	19.5%
纺织服装鞋帽	−10.1%	79.9%	1.610	2.101	30.8%
皮革毛皮羽毛等	−5.5%	143.6%	1.536	1.902	23.8%
木材加工及木竹	−2.9%	16.8%	1.889	2.120	12.2%
家具制造业	14.1%	16.8%	2.346	2.972	26.6%
造纸及纸制品业	11.3%	−2.0%	3.553	4.074	14.6%
印刷业记录媒介	57.3%	−15.9%	3.143	3.631	15.5%
文教体育用品业	18.1%	0.6%	2.360	4.074	72.6%
石油加工炼焦等	97.7%	−37.1%	5.082	5.072	−0.2%
化工原料及化学	67.8%	−6.0%	4.523	4.615	2.0%
医药制造业	81.3%	30.4%	3.451	3.896	12.9%
化学纤维制造业	−10.2%	15.0%	2.624	3.138	19.5%
橡胶制品业	23.4%	2.1%	4.523	4.510	−0.2%
塑料制品业	83.7%	−59.2%	2.387	4.104	71.9%
非金属矿物制品	20.3%	−0.4%	2.843	3.061	7.6%
黑色金属冶炼	51.1%	−9.7%	4.506	4.380	−2.9%
有色金属冶炼	81.1%	−7.2%	6.845	8.388	22.4%

续表

行业	2004—2014年产出品质变化		2004—2014年上游度变化		
	绝对变化	相对变化	2004年	2014年	变化
金属制品业	17.7%	-0.5%	4.506	4.380	-2.9%
通用设备制造业	18.9%	-1.7%	2.610	3.223	23.5%
专用设备制造业	64.8%	47.5%	2.487	3.093	24.3%
交通运输设备	55.9%	1.8%	3.180	3.063	-3.6%
电气机械及器材	33.3%	49.5%	3.264	2.805	-14.6%
通信设备计算机及其他电子设备	100.6%	2.4%	4.594	4.207	-8.4%
仪器仪表及文化、办公用机械制造	46.9%	3.6%	3.427	4.444	29.8%
工艺品其他业	64.8%	2.7%	2.360	4.044	71.4%

我国出口商品品质位于连续变化过程中,本节选取了联合国数据库1996—2014年的SITC-3位数数据,采用单价方法度量我国的出口商品品质。因为不容易对出口商品品质进行直接度量,很多文献使用这种方法。质量较高的商品一般具有较高单价,所以单价法适合测度随时间变化的产出品质,也适合度量并比较不同国家间产出品质的差别。根据艾金格(Aiginger,2000)的观点,出口产品单价的提高表明产出品质的提高。单价法的一个突出特点是需要的数据较少,还可以度量较细产品种类的质量,还可以度量对某个国家出口产品的品质。单价法也具有一定的缺点,比如由于各国劳动力成本存在差异,所以该方法度量的产出品质在国家间进行比较时具有一定偏差。但因为本节的分析只包括我国,不与其他经济体进行比较,因此这个缺点不会成为大问题。

在表5-11中,报告了我国1996年和2014年对部分国家出口产品的品质。总体趋势上显示,2014年与1996年相比,出口产品质量有了较大提高,年均增长率大于10%的出口目的国达到29个。

表 5-11 部分国家的出口产品质量

年份 / 国家	1996 年	2014 年	年均增长率	年份 / 国家	1996 年	2014 年	年均增长率
阿根廷	1.208	3.192	5.54%	吉尔吉斯斯坦	0.718	5.685	12.16%
哥伦比亚	0.643	4.830	11.85%	澳大利亚	1.04	3.038	6.07%
捷克	1.537	24.14	16.54%	加拿大	0.842	8.623	13.78%
阿尔及利亚	0.972	4.042	8.25%	德国	1.411	13.32	13.26%
埃及	0.668	2.701	8.07%	丹麦	1.895	3.723	3.83%
印度尼西亚	0.348	2.997	12.68%	西班牙	1.092	7.414	11.21%
印度	0.354	3.306	13.21%	芬兰	1.807	15.44	12.64%
伊朗	2.204	4.568	4.14%	法国	0.967	14.30	16.13%
哈萨克斯坦	0.538	6.384	14.75%	英国	0.995	11.68	14.65%
墨西哥	0.652	8.787	15.55%	匈牙利	0.474	46.17	28.94%
马来西亚	0.325	4.502	15.71%	以色列	1.335	6.037	8.76%
巴基斯坦	0.826	1.967	4.94%	意大利	0.88	8.504	13.35%
巴拿马	0.780	1.601	4.06%	日本	0.545	5.511	13.70%
秘鲁	0.461	3.622	12.11%	韩国	0.198	2.797	15.81%
菲律宾	0.072	2.733	22.47%	荷兰	1.131	12.90	14.47%
波兰	1.245	4.255	7.08%	新西兰	0.908	4.496	9.28%
俄罗斯	0.414	6.543	16.55%	瑞典	1.202	12.18	13.74%
沙特阿拉伯	0.594	4.081	11.28%	土耳其	0.56	5.798	13.97%
泰国	0.396	3.707	13.21%	美国	1.111	13.12	14.68%
乌克兰	0.402	6.340	16.56%				

(三) 其他变量

1. 价值链位置

大家常用产业上游度来度量价值链位置,这个概念的含义是指一个产业与最终产品的平均距离。一个行业该数值越高,表明该行业接近中间投入品端,若该数值越低,那么意味着越靠近最终消费端。(5-10)式是法利(Fally,2012)使用的度量方法。王金亮(2014)、王岚等(2015)基于法利的计算方法,计算了我国和其他国家的情况,然后进行了对比分析,他们的研究结果认为我国产业总体上位于全球价值链的低端。

本节的测算也引用法利(2012)的方法:

$$U_i = 1 + \sum_{j=1}^{N} \frac{d_{ij} Y_j}{Y_i} U_j \qquad\qquad (5-10)$$

在(5-10)式,d_{ij}的含义是j行业对i行业中间品的直接消耗系数,U_i、U_j二者的含义为i行业、j行业的上游度,Y_i、Y_j二者的含义为i行业、j行业的总产出,$\frac{d_{ij} Y_j}{Y_i}$的含义为i行业产出中作为中间投入品投入到j行业的比例。(5-10)式可以写作矩阵形式:$U_1 = [I - \Delta]^{-1} 1$,里面的$[I - \Delta]$为$N×N$方阵,$\Delta$的含义是以$\frac{d_{ij} Y_j}{Y_i}$为第$(i, j)$项元素的矩阵,1是全为1的列向量。

由于我国有多个年度投入产出表。为了和木节的数据年份对应,2004—2006年使用2005年投入产出表,2007—2009年使用2007年投入产出表,2010—2014年使用2010年投入产出表。我们测算出的结果见表5-10后三列。我们把2014年的结果与2004年作比较,我们发现大部分产业的上游度指标得到了改善,只有7个产业降低。由此可知,虽然我国处价值链位置较低,但是2014年和2004年相比,大部分产业的价值链位置得到了改善。

2. 其他解释变量

劳动力价格以各行业城镇单位就业人员平均工资来表示,数据源自《中国劳动统计年鉴》。R&D强度以大中型企业科研内部支出与行业产值之比表示,数据源自《中国科技统计年鉴》。贸易便利化变量的数据源自 Index of Economic Freedom,该数值越大意味着贸易便利化程度越高,那就越容易带来产出品质提高。

二、实证分析结果

本节将以系统广义矩、混合最小二乘和固定效应方法进行计量分析,样本期限范围是 2004—2014 年,涉及的产业为表 5-10 中 29 个行业。表 5-12 报告了估计结果,表中的因变量先后使用了嵌套 logit 方法、单价法。

表 5-12 显示,系统广义矩方法得到的因变量滞后项的回归系数小于混合最小二乘得到的系数,但是大于固定效应模型估计的滞后项系数。通过回归结果(1),我们研究劳动力价格对产出品质的效应,求劳动力价格对产出品质的偏导数,得:

$$\Delta \ln Quality / \Delta \ln Wage = -0.853 + 0.267U \qquad (5-11)$$

表 5-12　产品品质影响因素的回归结果

	嵌套 logit			单价法		
	系统广义矩	混合最小二乘	固定效应	系统广义矩	混合最小二乘	固定效应
	(1)	(2)	(3)	(4)	(5)	(6)
$\ln RD(-1)$	8.38* (1.93)	2.78* (1.78)	1.63 (0.45)	35.27** (2.24)	34.23** (2.18)	19.95 (1.09)
$\ln RD$	−14.37 (−0.64)	−1.73 (−0.42)	−5.22** (−2.16)	−3.59 (−0.22)	−5.75 (−0.43)	−37.27 (−1.25)
$\ln Wage$	−0.84*** (−5.52)	−0.15** (−2.73)	0.13 (0.42)	−1.82** (−2.43)	−0.88 (−1.36)	−1.98 (−1.10)
$\ln gdp$	0.41*** (3.86)	0.06 (0.86)	−0.11 (−0.44)	−0.74 (−1.39)	−0.55 (−1.10)	0.46 (0.63)
$U \times \ln Wage$	0.27*** (3.55)	0.05* (1.83)	0.01 (1.61)	0.71** (2.59)	0.34* (1.78)	0.28 (1.16)
$\ln TF$	0.34* (1.92)	0.54 (0.69)	1.55 (−0.79)	5.94** (1.97)	6.17*** (3.52)	2.58 (0.43)

续表

	嵌套 logit			单价法		
	系统广义矩	混合最小二乘	固定效应	系统广义矩	混合最小二乘	固定效应
	(1)	(2)	(3)	(4)	(5)	(6)
$\ln U$	−0.75 (−0.36)	0.73 (1.38)	0.57 (0.87)	−7.15** (−2.49)	−3.38* (−1.80)	−3.81 (−1.54)
$\ln Quality(-1)$	0.26** (2.54)	0.53*** (5.74)	0.13 (0.74)	0.96*** (72.31)	0.98*** (7.75)	0.75*** (8.45)
常数项	0.80 (0.21)	3.82 (0.43)	11.99 (1.08)	15.84 (0.67)	0.08 (0.03)	0.85 (0.14)
Adj−R^2	0.25	0.37	0.29	0.49	0.54	0.52
ar(2)tset	0.78	—	—	0.13	—	—
sargan p	0.67	—	—	0.33	—	—

注:括号内为 t 值,*** 、** 和 * 分别表示 1%、5%和 10%水平下显著。

劳动力价格对产出品质的回归系数小于 0,产业上游度和劳动力价格的乘积项回归系数大于 0,所以劳动力价格的净效应与上游度大小相关。根据回归结果(1),如果产业上游度比 3.195 小,净效应为负,也就是说劳动力价格上升对处于价值链低端的行业产生"锁定效应";如果产业上游度大于 3.195,净效应大于 0,劳动力价格上升引致了产出品质增加,导致了"挤入效应"。所以,门槛值是 3.195。回归结果(4)使用单价法得到因变量,也得到了相似结论,这说明该结果有较高稳健性。

R&D 强度对产出品质影响的当期效应小于 0,然而在大多数回归结论中显著性水平不高,而滞后变量显著提高了产品品质,这意味着 R&D 投入需要花费时间才能产生效果。除了回归结果(1)外,GDP 在大多数结果中没有显著性。贸易自由度提高在大多数估计结果中促进了产品品质的提高。

三、稳健性检验

我们使用汉森的面板门槛模型检查结构突变点的稳健性。在

(5-12)式的单一门槛模型中，$Quality_{it}$ 为自变量。两种度量因变量方法得出的结论基本一致，这里只报告嵌套 Logit 的结果。X 是劳动力价格、贸易自由度、R&D 滞后一期变量，α_1 为相应回归系数向量。$I(.)$ 为指标函数，U_{ij} 是门槛变量，λ 为门槛值，当指标函数括号中关于 U_{it} 与 λ 的不等式关系成立时，发生结构突变，$I(.)$ 取 1，反之则取 0。$\ln Wage$ 是受到门槛变量影响的解释变量。ε_{it}—$iid(\sigma^2)$ 为随机干扰项。（5-13)式为双重门槛模型，变量含义与(5-12)式相同，λ_1、λ_2 为两个门槛值。(5-12)式中 α_1、α_2 分别为门槛变量 $U_{it} \leqslant \lambda$、$U_{it} > \lambda$ 时自变量对因变量的影响系数。(5-13)式中 α_2、α_3、α_4 分别为门槛变量 $U_{it} \leqslant \lambda_1$、$\lambda_1 < U_{it} \leqslant \lambda_2$、$U_{it} > \lambda_2$ 时，自变量对因变量的影响系数。

$$\ln Quality_{i,t} = \alpha_0 + \alpha_1 X + \alpha_2 \ln Wage_{i,t} I(U_{i,t} \leqslant \lambda)$$
$$+ \alpha_3 \ln Wage_{i,t} I(U_{i,t} > \lambda) + \varepsilon_{i,t} \qquad (5-12)$$

$$\ln Quality_{i,t} = \alpha_0 + \alpha_1 X + \alpha_2 \ln Wage_{i,t} I(U_{i,t} \leqslant \lambda_1) + \alpha_3 \ln Wage_{i,t}$$
$$I(\lambda_1 < U_{i,t} \leqslant \lambda_2) + \alpha_4 \ln Wage_{i,t} I(U_{i,t} > \lambda_2) + \varepsilon_{i,t}$$
$$(5-13)$$

首先，我们通过门槛效果自抽样检验（见表 5-13）确定门槛个数，以确定模型的具体形式。检验效果中显示在 1% 的水平上双重门槛结果最为显著，可确定存在两个门槛。进一步得出门槛估计值与置信区间的范围（见表 5-14）。

表 5-13　门槛效应检验

模型	F 值	P 值	BS 次数	临界值		
				1%	5%	10%
单一门槛	13.511	0.145	300	31.8	24.03	16.59
双重门槛	92.945***	0.001	300	39.67	11.01	1.37
三重门槛	0.000	0.368	300	0.00	0.00	0.00

注：P 值和临界值通过采用"自抽样法"，反复抽样 300 次；*** 、** 和 * 分别表示在 1%、5% 和 10% 水平下显著性。

表5-14　门槛估计值与置信区间

	门槛估计值	95%置信区间
单一门槛	3.43	$[3.38,4.84]$
双重门槛		
Ito1(g_1)	2.59	$[2.59,2.63]$
Ito2(g_2)	3.53	$[2.94,3.53]$
三重门槛	2.99	$[2.79,3.03]$

由此我们得到双重门槛估计模型中两个门槛值2.59和3.53,将(5-13)式简化为(5-14)式后进行系统矩估计,结果见表5-15。表5-15中Xd_1即$\ln Wage_{i,t}I(U_{i,t} \leqslant \lambda_1)$,$Xd_2$即$\ln Wage_{i,t}I(U_{i,t} > \lambda_2)$。

$$\ln Quality_{i,t} = \alpha_0 + \alpha_1 X + \alpha_2 \ln Wage_{i,t}I(U_{i,t} \leqslant \lambda_1) +$$
$$\alpha_4 \ln Wage_{i,t}I(U_{i,t} > \lambda_2) + \varepsilon_{i,t} \tag{5-14}$$

表5-15　门槛模型估计结果

自变量	系统广义矩估计
$Quality(-1)$	1.08(27.3)***
$Rd(-1)$	122.6(2.99)***
$\ln TF$	8.64(0.28)
$\ln Wage$	-0.75(-2.45)**
Xd_1	-0.23(-2.33)**
Xd_2	1.36(7.79)***
cons	92.7(1.29)
R^2	0.486

注:括号内为t值;***、**和*分别表示在1%、5%和10%水平下显著。

由表5-15回归结果可知,若上游度比第一个门槛值2.59低($U_{it} \leqslant \lambda_1$),劳动力价格对产出品质的影响效应为:

$$\Delta \ln Quality / \Delta \ln Wage = -0.749 - 0.231 = -0.98 \tag{5-15}$$

由于该式小于0,所以存在负的效应;若产业上游度位于两个门槛

值之间($\lambda_1 < U_{it} \leq \lambda_2$),那么劳动力价格对产出品质的影响效应为:

$$\Delta \ln Quality / \Delta \ln Wage = -0.749 \tag{5-16}$$

这时也存在负的效应。影响系数比上面的影响系数要低,所以当产业上游度位于较低区域时与位于较高区域时相比,劳动力价格的负效应更明显。若上游度比第二个门槛值 3.53 还要大($U_{it} > \lambda_2$),劳动力价格对产出品质的影响效应为:

$$\Delta \ln Quality / \Delta \ln Wage = -0.749 + 1.364 = 0.615 \tag{5-17}$$

这时的影响效应为正。虽然门槛检验结果表明有两个门槛,但门槛值大于 3.53 时,劳动力价格的效应才从负变为正。表 5-16 对门槛效应做了总结和整理。对两个负向效应系数进行比较,结果是若上游度越低,劳动力价格带来的负效应越大。

表 5-16　劳动力价格的门槛效应

	$U_{it} \leq 2.590$	$2.590 < U_{it} \leq 3.525$	$U_{it} > 3.525$
$\ln Wage$	负向影响(-0.98)	负向影响(-0.749)	正向影响(0.615)

注:括号中是影响系数。

经验分析结果与我们的期望一致,即上游度存在门槛值,当上游度低于某一个较低水平,劳动力价格提高对产出品质改善的效应为负,这时带来"锁定效应";而当上游度高于某一水平时,劳动力价格提高带来产出品质提高,也就是带来"挤入效应"。

在全球价值链分工条件下,产品的生产环节在发达经济体和发展中经济体之间进行配置,企业综合考虑各种因素以决定参与国在价值链分工中的地位和产品质量。劳动力成本上升会引起参与国产出品质的变化,当发展中经济体的生产处于价值链分工下游环节时,对其产出品质产生负向影响,带来"锁定效应",若处于上游阶段,就会有积极效应,产生了"挤入效应"。我国的制造业行业数据验证了该结论。

对我国来说,部分行业在产业链分工体系中地位较低,产出品质不高。当公司面临的劳动力价格提高时,有些公司不是改善产出品质来应对,而是减低品质以降低成本作为对策。这种低价策略使得公司趋于进入"锁定"陷阱,对品质提高产生阻碍作用。对这样的公司,应该提高公司品质改善技能,减轻公司品质提高代价,提高价值链分工地位,改善产出品质。

对我国来说,还有部分行业产出品质提升较大,产业链分工地位相对较高。当公司面临的劳动力价格提高时,这些公司喜欢提高产出品质进行应对,易于得到"挤入效应"。对这些公司来说,他们的产业链地位已处于较高地位,公司在生产方面的比较优势约束较大,因此,提高公司生产效率,提高公司生产方面的比较优势。对公司提高产业链分工位置和产出品质具有重要意义。

第六章　生产分割条件下汽车产业价值链升级

第一节　汽车产业的全球价值链与生产分割体系

　　随着世界经济的发展,全球经济一体化得到了快速发展,加之科学技术的飞速进步及其在国家间的传递和溢出,很多产业的发展超过了一个国家范围的约束,特别是汽车产业的发展已经超越出国家的界限,呈现出生产、销售和服务的全球化特征。世界主要汽车生产厂商纷纷把汽车产业的价值链在全世界范围内延伸和扩展,汽车产业链的国际分工体系已经形成,各个经济体都成为位于汽车生产分割系统中的一员,我国汽车产业也无法规避地处于这一体系中。

　　1985 年,波特提出价值链的概念。他把参与价值创造的活动进行了划分,包括基本活动、辅助活动,前者的类型有生产、运输、营销等,后者的类型有材料供应、技术、人力资本等,上述活动形成的系统的链条成为价值链。格莱菲(Gereffi,1994)给出全球商品链的概念,用以分析全球范围内的国际产业联系。格莱菲把全球商品链区分成两种形式:购买者驱动型、生产者驱动型。购买者驱动型行业主要涉及劳动密度较强的产业,劳动密度产业的特点是品牌和营销等环节的增值率较高,而生产加工阶段的增值率较低;生产者驱动型产业主要涉及资本密集度较高产业,在生产者驱动型产业,市场销售扩大主要是由生产者投资来扩大,利润来源主要和技术创新有关。

格莱菲的相关研究具有开拓性意义,他得出了两类价值链的相关定义,给后代学者对价值链相关问题的研究奠定了概念基础,后人基于他提出的概念从多个视角对价值链进行研究。联合国工业发展组织给出的全球价值链(GVC)的概念为:"为了实现商品或服务价值,把生产、销售、回收处理等环节链接起来的跨企业网络组织,包括原料购买、运输、半成品和成品的生产与分销等完整环节。"根据这个概念,全球价值链是由很多企业组成的,这些企业之间具有生产上的相互联系,他们之间的相互关联组成一张相互影响的网络。在这张网络中,价值链、商品链等链条在网络中布局,网络中的企业作为生产经营主体,它们之间的经济往来和活动组成了生产分割体系。

作为国际生产分割体系来讲,它的特点是价值链环节在空间上具有分布特征,而汽车产业价值链在分工体系的分布也具有这种特征。汽车产业链有生产环节、流通环节,有开发设计、生产、加工组装、销售、物流、售后等。

汽车产品涉及的价值链有很多,包括"系统组装商、全球垄断供应商、一级供应商、二级供应商、三级供应商以及修理用零部件供应商"等许多链条。跨国公司为了降低成本、提高汽车质量和竞争力,在生产分割环境下,把汽车生产经营过程中的价值链进行协调,探寻了最适宜的方式,采用全球研发、采购、生产、销售以及售后服务的全球策略。研发水平、关键技术和零部件的开发能力对产品质量水平具有重要影响,所以跨国公司一般要对整车设计方面的主要技术加以控制。此外,也得和全球垄断供应商在主要技术的研发设计方面进行共享,实现尽最大可能满足顾客需求的目标;对全球垄断供应商来说,得培育自己满足整车企业技术研发和设计要求方面的能力,满足这个条件才能使自己具备较高竞争力;一级供应商要求具有向组装商供应零部件产品的实力,同时也需要具备一定的研发和设计能力;对二级供应商来说,对他们的要求是产出质量要达到一定的标准和水平,所以需要这些供应商具备一定质量的生产能力;对三级供应商来说,需要他们提供基础服务以及产品,因此对他们技术方面的要求不高;对修理用零部件供应商来说,对他们的能力要求不高,对他们来讲,需要具有得到低廉原材料的能力和基本的工程能力。目前,在研发设计、生产、组装等各个阶段,供应商的参与逐步提高,发挥了越来越重要的作用。甚至有些研发 R&D 活动由供应商承担和参与,因此对供应商的能力要求变得越来越高,供应商在研发和设计方面的参与为产品质量提高发挥了重要作用。

在国际价值链分工体系下,产业升级的含义有着特别之处。汉弗里和施米茨(Humphrey 和 Schmitz,2000)的观点是基于产业链的参与,产业升级有四种主要方式:"第一种是对生产流程、工艺过程再次设计升级,提高生产效率,这种升级是工艺流程升级;第二种为引进新的产品,并且把旧产品进行改造升级,带来产品创新,提升升级能力,我们称之为产品升级;第三种为进入研发设计等高附加值链条环节的功能升级,包括提高自主 R&D 能力和水平,由此进入产业链条的高端位置;第四种为跨部门升级,通过这种升级方式,企业把从一个产业得到的创新和竞争力提升推广到其他产业。"一般来讲,产业升级遵循某种规律,最先是工艺流程提升,然后为产品更新,其次为功能改善,最后是部门升级,这个规律也适用汽车行业,特别是适用发展中经济体的产业。

产业链条的跨国分割为发展中经济体的汽车产业转型升级提供了较好基础。汉弗里和迈米岛威克(Humphrey 和 Memedovic,2003)的文献对历史上汽车产业的发展、转型升级和地域间的分工情况进行了研究,根据他们的观点,汽车行业的生产分割活动使得价值链条在世界范围内得到配置,从而为发展中经济体参与并实现价值链条升级提供了机会。虽然全球汽车行业的价值链分工体系给发展中经济体的产业优化和提升带来了便利因素,但是实现这个目标需要付出努力。洛伦岑和巴恩斯(Lorentzen 和 Barnes,2004)的文献分析了南非汽车产业的创新和升级情况,根据他们的研究结论,在满足一定条件下,发展中经济体的汽车产业会实现结构升级和质量提高,但是需要一定的政策来提高公司的创新能力。综上所述,在全球产业链分工情况下,一个经济体要想通过融入价值链实现技术水平提高和产出品质改善,既具有良好的机会,同时也会有一定的压力和挑战。随着经济全球化的发展和全球价值链分工的深化,汽车行业的跨国巨头在全球范围内配置资源,一些价值链环节安排在发展中国家和地区,公司的战略环节和核心环节包括品牌、设计、研发等高附加值环节由跨国公司直接控制,大多数发展中经济体以进口汽车散件来进行全散件组装和半散件组装参与进来,只得到很低的收益。虽然价值链分工模式为发展中经济体的汽车产业升级带来了机遇,但是仍然具有很多挑战。

我国的汽车产业融入全球价值链分割体系的历程包括以下环节:在改革开放初期,出于鼓励我国汽车行业发展的目的,国家出台政策允许轿车开始合资,我国汽车业开始跨入起步过程;在 20 世纪 90 年代,我国发布了《汽车工业产业政策》,这个政策的出台意味着我国汽车行业发展进入新阶段,该行业对外经贸联系逐步深化,不再是简单的资金和技术交流,而是深入到产品合作研发等高附加值环节;我国加入世界贸易组织之后,汽车跨国企业对我国的投入大幅度提高,跨国企业把各个环节进行全球布局,并进行优化和管理,包括生产、供应和销售等完整体系,同时带来产品流、资金流和信息流等流动。对我国来说,我国汽车产业通过融入价值链分割体系,从多分方面和多个角度为我国汽车产业实现价值链升级带来了良好的发展机遇。

第二节　全球和我国汽车产业发展现状

汽车行业经过一百多年来的形成和发展,经历了几个重要的变革。

按照《2010 全球汽车产业白皮书》的观点,世界汽车行业的成长阶段用一句话来形容,即为"诞生于德国,成长于法国,成熟于美国,兴旺于欧洲,挑战于亚洲"。欧洲是汽车产业的诞生地,汽车产业在欧洲最初发展起来,汽车是在德国发明的,在法国获得了最初的发展。之后,汽车产业有三次较大的技术发展经历,第一次是美国福特公司研制了 T 型车,最先采用装配流水线,此举使得汽车产业发展中心由欧洲转移到美国;第二次是欧洲通过发动机前置前驱动、发动机后置后驱动、承载式车身等技术变化,把汽车产业中心从美国又转回到欧洲;第三次是日本采用精益化生产模式,对生产管理方式进行完善,大力开发经济型轿车,以此变为美欧之后的第三个汽车产业中心。

近年来,在世界汽车产业的生产方面,从国别角度来说,2017 年前 10 位国家的汽车产量占世界总产量的比例为 78.4%。在发达经济体中,4 个主要汽车生产强国美国、日本、德国和法国的产量占全球的比例大概是 30%。而在 10 多年之前,这个比例大概有 50%,所以近年来 4 个汽车强国在全球中的地位区域降低。而在 2017 年,中国、巴西、印度和俄罗斯 4 个"金砖国家"产量在全球占的比例大约为 40%,远大于上面所述 4 个强国。对我国来说,2017 年的产量水平提高很快,达到 2900 多万辆,产品排名全球第一,并创造汽车年产量世界纪录。在表 6-1 中,我们报告了 2009 年、2017 年汽车重要产地的产量水平。在 2017 年,全球总产量达到 9730 多万辆,与 2009 年相比增加了约 58%,我国产量从 2009 年的大约 1380 万辆快速增长到 2017 年的 2900 多万辆,增长速度远超全球平均水平。

表 6-1　主要汽车生产国汽车生产情况　　　　　　(单位:万辆)

序号	国家	2009 年产量	2017 年产量
1	中国	1379	2902
2	日本	793	969
3	美国	573	1119

续表

序号	国家	2009 年产量	2017 年产量
4	德国	521	565
5	韩国	351	411
6	巴西	318	270
7	印度	264	478
8	西班牙	217	285
9	墨西哥	156	407
10	法国	208	223
世界总计		6170	9730

数据来源：中国汽车工业协会网站。

20 世纪 70 年代之后，世界汽车生产格局具有"6+3"的特点，即"通用系、福特系、克莱斯勒系、丰田系、大众系、雷诺系 6 个汽车生产集团，和本田、宝马、标致—雪铁龙 3 个独立制造商"。这 6 个生产商和 3 个独立制造商在全球生产、销售方面占主导地位，市场份额占全球 90% 以上，并且引领着全球汽车产业的发展趋势。21 世纪初期，全球汽车行业经过进一步整合，产业格局变化为"7+2"，即包括 7 个组合：通用和上汽，丰田和富士重工，福特、马自达、长安，标致—雪铁龙和宝马，大众和铃木，雷诺、日产、戴姆勒，菲亚特、克莱斯勒、三菱，此外还有本田和现代起亚 2 家公司。

从消费市场看，世界主要消费市场在美国、西欧、亚太区域。然而，这几个市场需求的增长非常缓慢，特别是 2008 年金融危机以来，汽车销量的增长更为缓慢。而我国以及部分其他经济体汽车销量增长迅速，在全球市场占据重要地位，并且具有巨大增长潜力，国际跨国汽车生产商和制造商对这些市场给予了重要关注，并且增加了投资支出。

我国已经成为世界上重要的汽车生产大国和需求大国。我国在世界市场上作为供给和需求的主体，地位越来越重要，特别是进入 21 世纪之后，大多数世界跨国品牌已经在我国生产、销售其产品，给我国产业发展带来巨大生机和发展机遇，我国汽车产销量得到飞速增加，成为世界第一大生产国。我国的自主品牌汽车得到了很快增长,产品质量和技术开发能力有了很大进步,销售需求得到较大提高,然而自主品牌汽车还面临很大发展挑战。当前,我国国内商用车方面,自主品牌占据较大市场份额,并且我国自主品牌公司已经具有较强的独立研发能力;在乘用车方面,微型客车主要以自主品牌为主,轿车、MPV 和 SUV 中高端汽车主要以合资品牌为主,中低端以自主品牌为主。2017 年,我国自主品牌乘用车销售 1085 万辆,占乘用车总量的 44%。我国自主品牌企业虽然在研发和产品质量方面得到很大进步,但仍然具有品牌价值较低、生产产量较低、增值率较低、赢利能力不高等问题。

从我国汽车保有量来讲,我国 2010 年保有量为 7800 多万辆,2011年突破了 1 亿辆,2017 年达到了 2.17 亿辆。根据国际流行规则,如果20%以上家庭具有汽车,该经济体属于汽车社会,我国早已经满足该界线,所以已经属于汽车社会。

近年来,我国汽车整车和零部件出口迅猛增加。表 6-2 报告了整车出口情况。2001 年,我国汽车整车出口 2.6 万辆,金额为 2.1 亿美元,其中乘用车、商用车出口仅为 0.4 万辆、2.3 万辆。受金融危机影响,2009 年的出口数量仅为 37 万辆,金额为 51.9 亿美元,比 2008 年下降约 45%。2010 年,汽车出口出现反弹,出口整车数量为 56.6 万辆,同比增长 53 %,整车出口金额达到 69.9 亿美元,同比增长 35%。但在2012 年之后,整车出口数量和金额都出现降低态势。

表 6-2　近年来我国整车出口情况

年份	出口数量(万辆)			出口额(亿美元)		
	合计	乘用车	商用车	合计	乘用车	商用车
2001	2.6	0.4	2.3	2.1	0.3	1.8
2002	2.9	0.2	2.6	2.5	0.3	2.1
2003	4.5	0.8	3.8	3.7	0.6	3.1
2004	13.6	7.3	6.3	6.6	1.7	4.8

续表

年份	出口数量（万辆）			出口额（亿美元）		
	合计	乘用车	商用车	合计	乘用车	商用车
2005	16.4	3.9	12.6	15.1	3.3	11.9
2006	34.3	11.6	22.8	31.4	8.4	23.0
2007	61.4	26.5	35.0	73.1	20.9	52.2
2008	68.1	31.9	36.2	96.3	24.6	71.7
2009	37.0	15.3	21.7	51.9	11.0	40.9
2010	56.6	28.2	28.4	69.9	18.6	51.3
2011	85.0	47.0	38.0	109.5	33.4	76.1
2012	101.6	58.8	42.8	137.3	42.9	94.4
2013	94.9	55.3	39.5	129.0	41.0	87.9
2014	94.8	50.8	44.0	138.0	39.5	98.4
2015	75.5	42.3	33.2	124.3	35.8	88.5
2016	81.0	52.9	28.1	114.2	44.5	69.8

数据来源：《中国汽车产业发展报告2017》，社会科学文献出版社2017年版。

在我国汽车整车出口种类中，轿车和载货车为出口数量最多的种类。2016年，这两种汽车出口数量为52万辆，占总量比例达到64%。特别是轿车出口速度增加很快，2016年出口数量超到33万辆，占总量比例达到41%，成为我国汽车出口的最主要种类。我国的客车在世界市场具有较强的竞争力和较大的性价比，2016年我国出口客车达到5.8万辆。2016年，我国车用发动机和零部件出口达到603亿美元，增长很快，但是在产品类型上仍然以材料密集型、劳动密集型汽车为主体。

第三节 我国汽车产业价值链升级对策

根据我国汽车产业发展的历程和经验，我国汽车产业价值链地位提升主要有两种模式：传统合资模式价值链升级、自主创新模式价值链升级。

一、传统合资模式下的价值链升级

自改革开放以来,我国实行的鼓励外资优惠措施以及良好的发展机遇使得汽车合资企业在我国得到了较快发展。早在1983年,第一家整车合资公司进入到我国,目前绝大多数汽车跨国巨头都已到中国投资,合资模式在中国汽车行业蓬勃发展起来。1988年,3个大型轿车合资公司以及3个小型轿车公司,获得国家批准。出于引进技术和激励国内汽车企业的目的,1994年汽车产业政策规定:外资整车以及发动机公司在我国生产,必须以合资方式进行,且外方股比不能超过50%。2004年汽车产业政策删除了一些限制要求,包括外汇方面的平衡要求、国产化要求以及对出口绩效方面的要求等,特别是对合资企业股比限制的要求也放开了。由于这段时间的外资获得了优厚待遇,所以合资企业获得了迅速发展的机会。

在中国的汽车工业发展中,合资企业占据了重要的地位。例如,在汽车零部件行业,世界前20位的汽车零部件企业大部分基于各种方式进入了我国市场。尽管外资背景公司只占20%,但销售份额超过70%。在电子和发动机等技术密集型领域,外资份额超过90%。在部分核心领域,占比也达到90%甚至是95%以上[①]。

通过利用外资,中国汽车行业的技术水平得到了一定提高,产业结构得到了一定改善,汽车行业的整体发展水平获得了一定提升。与外资进行合资的最初想法进入到跨国汽车企业的全球价值链中,我们让出部分市场,但使得跨国汽车公司能够源源不断地向中国转让技术,中方企业通过技术外溢,学习合资方的关键技术,提高技术水平和创新能力,达到汽车行业自主创新和自主开发的目的。我国在汽车领域的实践显示出合资合作对于提高中国企业的技术进步和结构升级发挥了部分效果。近些年来,我国汽车企业的产品质量逐步得到提高,已经能够

---

① 数据来源于前瞻产业研究院:《2018—2023年中国汽车零部件制造行业深度市场调研与投资前景预测分析报告》,https://bg.qianzhan.com/veport。

进行自主开发和自主设计,这个结果与合资企业的积极作用有关系。

然而,"市场换技术"带来的效果还存在一些争论,许多人认为效果并不理想,许多因素阻碍了市场换技术的效果,主要与以下因素有关:

一是跨国汽车公司在汽车行业中居于价值链体系的管理地位,合资企业在该体系中位于从属位置。跨国公司在价值链的治理中发挥着主导作用,承担着研发设计和车型的基础性研发工作,其竞争优势主要体现在品牌、销售等领域。而合资企业的任务主要集中于生产制造环节,在整个价值链分工系统中处于从属地位。虽然大多数跨国汽车公司在中国成立研究机构,但其主要目的是使产品贴合当地消费需求,更多的研究工作是围绕国产化和针对当地市场优化而展开,所以没有带来太多技术溢出效应。

二是跨国汽车公司进行外溢的技术和经验主要是关于低层次制造层面的,带来的有利效应不大。因为合资公司的主要任务一般位于层面相对较低的生产制造环节,所以通过技术扩散获得的收益只是在生产制造层面,对于创新能力、技术水平提升、产出质量改进带来的影响有限。

三是公司自主创新能力有待进一步提高,还没有成为以嵌入产业链和国际生产分割的合资方式经营环境下的升级主体,尚未进入"引进→消化吸收→自主创新"的升级通道。朱敏(2016)指出,中国对引进技术的消化吸收能力限制了FDI的技术溢出水平。尽管合资企业不断推出新车型,进行各种形式的升级,但缺乏持续的技术革新和质量提高能力。对于中方公司来讲,没有研发和技术的积累就不会有企业的自主创新发展。

二、自主创新模式下价值链升级

自主创新模式下价值链升级主要有下面两种:

首先,创立拥有自主品牌的本土企业。2004年《汽车产业发展政策》提出了自主品牌战略,支持拥有自主知识产权的品牌发展。全球产业链分工体系的形成、合资企业技术扩散、模块化采购方式、跨国公司研发机构的设立等为本土自主研发提供了肥沃土壤。越来越多的公司在优惠待遇扶持下,开始研发自主品牌,实现整车出口和在国外设厂生产。在2016年2800多万辆汽车的销量中,自主品牌占比接近50%,与外资品牌平分秋色,其中商用车在自主品牌中占据主导地位,占比达到94%。

其次,创立拥有自主品牌的合资企业。随着合资企业发展水平的提高,合资企业逐步发展自主品牌,我国自主品牌产业开始嵌入到世界汽车产业分工体系中。比如,吉利集团与英国锰铜公司签署合资生产汽车的协议,三菱自动车株式会社与湖南长丰集团组建股份对等的合资公司,都属于合资企业创建自己的品牌。还有很多合资企业已经积极发展自主品牌,例如广汽本田、东风日产等合资企业。在这种发展自主品牌的合资企业模式下,该合资企业和传统合资企业有很大差异,在新模式下,中方地位比较高,基于这种发展模式,我国自主品牌汽车以新的方式得以嵌入到全球汽车产业链分工体系中。

在上述两种方式中,自主品牌企业是价值链的治理者,自主品牌企业位于价值链的主导地位。按照汉弗里和施米茨对产业升级的区分,自主创新企业能够选择以下方式:工艺流程提高、产品升级、功能升级和跨部门升级。在自主创新模式下,企业技术进步和产业升级兼具汉弗里和施米茨的4种方式。当前,一些自主品牌公司走的是"模仿、消化和吸收国外先进技术→自行设计制造→自主品牌制造"的技术创新和产业升级方式。

自主创新公司通过融入国际生产分割体系构建的价值链具有模块化的特征,这对公司技术创新和产业升级具有重要作用。对于自主创新公司,部分研究设计依赖国外公司,合作研究能够提高其自主创新能力,并且能够借助国外汽车公司的销售网络在国外市场进行销售。"奇瑞公司的自主品牌风云是以捷达作为基础,车型设计由子公司进行,底盘由英国某公司调校,发动机合作方是奥地利某企业。在国际市场,2001年向叙利亚出口了第一批轿车,随后中高端车型陆续在国外销售,2010年完成海外销售9.2万辆。奇瑞是我国第一家在海外经营的轿车公司,先后与伊朗、俄罗斯、乌拉圭成立合资公司或在当地投资设厂。"①自主品牌企业在全球价值链中居于主导地位,嵌入到国际生产分割体系,为技术创新能力的改进和产业升级打下了好的基础。

三、我国汽车产业价值链升级存在的问题

(一)研发与创新水平有待进一步提高

虽然我国汽车产业的研发水平和创新能力已经有了较大改进,但是创新能力还不足,落后于汽车产业进一步发展的需要。我国汽车产业的进一步发展要求研发投入和创新水平进一步提高。技术水平低和自主创新能力不足制约了我国汽车产业的发展。目前,在自主研发和自主创新能力方面,中国商用车具有比较强的自主研发能力和创新能力,具备一定的竞争力,而乘用车研发创新能力比较落后。在乘用车方面,自主品牌较少,公司技术水平较低,研发创新能力不足,造成了自主品牌,特别是竞争力强、具备一定发展潜力的自主品牌非常缺乏。

我国企业研发投入与跨国汽车巨头相比有很大差距。根据《中国汽车产业发展报告2017》,"中国汽车产业研发费用占全球汽车研发费用的份额从2007年的4%增长到目前的11%;吉利汽车近年来的研发投入已占到营业收入的10%;长安汽车年研发投入占销售收入的5%;上汽集团研发投入累计超过450亿元"。当然,我国自主研发投入强度

---

①　中国汽车技术研究中心:《中国汽车工业年鉴2011》,《中国汽车工业年鉴》期刊社2012年版。

与大众、丰田、戴姆勒、通用等跨国公司相比仍有很大差距。对于合资自主品牌企业来讲,适应性改造为主要创新方式,研发投入比较低;而对于自主品牌企业来讲,由于低端市场的价格竞争更强,它们的企业利润偏低,研发和创新投入较少,研发投入占营业收入的比重与发达企业相比差距较大。

2017年推出的《汽车产业长期发展规划》提到,全球汽车产业正面临着深刻的技术和产业变革,新能源、轻量化、智能化和网联化正成为一种宏观趋势。由于跨国汽车巨头加快了对新能源技术等新技术的研发和推广;同时由于合资企业不断针对中国的特点研发新车型,越来越显示出较强的竞争力,我国的自主品牌公司需要应对的竞争压力逐步变大,所以这些公司需要提高研发投入,提高创新能力,加强与国外先进公司合作,充分利用技术外溢实现技术扩散,提高研发水平和产出品质。

(二)零部件产业落后抑制了产业升级

整车和零部件产业是相互促进和相互依存的。整车产业的强劲发展会对零部件企业产生带动作用,而零部件产业的良好发展影响到整车行业的质量和发展水平,缺乏零部件产业的支撑,整车产业的发展就会缺乏动力。我国汽车零部件产业的发展虽然已经取得了重大进展,但是还具有生产集中度比较低、产品结构比较低端、研发和创新能力不强、与整车厂战略合作不足等问题。

1. 生产集中度不高,难以形成经济规模

骨干企业较少,导致市场集中度比较低。我国虽然零部件产业整体产量比较大,但是各个公司的产量都很低,实力都不强,缺乏大型骨干公司,所以市场竞争无序程度高,难以实现规模报酬。

2. 产品结构低端化、赢利能力弱

跨国汽车公司在汽车产业价值链中居支配位置。博世、德尔福等跨国公司在我国汽车零部件领域占有重要地位。从公司数量看,当前内资大中型汽车零部件企业数量占总量的比例不到15%,而且大多位于低附加值、高耗能领域,技术开发能力不高,竞争力较弱。

"虽然外资企业占规模公司总数量的比例只有20%,但是市场份额超过70%。特别是在一些技术含量较高产品上,外资的市场份额超过90%。在发动机系统、ABS等核心零部件产品上,这个比重甚至达到95%和90%以上。"[①]

3. 零部件企业普遍缺乏自主创新能力

跨国汽车公司在核心零部件上的研发投入较多,远远超过我国公司。我国汽车公司的研发投入主要花费在新车型方面,而在核心零部件上比例很低。因为我国在零部件产业上的基础薄弱,长期投资不足,另外由于核心零部件的研发投入大并且见效慢,所以公司不愿意在零部件产业上进行太多研究投入。因此,虽然有不少公司在关键零部件领域进行研发投入,但很多是拆解和简单模仿。

4. 零部件厂与整车厂尚未建立高效战略合作关系

我国汽车产业零部件厂尚未与整车厂建立高效战略合作关系。我国内资零部件公司由于存在生产技术水平低、实力弱的特点,所以只能生产座椅、保险杠、车轮和挡风玻璃等技术水平不高和附加值较低的产品。我国内资零部件公司在为整车企业配套时,通常充当低级配套商,无法和整车企业同步研发,这导致配套水平的减弱,抑制了零部件公司的发展。与国外的零部件公司相比,国外零部件公司具有较高研发能力和产品质量水平,所以我国整车企业在选择配套商时,国内零部件企业不占优势。因此,国内零部件厂与整车厂未能建立起高效的战略合作关系。

---

① 前瞻产业研究院:《2018—2023年中国汽车零部件制造行业深度市场调研与投资前景预测分析报告》,http://bg.qianzhan.com/report。

四、中国汽车产业价值链升级的对策建议

中国汽车产业的发展位于全球汽车产业的价值链和国际生产分割体系中,本节以汽车产业作为研究对象,研究全球价值链分割体系下汽车产业的技术创新和产业地位升级。近些年以来,我国汽车行业创新能力、产出品质、技术含量获得了改善,这受益于技术创新水平和产业地位升级二者之间的相互促进。

汽车产业后起国家通常有两种发展模式:第一种是以韩国等为典型的"自主发展模式";第二种是以巴西、加拿大等为典型的"开放发展模式"。"自主发展模式"一般指"由政府主导,以依靠国内资源为主,改善公司创新水平,建立比较完善的汽车生产工业体系,包括建立研发能力、国内品牌和国内零部件供应体系"。例如韩国,通过实施该模式,形成了一定的自主开发能力,具有了一些自主品牌,并且拥有比较完整的价值环节,汽车产业竞争能力获得了很大提高。该模式不以完整产业环节为追求目标,而是借助外部力量,融入世界产业链分工体系。巴西是"开放发展模式"的典型代表,基本做法包括吸引国际跨国公司,包括整车企业和零部件企业来投资,充分利用跨国公司的资金、技术、研发、管理经验、营销渠道等发展本国汽车产业。西班牙、加拿大、巴西等很多国家通过利用该模式得到了成功,它们的汽车产业得到了较大发展。对于汽车产业发展的后起国家,该模式是一种可操作性较强、成本较小的发展模式。但是若一个经济体长期采取该模式,会面临一些弊端,例如缺乏独立自主品牌等。

虽然"自主发展模式"和"开放发展模式"的发展路径有所差异,但是都能使一个后起国家的汽车工业得到发展。由于两种模式的路径、模式和侧重点不同,得到的结果也不尽相同,带来了本国汽车产业的不同特征。对我国来讲,可以充分发挥"自主发展模式"和"开放发展模式"这两种模式的优点,规避其缺点,既坚持自主发展,又充分利用开放经济带来的有利发展环境。

（一）政府层面

第一，鼓励企业研发创新，推动企业技术进步。支持企业开发关键技术和核心技术的研发活动；健全科技创新投入制度，采取国家与企业结合模式，推动企业技术创新；完善促进汽车产业产、学、研相结合的政策；鼓励从单项创新研究，转向重大技术研发活动。

第二，完善有利于创新的政策体系，推进国家创新体系建设。加强知识产权保护，以推动企业自主创新；实行有利于技术创新的财税和金融政策，为企业提供创新激励措施；完善相关政策，配套优良研发环境。

第三，维护汽车市场竞争秩序，推动产业结构优化升级。为推动汽车产业市场有序竞争，减少无序和过度竞争，推动汽车产业结构的调整和技术进步，鼓励具备一定生产规模和生产能力、具备必要产品基础开发能力、符合有关国家标准及规定、符合安全环保和节能等有关标准、具备一定产品营销及售后服务能力的企业进入市场。

第四，促进产业集群发展。为产业集群发展打造良好环境；加大知识产权保护力度，鼓励有偿转让；建立共享创新平台，促进企业之间的技术合作；制定汽车产业区位政策，建立汽车行业的技术服务中心；建立相关中介组织为汽车产业服务，为汽车产业发展提供所需要的公共服务。

（二）企业层面

第一，鼓励公司之间进行整合，扩大规模报酬收益。我国汽车产业具有生产规模较小的特点，鼓励企业之间进行整合，扩大企业经营规模，通过并购等方式，扩大企业产出，降低成本，充分实现规模经济收益，提高产品竞争能力。

第二，进行专业化分工，实现产业链的配套，加快零部件产业的发展。企业应根据自身条件，走适合自己的经营之道。比如，整车企业可

以把非核心业务进行外包,从而专注核心业务;零部件企业可以根据模块化发展要求,基于跨国企业平台,通过对自主知识产权品牌的自主开发以及与国外联合开发等方式,借助跨国公司的全球采购网络,逐步成为全球供货商。

第三,强化企业自主创新能力。企业既要培育和加强自主创新能力,又要站在全球高度,跟踪国外汽车产业的技术发展动态,及时掌握最新信息,进行技术研究与开发,由此带动整个产业的技术进步和升级。有条件的企业可以通过成立研发中心,推动与发达经济体之间的水平分工,提高自主创新能力。

总之,我国汽车企业应在全球价值链分工体系下,把资源和优势集中到自己最擅长的领域,培育和做强核心竞争力,通过技术进步推动企业的产业结构升级,并在全球价值链中积极主动地不断加强和提升自身能力。

第七章　推动我国企业价值链升级的政策选择

第一节　企业价值链地位的影响因素

我们考察了在国际生产分割条件下,我国质量异质性企业的价值链升级问题。通过把国际生产分割融入质量异质性企业理论的研究中,我们探讨了发展中国家质量异质性企业的价值链升级影响因素,分别利用了国家层面、行业层面和企业层面的数据进行了实证研究,为推动我国价值链分工地位的升级提供理论和政策依据。通过上述研究,我们得出以下主要结论:

一、产业链地位提升和商品品质改善之间的关系

东道国产业链分工地位、商品品质受到以下因素的影响:比较优势、运输价格、质量提供价格,这些变量之间的影响和联系与下面的两个途径有关:产出品质变化带来的需求变化、生产成本变化带来的成本变化。东道国产业链分工地位提升和商品品质改善之间的关系与东道国在产业链分工中的地位有关,若处于分工地位的下游阶段,则两者之间具有正向相互促进关系,若位于分工上游阶段,则二者具有负向影响关系。

二、劳动力价格对产出品质的影响

当劳动力成本上升时,对东道国产出品质的影响也与价值链分工地位有关,若分工地位位于下游,劳动力成本上升会带来产出质量降低,带来"锁定效应",而若处于上游位置,则产出质量会提高,产生"挤入效应"。我国的有些产业陷入到价值链分工地位低、产出品质不高的"锁定状态",我们从劳动力价格视角进行了解读。在这些产业的分工上,我国处于产业链的低端位置。当劳动力价格提高,公司出于利润最大化考虑,调低产出品质来降低成本。又由于处价值链分工低端位置,分工地位和产出品质相互作用,从而陷入"锁定"困境。

三、人民币汇率升值对价值链嵌入的影响效应

人民币汇率水平是影响公司出口的一个重要变量,汇率也会对公司价值链嵌入产生效应。这种影响的大小与公司嵌入度大小有关,对嵌入度高的企业的影响更大;对外资公司的影响效应比非外资公司大;这种影响效果大小与公司生产效率有关,对中低生产率公司有阻碍效应,而对高生产效率公司有促进效应;汇率升值对不同产品品质的公司具有不同的影响效应,对于低品质商品企业的影响很小,而对于高品质产品公司具有较大的促进作用。

四、劳动生产率与价值链升级具有相互促进关系

跨国公司在国外配置生产环节与东道国的生产效率高低有关系,若东道国生产效率水平越高,那么分工地位就越高。同时,参与生产分割又会通过技术外溢和"干中学"提高东道国的生产效率和生产能力水平,从而有利于东道国的技能提高和技能改善。在参与国际生产分割条件下,劳动生产率与价值链升级具有相互促进的关系。从政策上讲,解决某一方面的问题,有利于另一问题的解决;同时着眼于这两个方面的政策有利于技术进步和价值链升级进入良性、互动的发展。

第二节　企业价值链升级的政策选择

当前,我国出口产品附加值较低,产品质量不高,处于国际分工链条的低端。国内要素供给和国内外需求方面的变化使我国面临价值链位置提升和产出质量提高的双重任务。国际生产分割是我国参与全球分工的重要方式,是促进价值链位置提升和产出质量提高的重要方式和途径。

一、不同产业应具有不同的政策着力点

跨国公司从最大化利润考虑,对贸易成本、相对优势、质量提供成本综合考虑,发展中国家所处的价值链分工地位和产出质量受到这三者的影响。当发展中国家的某一产业位于生产价值链的下游阶段时,该国的价值链升级和产品质量提升具有正向的相互影响关系;而当其已位于生产价值链的较高阶段时,该国相对优势较小,品质改善虽使得需求在一定程度上提高,但是会带来该国生产成本的提高,这倾向于减少位于该国的生产环节以降低成本,所以该国的价值链升级和产出质量提升具有负向的相互影响关系。

当前,我国有些产业,例如食品制造业、家具制造业、汽车制造业等,被锁定在价值链低端环节,产出质量升级缓慢。随着劳动力成本的上升,公司倾向于调低品质,又由于价值链地位与产出品质共同作用,一方降低会带动另一方也降低,易进入"锁定"困境。对他们来讲,积极提高公司供给质量水平,促进分工地位与品质进入良性相互影响。一些产业出口产品品质较高,分工地位也较高,进一步提高品质面临相对优势的束缚,因此,应提升公司供给质量水平,提高生产相对优势,以达到分工地位和产出品质的提升。

二、适应人民币汇率的变化,提高价值链分工地位

未来,我国经济基本面持续向好,随着结构性改革的推进和经济发展新动能的培育和成熟,我国经济有望在较长时期内实现稳定增长,经济发展速度也有望长期居世界主要经济体前列,人民币汇率将面临一定升值压力。

人民币升值对公司价值链嵌入有促进效应,价值链嵌入提高对生产率、创新能力等具有促进效应。汇率对价值链嵌入的效应大小和产出品质有关系,对品质高公司的效应较大,因此在人民币面临升值趋势条件下,提高产出品质,能够带来品质和价值链嵌入的双重改善,所以对企业来讲,在人民币升值背景下,努力提高产出质量有利于价值链分工地位的升级。企业融资约束限制了汇率升值对嵌入度的影响效应,因此,改善资金配置效率,增加公司融资途径,提高公司融资便利水平,对于实现企业价值链分工地位的提高具有重要的意义。

三、注重国内综合政策的使用,提升价值链分工地位

我们的研究发现,参与国际分工程度的提高不一定有利于行业的价值链分工地位的上升;外商投资并没有让国内获得技术溢出,外资的介入甚至使我国某些行业锁定在价值链低端,难以实现升级。所以,以前我们期望的依靠外部力量实现价值链分工地位提高的方式并没有带来应有的效果。国内政策的综合使用对价值链分工地位的提升将具有重要作用。良好的基础设施条件能更好地承接技术含量较高的国际外包业务;研发活动对价值链分工地位的提高具有重要的促进作用;产业规模扩大能够节省流通成本,降低平均生产成本,有助于价值链分工位置的升高。这些国内综合政策的运用将为我国价值链分工地位的提高建立一个良好的国内环境。

四、建立双向生产分割分工体系

作为开放的发展中国家,应该积极参与双向价值链分工,一方面既承接来自国外的产业,另一方面也把产业向国外转移,把二者主动有效地进行结合。根据后起国家的发展情况,很多发展中经济体经过了从承接国外产业到向外转移的发展历程,伴随着这个发展进程,进行了产业升级。

目前,我国一方面通过被动承接国外转出的产业和生产环节来参与价值链分工,主动"走出去"虽然得到较大进展,但仍比较少。"走出去"是我国参与全球价值链分工的重要方式,也是应对全球生产分割挑战的一种方式,同时也是我国当前调整产业结构、培育出口增长新动能的重要措施。通过"走出去"有利于提高国内技术水平,有利于促进产业结构的调整和产业升级,在全球范围内实现资源合理配置。

根据我们的研究结论,公司的生产率水平越高越容易通过生产分割投资参与到国际价值链分工体系中,并且生产效率越高的公司参与程度越深。中国之所以没有在生产分割分工体系中获得有利的地位,主要是由于企业缺乏自主的技术创新能力。所以,加强核心竞争力的培养,完善公司技术创新激励措施,主要依靠技术进步打造核心竞争力,做实我国对外经济活动的微观基础。

根据我们的研究结论,当公司采取生产分割投资方式供应国外市场时,既可能促进出口,也可能替代出口,当生产分割发展到一定程度时,会替代出口,这就会对国内的就业产生一定的冲击。因此,一方面利用境外直接投资带动和扩大国内设备、技术、零配件和原材料出口;另一方面利用境外生产形成庞大的全球生产经营网络,发挥生产分割投资在企业间出口的溢出效应,争取扩大在行业层面和国家层面出口的增加。

第三节　基于多国视角和需求视角的研究拓展

由于受到时间限制、作者的研究能力以及统计资料获得性等方面的约束,还有很多重要问题没有进入到本书的研究主题,有待于未来进一步的后续探讨。

一、两国模型到多国模型的扩展

当前,随着国际分工进一步深化,由跨国公司主导的水平分工和垂直分工逐步向混合型分工过渡,并初步形成了全球性的生产分割体系。全球生产分割体系通常被看作是由一系列企业组成的生产、提供最终产品或服务的体系,这种生产分割体系将位于世界各地的价值链增值环节联系起来,形成了全球价值链。各个位于全球价值链分工体系中的国家都追求价值链分工地位的提高。本书的模型都是基于两国的模型,如果能够把两国模型扩展为三国模型,必然会得出一些有意义的结论。

二、需求角度的研究

我国经济经过多年来的快速发展,经济水平显著提高,经济总量和人均收入都达到了较高水平,已经进入了中等收入国家行列。伴随收入水平的提高,人们的消费观念也发生了变化,消费能力得以扩大,消费偏好随收入提高而有所改变,对高质量商品的需求得以扩大。与此同时,随着我国收入水平的提高,收入分配状况也在改变,收入水平和收入分配情况的改变对消费者的质量需求带来影响效应。所以,基于需求视角,从需求改变角度探讨对产出品质的效应有一定的研究价值。在本研究中,我们主要基于供给角度进行了研究,未来基于需求视角的研究将提供更丰富的结论和政策含义。

三、服务业的价值链分工和产出质量问题

近年来,在全球新一轮产业转移的大潮中,以服务外包为主体的服务业生产分割获得了迅速发展。在本书的研究中,我们主要论述了制造业的价值链分工和产出质量问题,由于服务业有其独特的特点,因此服务业的问题也是一个值得研究的课题。

参 考 文 献

1. 蔡雯霞、邱悦爽:《利率市场化下企业全要素生产率研究——基于信贷资源配置的视角》,《江苏社会科学》2018 年第 4 期。

2. 曹俊杰:《工商企业下乡与经营现代农业问题研究》,《经济学家》2017 年第 9 期。

3. 曹俊杰:《资本下乡的双重效应及对负面影响的矫正路径》,《中州学刊》2018 年第 4 期。

4. 陈爱珍、刘志彪:《决定我国装备制造业在全球价值链中地位的因素——基于各细分行业投入产出实证分析》,《国际贸易问题》2011 年第 4 期。

5. 陈仲常、马红旗、绍玲:《影响我国高技术产业全球价值链升级的因素》,《上海财经大学学报》2012 年第 4 期。

6. 陈勇兵、李伟、蒋灵多:《中国出口产品的相对质量在提高吗? ——来自欧盟 HS-6 位数进口产品的证据》,《世界经济文汇》2012 年第 4 期。

7. 程大中:《中国生产性服务业的水平、结构及影响——基于投入—产出法的国际比较研究》,《经济研究》2008 年第 1 期。

8. 程永宏:《改革以来全国总体基尼系数的演变及其城乡分解》,《中国社会科学》2007 年第 4 期。

9. 崔凡、崔凌云:《人口老龄化对中国进口贸易的影响分析——基于静态与动态空间面板模型的实证研究》,《国际经贸探索》2016 年第 12 期。

10. 戴翔、郑岚:《制度质量如何影响中国攀升全球价值链》,《国际贸易问题》2015 年第 12 期。

11. 戴翔、金碚:《产品内分工、制度质量与出口技术复杂度》,《经济研究》2014 年第 7 期。

12. 代中强:《知识产权保护提高了出口技术复杂度吗——来自中国省际层面的经验研究》,《科学学研究》2014 年第 12 期。

13. 高德步:《经济发展与制度变迁:历史的视角》,经济科学出版社 2006 年版。

14. 高越、李荣林:《分割生产、异质性与国际贸易》,《经济学(季刊)》2009 年第1 期。

15. 高越、李荣林:《分割生产与产业内贸易:一个基于 DS 垄断竞争的模型》,《世界经济》2008 年第 5 期。

16. 高越、任永磊、李荣林:《国际生产分割、产出质量选择与价值链位置提升》,《经济问题探索》2015 年第 10 期。

17. 高越:《分割生产、垂直型投资与产业内贸易》,《财经研究》2008 年第 7 期。

18. 公茂刚:《发展中国家粮食安全问题研究》,中国经济出版社 2013 年版。

19. 郭苏文、黄汉民:《制度质量、制度稳定性与对外贸易:一项实证研究》,《经贸论坛》2011 年第 4 期。

20. 郭界秀:《制度与贸易发展关系综述》,《国际经贸探索》2013 年第 4 期。

21. 贺京同、李峰:《影响自主创新的因素——基于 BACE 方法对中国省际数据的分析》,《南开经济研究》2007 年第 3 期。

22. 胡昭玲、张玉:《制度质量改进能否提升价值链分工地位》,《世界经济研究》2015 年第 8 期。

23. 胡昭玲、张咏华:《中国制造业国际垂直专业化分工链条分析》,《财经科学》2012 年第 9 期。

24. 金祥荣、茹玉骢、吴宏:《制度、企业生产效率与中国地区间出口差异》,《管理世界》2008 年第 11 期。

25. 金芳:《产品内国际分工及其三维分析》,《世界经济研究》2006 年第 6 期。

26. 鞠建东、余心玎:《全球价值链上的中国角色——基于中国行业上游度和海关数据的研究》,《南开经济研究》2014 年第 3 期。

27. 康志勇、张杰:《制度缺失、行为扭曲与我国出口贸易的扩张——来自我国省际面板数据的实证分析》,《国际贸易问题》2009 年第 10 期。

28. 李国柱、马树才:《制度变迁下出口贸易与经济增长研究》,《浙江工商大学学报》2006 年第 4 期。

29. 李静:《初始人力资本、垂直专业化与产业全球价值链跃迁》,《世界经济研究》2015 年第 1 期。

30. 李坤望、蒋为、宋立刚:《中国出口产品品质变动之谜:基于市场进入的微观解释》,《中国社会科学》2014 年第 3 期。

31. 李坤望:《改革开放三十年来中国对外贸易发展评述》,《经济社会体制比较》2008 年第 4 期。

32. 李强、魏巍:《制度变迁与区域进出口贸易的关联:强制性抑或诱致性》,《改革》2013 年第 2 期。

33. 李强、郑江淮:《基于产品内分工的我国制造业价值链攀升:理论假设与实证分析》,《财贸经济》2013 年第 9 期。

34. 李三希、姚东旻:《人口老龄化会影响创新吗》,载于《中国创造力报告(2012~2013)》,社会科学文献出版社 2013 年版。

35. 李金城、周咪咪:《互联网能否提升一国制造业出口复杂度》,《国际经贸探索》2017 年第 4 期。

36. 林冰:《产业集聚对中国制造业参与国际分工影响研究》,经济科学出版社 2017 年版。

37. 刘庆林、高越、韩军伟:《国际生产分割的生产率效应》,《经济研究》2010 年第 2 期。

38. 刘慧:《产品质量升级的出口效应分析——基于企业异质性视角》,《西安电子科技大学学报》2013 年第 3 期。

39. 刘伟丽:《国际贸易中的产品质量问题研究》,《国际贸易问题研究》2011 年第 5 期。

40. 刘祥和、曹瑜强:《金砖四国分工地位的测度研究——基于行业上游度的视角》,《国际经贸探索》2014 年第 6 期。

41. 刘廷华:《中国工业企业学习效应与效率收敛性分析》,《统计与决策》2018 年第 23 期。

42. 刘廷华:《技术创新战略下的商业信用研究》,中国社会科学出版社 2019 年版。

43. 卢锋:《产品内分工》,《经济学(季刊)》2004 年第 10 期。

44. 吕越、罗伟、刘斌:《异质性企业与全球价值链嵌入:基于效率和融资的视角》,《世界经济》2015 年第 8 期。

45. 牛喜霞:《当前农村社会资本的现状、结构及影响因素》,山东人民出版社 2019 年版。

46. 潘镇:《制度质量、制度距离与双边贸易》,《中国工业经济》2006 年第 7 期。

47. 平新乔、郝朝燕、毛亮等:《中国出口贸易中的垂直专门化与中美贸易》,《世界经济》2006 年第 5 期。

48. 蒲红霞:《外贸新形势下出口国内技术复杂度影响因素研究——来自中国工业行业的实证检验》,《国际经贸探索》2015 年第 11 期。

49. 齐俊妍、王永进、施炳展:《金融发展与出口技术复杂度》,《世界经济》2011 年第 7 期。

50. 齐俊妍、吕建辉:《进口中间品对中国出口净技术复杂度的影响分析——基于不同技术水平中间品的视角》,《财贸经济》2016 年第 2 期。

51. 邱斌、叶龙凤、孙少勤:《参与全球生产网络对我国制造业价值链提升影响的实证分析——基于出口复杂度的分析》,《中国工业经济》2012 年第 1 期。

52. 汽车蓝皮书课题组:《中国汽车产业发展报告(2017)》,社会科学文献出版社2017年版。

53. 任希丽:《当前世界经济长波运行状态及趋势研究》,经济科学出版社2018年版。

54. 盛斌:《中国对外贸易政策的政治经济分析》,上海人民出版社2002年版。

55. 盛斌、马涛:《中间产品贸易对中国劳动力需求变化的影响:基于工业部门动态面板数据的分析》,《世界经济》2008年第3期。

56. 盛科荣、张红霞、侣丹丹:《中国城市网络中心性的空间格局及影响因素》,《地理科学》2018年第8期。

57. 施炳展、王有鑫、李坤望:《中国出口产品品质测度及其决定因素》,《世界经济》2013年第9期。

58. 施炳展:《中国出口产品的国际分工地位研究——基于产品内分工的视角》,《世界经济研究》2010年第1期。

59. 施炳展:《中国企业出口产品质量异质性:测度与事实》,《经济学(季刊)》2013年第1期。

60. 孙灵燕、李荣林:《融资约束限制中国企业出口参与吗》,《经济学(季刊)》2011年第10期。

61. 唐海燕、张会清:《产品内国际分工与发展中国家的价值链提升》,《经济研究》2009年第9期。

62. 汤碧:《基于产品内分工视角的我国贸易转型升级路径研究》,《国际贸易问题》2012年第9期。

63. 田朔、张伯伟、沈得芳:《汇率变动与中国企业出口——兼论企业异质性行为》,《国际贸易问题》2016年第7期。

64. 田巍、余淼杰:《企业出口强度与进口中间品贸易自由化:来自中国企业的实证研究》,《管理世界》2013年第1期。

65. 涂红:《贸易开放、制度变迁与经济增长——基于不同国家规模和发展水平的比较分析》,《南开学报》2006年第3期。

66. 王岚、李宏艳:《中国制造业融入全球价值链路径研究——嵌入位置和增值能力的视角》,《中国工业经济》2015年第2期。

67. 王金亮:《基于上游度测算的我国产业全球地位分析》,《国际贸易问题》2014年第3期。

68. 王明益:《内外资技术差距与中国出口产品质量升级研究——基于中国7个制造业行业数据的经验研究》,《经济评论》2013年第6期。

69. 王永进、盛丹、施炳展、李坤望:《基础设施如何提升了出口技术复杂度》,《经济研究》2010年第7期。

70. 王直、魏尚进、祝坤福:《总贸易核算法:官方贸易统计与全球价值链的度量》,《中国社会科学》2015 年第 9 期。

71. 王志鹏、李子奈:《外资特征对中国工业企业生产效率的影响研究》,《管理世界》2003 年第 4 期。

72. 王志宝、孙铁山、李国平:《近 20 年来中国人口老龄化的区域差异及其演化》,《人口研究》2013 年第 1 期。

73. 魏浩、何晓琳、赵春明:《制度水平、制度差距与发展中国家的对外贸易发展——来自全球 31 个发展中国家的国际经验》,《南开经济研究》2010 年第 5 期。

74. 吴石磊:《中国文化产业发展对居民消费的影响研究》,经济科学出版社 2016 年版。

75. 吴石磊:《现代农业创业投资的梭形投融资机制构建及支持政策研究》,经济科学出版社 2018 年版。

76. 吴丹:《制度因素与东亚双边贸易:贸易引力模型的实证分析》,《经济经纬》2008 年第 3 期。

77. 谢洪明、刘常勇:《技术创新类型与知识管理方法的关系研究》,《科学学研究》2003 年第 3 期。

78. 谢孟军:《基于制度质量视角的我国出口贸易区位选择影响因素研究》,《经贸论坛》2013 年第 6 期。

79. 许家云、佟家栋、毛其淋:《人民币汇率变动,产品排序与多产品企业的出口行为——以中国制造业企业为例》,《管理世界》2015 年第 2 期。

80. 许家云、佟家栋、毛其淋:《人民币汇率与企业生产率变动——来自中国的经验证据》,《金融研究》2015 年第 10 期。

81. 徐美娜、彭羽:《出口产品质量的国外研究综述》,《国际经贸探索》2014 年第 3 期。

82. 杨珍增:《知识产权保护、国际生产分割与全球价值链分工》,《南开经济研究》2014 年第 5 期。

83. 杨连星、刘晓光:《中国 OFDI 逆向技术溢出与出口技术复杂度提升》,《财贸经济》2016 年第 6 期。

84. 杨俊、李平:《要素市场扭曲、国际技术溢出与出口技术复杂度》,《国际贸易问题》2017 年第 3 期。

85. 姚博、魏玮:《参与生产分割对中国工业价值链及收入的影响研究》,《中国工业经济》2012 年第 10 期。

86. 姚博、魏玮.:《生产国际分割及其对价值链地位的提升效应》,《山西财经大学学报》2012 年第 10 期。

87. 姚东旻、李三希、林思思:《老龄化会影响科技创新吗——基于年龄结构与创新能力的文献分析》，《管理评论》2015 年第 8 期。

88. 姚洋、张晔：《中国出口品国内技术含量升级的动态研究——来自全国及江苏省、广东省的证据》，《中国社会科学》2008 年第 2 期。

89. 殷德生：《中国入世以来出口产品质量升级的决定因素与变动趋势》，《财贸经济》2011 年第 11 期。

90. 岳洪江、张琳、梁立明：《基金项目负责人与科技人才年龄结构比较研究》，《科研管理》2000 年第 2 期。

91. 余珊、樊秀峰：《自主研发、外资进入与价值链升级》，《广东财经大学学报》2014 年第 3 期。

92. 喻志军、姜万军：《中国对外贸易质量剖析》，《统计研究》2013 年第 7 期。

93. 张海伟、刘国华、封延会：《制度对国际贸易的影响机制分析》，《东疆学报》2011 年第 3 期。

94. 张红霞：《对外贸易差异影响我国区域经济协调发展研究》，人民出版社 2018 年版。

95. 张慧明、蔡银寅：《中国制造业如何走出"低端锁定"——基于行业数据的实证研究》，《国际经贸探索》2015 年第 1 期。

96. 张杰、陈志远、刘元春：《中国出口国内附加值的测算与变化机制》，《经济研究》2013 年第 10 期。

97. 张杰、李勇、刘志彪：《制度对中国地区间出口差异的影响：来自中国省际层面四分位行业的经验证据》，《世界经济》2008 年第 2 期。

98. 张杰、郑文平、翟福昕：《中国出口产品质量得到提升了么》，《经济研究》2014 年第 10 期。

99. 张少军、刘志彪：《产业升级与区域协调发展：从全球价值链走向国内价值链》，《经济管理》2013 年第 8 期。

100. 张伟：《论制度因素对发展中国家贸易的影响——以中国的外贸发展为例》，《云南民族学院学报》2003 年第 2 期。

101. 张亚斌：《论制度影响国际贸易的内在机制》，《国际经贸探索》2001 年第 1 期。

102. 张一博、祝树金：《基于改进的嵌套 Logit 模型的中国工业出口质量测度研究》，《世界经济与政治论坛》2014 年第 2 期。

103. 赵增耀、沈能：《垂直专业化分工对我国企业价值链影响的非线性效应》，《国际贸易问题》2014 年第 5 期。

104. 周骏宇：《对外开放与制度变迁：中国入世的制度经济学解读》，西南财经大学出版社 2007 年版。

105. 周申：《贸易自由化对中国工业劳动需求弹性影响的经验研究》，《世界经济》

2006 年第 2 期。

106. 周其仁：《产权与制度变迁：中国改革的经验研究》，社会科学文献出版社 2002 年版。

107. 邹俊毅、周星：《我国出口产品质量及其分化趋势研究》，《山西财经大学学报》2011 年第 2 期。

108. 赵红、彭馨：《中国出口技术复杂度测算及影响因素研究》，《中国软科学》2014 年第 11 期。

109. 赵红州、唐敬年：《技术增长的指数规律》，《科学学研究》1991 年第 2 期。

110. 周渭兵：《未来五十年我国社会抚养比预测及其研究》，《统计研究》2004 年第 11 期。。

111. 周海生、战炤磊：《面向老龄化的产业结构调整：逻辑与思路》，《华东经济管理》2013 年第 5 期。

112. 朱敏：《海外人才回流的溢出效应研究》，山东人民出版社 2016 年版。

113. Aiginger K., "The Use of Unit Values to Discriminate Between Price Quality Competition", *Cambridge Journal of Economies*, Vol. 21(5), 1997.

114. Antoniades A., "Heterogeneous Firms, Quality, and Trade", *Journal of International Economics*, Vol. 95(2), 2015.

115. Antràs P., Chord D., Fally T., Hill berry R., "Measuring the Upstreamness of Production and Trade Flows", *The American Economic Review: Papers& Proceedings*, Vol. 102(3), 2012.

116. Arellano M., Bover O., "Another Look at the Instrumental Variable Estimation of Error-Component Models", *Journal of Econometrics*, Vol.68(1), 1995.

117. Halit Yanikkaya, "Trade Openness and Economic Growth: A Cross-country Empirical Investigation", *Journal of Development Economics*, Vol. 72, 2003.

118. Baldwin Richard, James Harrigan, "Zeros, Quality and Space: Trade Theory and Trade Evidence", *American Economic Journal: Microeconomics*, Vol. 3, 2011.

119. Baldwin, Ito, "Quality Competition Versus Price Competition Goods: An Empirical Classification", *Journal of Economic Integration*, Vol. 26, 2011.

120. Baggs J., Beaulieu E., Fung L., "Firm Survival, Performance and the Exchange Rate", *Canadian Journal of Economics*, Vol. 42, 2009.

121. Berkowitz D., Moenius J., Pistor K., "Trade Law and Product Complexity", *Review of Economics and Statistics*, Vol. 88(2), 2006.

122. Bernard A. B., Redding S. J., Schott P. K, "Comparative Advantage and Heterogeneous Firms", *Review of Economic Studies*, Vol. 74, 2007.

123. Bloom D E, Sousa-Poza A, "Aging and Productivity: Introduction", *Labour*

Economics, Vol. 22(2), 2013.

124. Brainard S Lael, "A Simple Theory of Multinational Corporations and Trade with a Trade-off Between Proximity and Concentration", *NBER Working Paper*, No. 4269, 1993.

125. Bøler E.A., Moxnes A., Karen Helene Ulltveit-Moe, "R&D, International Sourcing, and the Joint Impact on Firm Performance", *The American Economic Review*, Vol. 105 (12), 2015.

126. Cai J., Stoyanov A., "Population Aging and Comparative Advantage", *Journal of International Economics*, Vol. 102(1), 2016.

127. Carpenter Theresa, "Multinational, Intra-firm Trade and FDI: A Simple Model", *HEI Working Paper*, No. 1, 2005.

128. Choi Y.C., Hummels D., Xiang C., "Explaining Import Quality: the Role of the Income Distribution", *Journal of International Economics*, Vol. 78(2), 2009.

129. Cuervo-Cazurra, Dau L. A., "Promarket Reforms and Firm Profitability in Developing Countries", *Academy of Management Journal*, Vol. 52(6), 2009.

130. Dalgin M., Trindade V., Mitra D., "Inequality, Nonhomothetic Preferences, and Trade: A Gravity Approach", *Southern Economic Journal*, Vol. 74(3), 2008.

131. De Loecker Jan, Frederic Warzynski, "Markups and Firm-Level Export Status", *American Economic Review*, Vol. 102(6), 2012.

132. Fajgelbaum P. D., "Gene Grossman, Elhanan Helpman, Income Distribution, Product Quality, and International Trade", *Journal of Political Economy*, Vol. 119, 2011.

133. Fajgelbaum P.D., Grossman G.M., Helpman E.A., "Linder Hypothesis for Foreign Direct Investment", *NBER Working Paper*, 2011.

134. Fally T., "On the Fragmentation of Production in the US", University of Colorado, Mimeo, 2011.

135. Feenstra R.C., "Integration of Trade and Disintegration of Production in the Global Economy", *Journal of Economic Perspectives*, Vol. 12(4), 1998.

136. Fieler Ana Cecília, Marcela Eslava, Danicl Xu., "Trade, Skills, and Quality Upgrading: A Theory with Evidence from Colombia", *NBER Working Paper*, No. 19992, 2014.

137. Fontagne L., Gaulier G., Zignago S., Specialization across Varieties within Products and North-South Competition", *CEPII Working Paper*, 2007.

138. Fu X., "Exports, Technical Progress and Productivity Growth in a Transition Economy: A Non-parametric Approach for China", *Applied Economics*, Vol. 37(7), 2005.

139. Galenson D W, Weinberg B A., "Age and the Quality of Work: The Case of Modern American Painters", *Journal of Political Economy*, Vol. 108(4), 2000.

140. Gao Yue, John Whalley, Ren Yonglei, "Decomposing China's Export Growth into Extensive Margin, Export Quality and Quantity Effects", *China Economic Review*, Vol. 29, 2014.

141. Goel R., Korhonen I., "Exports and Cross-national Corruption: A Disaggregated Examination", *Economic Systems*, Vol. 35, 2011.

142. Grossman G. M., Esteban Rossi-Hansberg., "Task Trade Between Similar Countries", *Econometrica*, Vol. 80(2), 2012.

143. Grossman G. M., Helpman E., Szeidl A., "Optimal Integration: Strategies for the Multinational Firm", *Journal of International Economics*, Vol. 70(1), 2006.

144. Hallak J. C., Schott P. K., "Estimating Cross-Country Differences in Product Quality", *The Quarterly Journal of Economics*, Vol. 126(1), 2011.

145. Hallak J. C., "Product Quality and the Direction of Trade", *Journal of International Economics*, Vol. 68(1), 2006.

146. Hansen B. E., "Threshold Effects in Non-dynamic Panels: Estimation, Testing and Inference", *Journal of Econometrics*, Vol. 93(2), 1999.

147. Hasan A. Faruq., "How Institutions Affect Export Quality", *Economic Systems*, Vol. 35, 2011.

148. Hausmann R., Hwang J., Rodrik D., "What You Export Matters", *Journal of Economic Growth*, Vol. 12(1), 2005.

149. Henseke G., Tivig T., "Demographic Change and Industry-specific Innovation Patterns in Germany", In Kuhn, M. and Ochsen, C. (eds), Labor Markets and Demographic Change, Wiesbaden: VS Research, 2008.

150. Helpman E., "A Simple Theory of Trade with Multinational Corporations", *Journal of Political Economy*, Vol. 92(3), 1984.

151. Hoisl K., "A Closer Look at Inventive Output-the Role of Age and Career Paths", *Munich School of Management Discussion Paper*, No. 12, 2007.

152. Hummels D., Ishii J., Yi K. M., "The Nature and Growth of Vertical Specialization in World Trade", *Journal of International Economics*, Vol. 54(1), 2001.

153. Hummels D., Klenow P. L., "The Variety and Quality of a Nation's Exports", *American Economic Review*, Vol. 95(3), 2005.

154. Hummels D., Lugovskyy V., "International Pricing in a Generalized Model of Ideal Variety", *Journal of Money, Credit and Banking*, Vol. 41, 2009.

155. Irmen A, Litina A., "Population Aging and Inventive Activity", *CESIFO Working Paper*, No. 5841, 2016.

156. Johnson Robert, "Trade and Prices with Heterogeneous Firms", *Journal of*

International Economics, Vol. 86, 2012.

157. Jones B F., "The Burden of Knowledge and the Death of the Renaissance Man: Is Innovation Getting Harder", *The Review of Economic Studies*, Vol. 76(1), 2009.

158. Kanfer R., Ackerman P L., "Aging, Adult Development, and Work Motivation", *Academy of Management Review*, Vol. 29(3), 2004.

159. Kee H.L., Tang H., "Domestic Value Added in Export: Theory and Firm Evidence from China", *American Economic Reviews*, Vol. 106(6), 2016.

160. Khandelwal Amit, "The Long and Short(of) Quality Ladders", *Review of Economic Studies*, Vol. 77, 2010.

161. Koopman R., Powers W., Wang Z., "Give Credit Where Credit is Due: Tracing Value Added in Global Production Chains", *NBER Working Paper*, 2010.

162. Koopman R., Wang Z., Wei S.J., "Tracing Value-Added and Double Counting in Gross Exports", *The American Economic Review*, Vol. 104(2), 2014.

163. Kugler Maurice, Eric Verhoogen, "Prices, Plant Size, and Product Quality ", *Review of Economic Studies*, Vol. 20, 2011.

164. Lall S., Weiss J., Zhang J. K., " Regional and Country Sophistication Performance", *Asian Development Bank Institute Discussion Paper*, No. 23, 2005.

165. Lall S., "The Technological Structure and Performance of Developing Country Manufactured Exports 1985－1998", *Oxford Development Studies*, Vol. 28(3), 2000.

166. Latzer H., Mayneris F., " Income Distribution and Vertical Comparative Advantage", *NBER Working Paper*, 2014.

167. Lehman H. C., " Age and Achievement ", Princeton, NJ: Princeton University Press, 1953.

168. Levchenko A. A., " Institutional Quality and International Trade ", *Review of Economic Studies*, Vol. 74, 2007.

169. Levinsohn, J., Petrin, A., "Eatimating Production Functions Using Inputs to Control for Unobservables", *Reviews of Economic Studies*, Vol. 70(2), 2003.

170. Li H., Ma H., Xu Y., Xiong Y., " How do Exchange Rate Movements Affect Chinese Exports? —A Firm-level Investigation", *Journal of International Economics*, Vol. 97 (1), 2015.

171. Manova K., Yu Z., "Firms and Credit Constraints along the Global Value Chain: Processing Trade in China", *NBER Working Paper*, 2012.

172. Markusen J.R., Venables A.J., "Interacting Factor Endowments and Trade Costs: A Multi-country, Multi-good Approach to Trade Theory ", *Journal of International Economics*, Vol. 73(2), 2007.

173. Melitz Marc, Gianmarco Ottaviano, "Market Size, Trade, and Productivity", *Review of Economic Studies*, Vol. 75, 2008.

174. Melitz Marc, "The Impact of Trade on Intra-Industry Reallocations and Aggregate Industry Productivity", *Econometrica*, Vol. 71, 2003.

175. Nunn, N., "Relationship-specificity, Incomplete Contracts and the Pattern of Trade", *Quarterly Journal of Economics*, Vol. 122(2), 2007.

176. Olley S., Pakes A., "The Dynamics of Productivity in the Telecommunications Equipment Industry", *Economertrica*, Vol. 64(6): 1996.

177. Rodrik D., "What's so Special about China's Exports", NBER Working Papers 11947, *NBER Working Paper*, 2006.

178. Schott P.K., "The Relative Sophistication of Chinese Exports", *Economic Policy*, Vol. 53(1), 2008.

179. Shi Bingzhan, "Extensive Margin Quantity and Price in China's Export Growth", *China Economic Review*, Vol. 22(2), 2011.

180. Shinkle, G. A., Kriauciunas A. P., "Institutions, Size and Age in Transition Economies: Implications for Export Growth", *Journal of International Business Studies*, Vol. 41(2), 2010.

181. Simonton D. K., "Career Landmarks in Science: Individual Differences and Interdisciplinary Contrasts", *Developmental Psychology*, Vol. 27, 1991.

182. Tang H., Zhang Y., "Exchange Rates and the Margins of Trade: Evidence from Chinese Exporters", *CESifo Economic Studies*, Vol. 58(4), 2012.

183. Tomasz Iwanow, Colin Kirkpatrick, "Trade Facilitation, Regulatory Quality and Export Performance", *Journal of International Development*, Vol. 19(1), 2007.

184. Trevaskes S., "Political Ideology, the Party, and Politicking: Justice System Reform in China", *Modern China*, Vol. 37(3), 2011.

185. Upward R., Wang Z., Zheng J., "Weighing China's Export Basket: The Domestic Content and Technology Intensity of Chinese Exports", *Journal of Comparative Economics*, Vol. 41, 2013.

186. Verhaegen P., Salthouse T. A., "Meta-analyses of Age-cognition Relations in Adulthood: Estimates of Linear and Nonlinear Age Effects and Structural Models", *Psychological Bulletin*, Vol. 122(3), 1997.

187. Verhoogen Eric A., "Trade, Quality Upgrading and Wage Inequality in the Mexican Manufacturing Sector", *Quarterly Journal of Economics*, Vol. 123, 2008.

188. Wang Z., Wei S.J., Zhu K., "Quantifying International Production Sharing at the Bilateral and Sector Levels", *NBER Working Paper*, 2013.

189. Wang Z., Wei S.J., "The Rising Sophistication of China's Exports: Assessing the Roles of Processing Trade, Foreign Invested Firms, Human Capital and Government Policies", Working Paper for the NBER Conference on the Evolving Role of China in the World Trade, 2007.

190. Yao S.L., "Why are Chinese Exports not so Special", *China & World Economy*, Vol. 17(1), 2009.

191. Zhao M., Fogel K., Morck R., Yeung B., "Trade Liberalization and Institutional Reform", *Asian Economic Papers*, Vol. 9(2), 2010.

192. Zhuang Yun Bei, J.J.Chen, Z.H.Li., "Modelling the Cooperative and Competitive Contagions in Online Social Networks", *Physica A Statistical Mechanics & Its Applications*, Vol. 484, 2017.